범죄 이론과 정책

범죄 이론과 정책

발행일 | 2007년 8월 30일

지은이 | 박광섭 · 박행렬 공저
펴낸이 | 출판부 이사장

펴낸곳 | 충남대학교출판부 (CNU Press)
등 록 | 대전 사-95호
주 소 | 대전시 유성구 대학로 79
전 화 | (042)821-6045
홈페이지 | http://www.cnupress.co.kr
E-mail | cnupress@cnu.ac.kr

ISBN 978-89-7599-233-9 93360
값 14,000원

범죄 이론과 정책

- 박광섭·박행렬 공저 -

CNU Press

머리말 ●●●●●

범죄문제는 인류사회의 형성과 더불어 시작된 문제로서, 거의 모든 시대에 걸쳐서 수많은 학자들과 통치자들이 이 문제의 해결점을 찾기 위해 노력을 기울여 왔지만, 결코 만족할만한 황금의 열쇠를 찾지 못하고 있는 문제이다. 이는 어쩌면 앙리코 페리(Enrico Ferri)가 1884넌 그의 저서 『범죄사회학(Criminal Sociology)』에서 말했듯이, 일정한 요인이 존재하는 사회에서는 이에 상응하는 범죄가 반드시 발생할 수밖에 없다는, 범죄와 사회와의 숙명적인 관계에 기인하고 있는 것인지도 모른다.

그렇다고 하여 범죄발생의 원인을 분석하고 밝혀내어 그에 따른 바람직한 대책을 내 놓아야 할 학문과 정책의 임무를 포기할 수는 없는 노릇이다. 18세기 중반 계몽주의 철학에 기반을 둔 고전주의를 시작으로, 19세기에 전개된 생물학적·심리학적 범죄원인이론들, 20세기에 접어들면서 나타나기 시작한 다양한 사회학적 범죄원인이론들, 20세기 후반 다시 고전주의의 맥을 잇는 현대적 고전주의 이론들의 등장 등 지난 250여 년간 범죄학과 형사정책 분야에서 제시되었던 다양한 이론 전개들이 이를 직접 체현하고 있다. 이러한 다양한 이론전개는 또한, 범죄발생의 원인이 단순하지 않으며 하나의 범죄에도 많은 원인들이 서로 복합적으로 작용하고 있다는 점, 그래서 하나의 범죄이론으로 모든 범죄현상을 다 포괄하여 설명할 수 없다는 점을 아울러 증명하는 것이기도 하다. 최근 기존의 범죄학이론들이 통합이론으로 진화하고 있는 것도 범죄발생의 원인이 단일한 작용의 결과가 아니며, 복합적 작용의 결과라는 인식에 기인하는 현상이라 하겠다.

이렇게 다양하고 복잡한 범죄학이론과 그로부터 나오는 정책적 함의를 하나의 책으로 묶어 명쾌하게 설명한다는 것은 지난한 작업 중에 하나일 것이다. 그럼에도 불구하고 저자들이 이 책을 집필하기로 결정한 동기는 우리나라에서 기존에 출간된 형사정책학 교과서들에 대한 불만 때문이다. 형사정책이라는 분야의 범위가 매우 광범위한 점도 작용했겠지만, 기존에 출간된 형사정책학 교과서들을 보면 잡다하게 많은 분야를 다루고만 있을 뿐 일정한 체계를 잡고 있는 경우가 매우 드물다. 특히 기존 교과서에 대해 불만스러운 부분은 범죄학과 그로부터 나오는 정책적 함의의 관계 부분일 것이다. 거의 대부분의 형사정책은 범죄학이론에 기반을 두고 있음에도 불구하고 기존의 형사정책학 교과서를 보면 범죄학이론과 그 이론으로부터 나오는 정책적 함의를 체계적으로 연결하여 설명하고 있는 경우는 거의 없는 것 같다. '범죄의 원인'이라는 장(章) 아래에서 범죄학이론을 다루고 있을 뿐 이러한 이론들이 현실에서 어떻게 반영되었는가에 대한 연결점이 부족한 것이다. 결국 이론과 정책이 따로 설명되는 상황인 것이다.

그러므로 이 책에서는 기존의 형사정책학 교과서과 같이 많은 분야를 다루지는 않을 것이다. 이 책은 범죄이론의 다양한 역사적 전개와 그러한 범죄이론으로부터 주장된 정책적 함의가 현실에서 어떻게 적용되었는지에 집중할 것이다. 또한 이 책은 기존의 범죄학이론에 대한 길잡이로서의 역할에 충실할 것이다. 무릇 교과서라는 것이 학자의 학문적 관점이 담긴 비평을 위주로 서술되지 못할 바는 아니나, 그러한 역할은 논문이나 한 주제를 가지고 수행되는 단행연구에 넘기고 여기서는 기존의 범죄학이론을 되도록이면 간략하고 정확하게 기술함으로써 처음 범죄학을 접하는 학생들에게 보다 이해하기 쉬운 입문서로 평가받고 싶은 욕심이다.

이 책의 마지막 부분에서는 현재 우리나라에서 시행되고 있는 범죄정책 중 범죄예방정책을 중심으로 우리나라의 현재 시행되고 있는 범죄정책을 살펴볼 것이다. 정책이란 특정지역의 풍토 아래에서 생겨나고 발전하고 소멸하는 토착적 유기체라 할 수 있으므로 범죄정책의 일반적 발전에 대비하여 우리나라에서 시행되고 있는 범죄정책 또는 범죄전략에는 어떤 것들이 있는지를 살펴보는 것도 의미 있고 중요한 부분일 것이기 때문이다.

따라서 이 책은 고전주의 범죄학을 시초로 지난 250여 년간 다양하게 전개되었던 범죄학이론을 살펴보고, 이러한 이론에 기반을 두고 시행되었던 서구의 각종 범죄정책들을 소개하고, 마지막으로 현재 우리나라의 시행되고 있는 범죄예방정책을 살펴보는 순으로 서술되어 있다.

끝으로 이 책이 출간되기 까지 도움을 주신 많은 분들에게 감사드린다. 특히 연구에 몰두할 아까운 시간을 각종 자료의 정리와 컴퓨터 작업 등 어려운 일에 할애해 준 윤민석 군과 이 책의 교정 등에 참여해 준 문희태, 김효겸 조교에게도 고마운 마음을 전하고자 한다.

저자 일동

목 차

■ 제1장 범죄이론

■ 제2장 범죄정책

■ 제3장 한국의 범죄정책

제1장 범죄이론

제1절 고전주의 범죄학과 억제이론 및 합리적 선택이론

현대적 억제이론과 합리적 선택이론에서 전제하고 있는 인간관은, 멀리 고전주의 범죄학의 인간관에 뿌리를 두고 있기 때문에 현대적 억제이론과 합리적 선택이론을 살펴보기에 앞서, 그 뿌리가 되는 고전주의 범죄학이론을 우선 살펴본 후 현대적 억제이론과 합리적 선택이론에 대하여 살펴보기로 한다.

Ⅰ. 고전주의 범죄학

❶ 개설

고전주의 범죄학은 18세기 까지 지속되어 온 중세 유럽의 자의적인 형사절차와 가혹한 형벌제도에 대한 비판에서 시작되었다. 고전주의 범죄학이 등장하기 이전까지는 범죄를 악령 등에 기인하는 초자연적인 현상으로 해석했던 것이 일반적이었으나, 고전주의 범죄학이 등장하면서 범죄가 처음으로 자연적인 현상으로 설명되기 시작하였던 것이다.

고전주의 범죄학은 18세기 중반 등장하여 거의 한 세기 동안 범죄학 분야에서 주류적 위치를 점하였으나, 19세기 중반 실증주의의 등장으로 말미암아 범죄학의 역사에서 거의 자취를 감추게 된다. 왜냐하면 실증주의의 득세 후 고전주의 범죄학은 단지 사변적 철학일 뿐 경험적 타당성을 논증할 수 있는 과학이 아니라고 치부되었기 때문이다. 그러한 경향은 특히 미국의 범죄학자들 사이에서 심하였다. 그러나 오늘날에는 많은 범죄학자들은 고전주의적 사상을 높이 평가하고 있다. 왜냐하면 그것은 거대한 인본주의적 개혁을 대표하는 사상이고 또한 서구 세계 형법의 근본원리가 대부분 고전주의 사상에 기초하고 있기 때문이다. 또한 실증주의에 입각한 여러 가지 범죄정책들의 성과가 기대에 미치지 못하고 범죄문제가 점차 악화되면서 1960년대 후반부터 다시 고전주의 범죄학이 추구하였던 이념들이 범죄학 분야에서 재조명되게 되었기 때문이다.

고전주의 범죄학은 왕과 성직자들의 신성한 권리가 강조되던 시대에서 이성주의, 이지주의, 인본주의의 시대를 만들었던 18세기 계몽주의라는 역사의 큰 흐름 속에서 탄생한 산물이었다.[1] 그 시대의 고전주의 사상가들의 진보적인 관점은 당시의 불합리한 형법과 형사절차에까지 관심을 미쳤다.

몽테스키외(Charles Montesquieu)가 1748년에 발표한 저서인 『법의 정신(Esprit des lois: the Spirit of the Law)』은 고전학파의 중요한 전조였다. 몽테스키외는 『법의 정신』에서 당시의 형법과 고문, 학대 등을 비판하였다. 볼테르(Voltaire) 또한 당시 만연했던 부정의(injustice)에 대한 배척운동을 전개함으로써 고전학파의 선구자가 되었다. 볼테르는 프랑스 툴루즈 지방의 개신교였던 장 칼라스(Jean Calas)가 가톨릭으로 개종하려는 자기 아들을 죽였다는 혐의로 사형을 언도 받아 악명 높은 거열형에 의해 처형을 받자, 1762년 그의 사후 무죄를 청원하는 운동을 벌여 그의 무죄를 입증하기도 하였다. 실제 칼라스의 아들은 정신병을 앓았으며 자살하였던 것으로 밝혀졌다[2] 또한 같은 해, 장 자크 루소(Jean-Jacques Rousseau)는 『사회계약론(The Social Contract)』을 발표한 것을 비롯하여 이와 유사한 저서들이 고전주의 범죄학의 기초를 이루었다. 이러한 선구적 사상가들에 의해 형성된 고전주의 범죄학을 대표하는 사상가로는 대개 베카리아(Cesare Beccaria)와 벤담(Jeremy Bentham)을 꼽을 수 있다. 두 사람 모두 범죄행위의 설명보다는 주로 법과 형벌의 개혁에 관심을 둔 공리주의 사회철학자이지만, 그들이 형성한 범죄이론은 현대의 범죄학에서도 그 생명을 유지하고 있기 때문에 그들의 범죄이론을 범죄학의 출발점으로 보며, 오늘날 그들의 이론을 '고전주의 범죄학'이라 부르고 있다.

고전주의 범죄학이 주장하는 내용들을 요약하면 다음과 같다. 고전주의 범죄학은 인간을 자기 운명의 지배자, 즉 자유의지를 가진 자로 보았으며, 이러한 자유의지에 따라 합리적인 의사결정에 의해 행동하는 존재로 보았다. 범죄라는 행위도 마찬가지로 자유의지를 가진 인간이 범죄로 인한 이익과 이로 인한 손해를 합리적으로 따져 자유로운 의사결정을 한 결과에서 나온 것으로 보았다. 그러므로 범죄를 억제하기 위해서는 사람들에게 범죄를 저지름으로써 받는 이익보다는 이로 인한 고통이 더 크다

1) H. A. Johnson, *History of Criminal Justice*. Cincinnati, OH : Anderson Publishing Co, 1988.
2) D. D. Bien, *The Calais Affair*. Princeton, NJ : Princeton University Press, 1960.

는 것을 충분히 인식시켜 주어야 할 필요가 있다고 보았다.[3] 범죄로 인한 고통은 국가의 강력한 법집행과 처벌을 통하여서만 이루어 질 수 있으므로 처벌의 범죄억제효과를 극대화함으로써 범죄를 억제할 수 있는 것으로 보았다.

이러한 처벌의 극대효과에 관하여, 『범죄와 형벌에 관하여(Dei deliti e delle pene : On Crime and Punishments)』라는 위대한 저서를 통하여 현대 문명적 형벌제도의 지평을 열었던 고전주의 범죄학의 대표적 사상가 베카리아는, 국가기관이 범죄자를 신속하게 체포하고, 빠짐없이 처벌하며, 죄질에 상당하는 엄격한 처벌을 하여야만 범죄를 예방할 수 있다고 주장하여, 처벌의 '신속성(swiftness)', '확실성(certainty)', '엄격성(severity)'을 통한 범죄 억제라는 기본명제를 정립하였다.[4] 처벌의 신속성은 범죄발생에서 처벌까지의 시간적 간격과 연관되며, 처벌의 확실성은 체포, 유죄선고, 투옥가능성을 의미하며, 처벌의 엄격성은 범죄의 해악에 상응하는 처벌의 강도와 관련이 있다. 이하에서는 베카리아와 벤담의 생애, 사상을 좀 더 자세히 살펴봄으로써 이들의 사상이 오늘날 범죄학 분야에 얼마나 많은 영향을 미쳤는가를 알아보기로 하자.

❷ 베카리아의 억제명제

베카리아(Cesare Beccaria, 1738-1794)는 1738년 이탈리아 밀라노의 교양 있고 부유한 귀족 가문의 사형제 중 장남으로 태어났다. 그는 유년시절 예수회 학교에 다녔는데, 예수회 학교의 숨 막힐 듯한 분위기에 적응하지 못했기 때문에 교사들은 그를 침울하고 공부에 흥미가 없는 아이로 여겼다. 그러나 수학에 대단히 두각을 나타냈기 때문에 동급생들 사이에서 '리틀 뉴턴'이란 별명을 얻게 되었다. 20세에 그는 파비아(Pavia) 대학에서 법학박사 학위를 취득하였다. 그 후 베카리아는 블라스코(Teresa Blasco)라는 여자와 결혼을 하려고 하였으나, 아버지의 반대로 많은 어려움을 겪었다.

---

3) George B. Vold & Thomas J. Bernard, *Theoretical Criminology(3rd ed)*, New York : Oxford University Press, 1986, p.10.

4) Ibid., pp.20-26; 베카리아의 경우 처벌의 엄격성은 범죄와 형벌간의 비례를 의미하는 것이었다. 이는 당시의 잔혹한 형벌제도를 비판하면서, 지나치게 잔혹한 형벌은 때로는 불벌이라는 결과를 초래하며, 오히려 범죄의 예방에 유해하므로 범죄와 형벌 간에는 균형이 유지되어야 한다고 하였다. 베카리아는 또한 처벌의 잔혹성보다는 처벌의 확실성이 범죄예방에 더 효과가 있음을 강조하였다. 그러나 현대의 억제이론에서는 엄격성을 처벌의 강도를 의미하는 처벌의 엄중성으로 다루고 있다(기광도, "법위반에 대한 처벌의 억제효과분석", 형사정책 16권 제2호, 2004, 11면).

그의 아버지는 블라스코와의 결혼을 단념시키기 위해 그를 지하 방에 3개월 동안 가두기까지 하였다[5]. 당시의 아버지들은 로마법에 따른 가부장권(partria potestas)의 교의에 따라 자기 아들의 삶에 대한 거의 견제되지 않는 권한을 가지고 자기의 의지대로 가족의 삶에 개입할 권리를 가지고 있었던 것이다. 이러한 반대에도 불구하고 베카리아는 결국 블라스코와 결혼을 하게 되지만 그 대가로 그들은 가난한 생활을 해야만 했다. 하지만 그 후 가족들과의 관계가 다시 좋아지고 본가로 돌아와 인생의 나머지를 그 곳에서 보내게 된다. 베카리아의 생애는 행복한 편이 아니었다. 아내 블라스코는 베카리아가 35세 되는 해에 사망하였고, 그들 사이에 난 딸도 그가 50세 되는데 죽게 되었으며, 친척들과도 소송에 휘말릴 정도로 사이가 좋지 않았다. 베카리아는 부끄러움을 많이 타고 조심성이 많은 편이어서 대중 앞에 나서기를 꺼려했으며, 또한 지나치게 고급음식과 와인을 좋아했기 때문에 비대한 편이었다.

베카리아의 생애에 있어서 가장 중요한 시점은 피에트로 베리(Pietro Verri)와 알레산드로 베리(Alessandro Verri)라는 형제와 교류하기 시작한 때였는데, 이 들은 '논쟁 아카데미(the Academy of Fisticuffs)'라는 문학모임을 결성하여 베리 형제의 집에서 당시의 문학적·사회적으로 관심 있는 주제에 대한 토론을 하곤 했다. 여기서 피에트로 베리는 베카리아에게 당시의 형법체계에 대한 비판적인 책을 하나 출판할 것을 권고한다. 그 후 베카리아는 9개월 만에 하나의 책을 내는데 이것이 범죄와 형사법 분야에서 불후의 명저 중 하나로 꼽히는 『범죄와 형벌에 관하여(Dei deliti e delle pene : On Crime and Punishments)』라는 책이다. 이 책은 1764년에 처음 출판되었다. 그 책은 100페이지가 약간 넘는 분량이었고 쉽게 읽을 수 있는 문체로 씌어졌다. 그러나 이 책은 처음에는 저자와 출판한 사람이 익명인 채로 출판되었다. 그 이유는 베카리아가 자신은 순교자가 되고 싶지 않다고 말했기 때문이다. 그 시대에는 교회와 국가를 비판한다는 것이 대단히 위험할 수도 있는 시기였다.

『범죄와 형벌에 관하여』는 즉각적인 반향을 불러일으키면서 대단한 성공을 거두었다. 단기간 내에 프랑스어, 영어, 독일어, 스페인어, 네덜란드어, 폴란드어로 번역되었으며, 몇 년 후에는 러시아어, 그리스어 기타 여러 나라의 언어로도 번역되었다. 이 책은 베카리아와 동시대에 살았던 수많은 지성, 즉 볼테르, 디드로, 루소, 흄 등을 포함한 수많은 지성들에 의해 격찬을 받았다. 그러자 보수적인 법학자들과 열성적 종교

---

5) C. Phillipson, *Three Criminal Law Reformers,* Montelair, NJ : Patterson Smith, 1923/1970.

주의자들은 베카리아가 공격했던 당시의 형사법체계를 변호하기 시작하였고, 종교재판관들은 그의 책에 대한 비판을 시작하였다. 베카리아는 두려움에 빠졌다. 종교재판관들은 "지각 있는 사람이라면 모두가 '범죄와 형벌에 관하여'라는 책의 저자가 기독교의 적이며 사악한 인간이고 빈곤한 철학을 가진 사람이란 것을 깨닫게 될 것이다"라고 공개적으로 비판하였다. 그리고 베카리아를 선동과 불경죄로 고발하였다.[6] 『범죄와 형벌에 관하여』는 가톨릭교회의 금서목록으로 지정되어 1962년 금서목록이 폐지될 때까지 금서목록으로 등재되게 되었다. 다행히 밀라노 지역의 통치자는 베카리아를 위하여 중재하였고, 아이러니컬하게도 그의 저서에 대한 공격은 대중의 주목을 더 받게 하였다.

『범죄와 형벌에 관하여』는 고전주의 범죄학의 중심적 교의를 설명하고 있다. 그것은 1764년 이래로 문명화된 세계에서 이루었던 형사사법 및 형벌 체계의 모든 중요한 개혁을 실질적으로 제시하고 있었던 것이다.[7] 그러나 이러한 고전주의 범죄학의 관념을 과학적 정확성을 가지고 실험하고 설명하려는 노력은 최근 30년 정도 밖에 되지 않았다.

마에스토로(M. Maestro)의 베카리아 전기의 서문에서 모리스(N. Morris)는 『범죄와 형벌에 관하여』에서 기술한 관점들은 베카리아보다 앞선 저명한 저술들 속에 깊이 들어가 있던 것이었다고 하고 있다. 특히 홉스, 로크, 루소 같은 사회계약론자들은 베카리아를 위한 출발점을 제공했다. 그들은 형벌을 범죄의 예방과 통제를 위한 필요악으로 보았다.

「법은 독립적이고 고립된 인간들이 사회를 형성하기 위해 합친 조건들이다. 인간들은 끊임없는 투쟁 상태에 싫증이 나고 자유를 계속 지속하기 불확실한 상태에 놓임으로써 자유를 만끽하는 것이 어렵기 때문에, 자유의 일부를 희생함으로써 나머지 부분을 평화롭고 안전하게 즐기기 위해 자유의 일부를 희생하게 된다...그러므로 모든 사람의 마음속에 있는 횡포한 정신이 사회의 법을 원초적 혼돈으로 몰아넣는 것을 방지하기 위한 실질적인 동기가 도입되어야 한다. 이 같은 실질적인 동기는 법위반자

6) M. Maestro, *Cesare Beccaria and the Origins of Penal Reform,* Philadelphia, PA : Temple University Press, 1973, p.64.
7) E. Monachesi, "Cesare Beccaria." In H. Mannheim (ed.) *Pioneers in Criminology,* Montclair, NJ : Patterson Smith, 1972, p.49.

들을 대해 제정된 형벌이다.[8)]」

그러나 형벌에 대한 이러한 옹호에도 불구하고, 베카리아는 누구보다도 먼저 인도주의적 법제도를 제창한 개혁론자였다. 그는 열정적으로 '법 없이는 범죄 없다(nullum crimen sine lege : no crime without law)'는 원칙을 옹호했다. 그리고 형법전의 제정과 집행을 위한 원리들을 일일이 열거하였다. 베카리아는 형법에 있어서 입법기능과 사법기능의 권한 분리를 일관되게 주장했다. 베카리아는 그것을 이런 방법으로 서술하였다.

「오직 법만이 범죄에 대한 형벌을 과할 수 있다; 이러한 법을 제정할 권리는 오직 사회계약에 따라 전체 사회를 대표하는 입법자에게만 귀속될 수 있다...사회 그 자체를 나타내는 주권자는 다만 모든 구성원들을 묶는 일반법만을 규정할 수 있으며 구체적인 사안에 있어서는 누가 사회계약을 위반하였는지에 대하여 판단할 수는 없다... 그러므로 실체적 진실을 판단하기위해서는 제 3의 영역이 존재해야 한다. 이러한 점으로부터 특정 사실을 단지 확언 또는 부정하는 판결만 내리고 거기에는 어떤 불복도 있을 수 없는 재판을 관할하는 재판관이 필요하다는 사실이 나온다.[9)]」

더욱이 베카리아는 형사사건의 경우 법관들은 입법자가 아니기 때문에 법을 해석할 권한이 없으며 법의 정신을 참고할 필요가 있다는 보편적 공리만큼 위험한 것은 없다고 주장하였다. 베카리아는 사법절차가 자의적이고 일관성이 없음에 따라 발생하는 그 시대의 악명 높은 형벌에 대하여 단호하게 비판하였다.

고전주의 사상의 다른 중요한 특징은 범죄적 해악의 본질에 관한 언급이다. 베카리아는 범죄의 본질이 사회에 대해 해악을 주는 행위라고 단언하였다. 그는 법을 인간의 모든 악행을 방지하기 위한 도구로 보지는 않았다. 이것은 불가능한 목적이며 바람직하지도 않다고 그는 믿었다. 대신 그는 형법을 사회에 해악을 주는 행동을 통제하기 위한 최소한의 도구로서만 사용되어져야 하며 형벌은 오직 행해진 악행에 대해

---

8) C. Beccaria, *On Crimes and Punishments,* trans. H. Paolucci, Indianapolis, IN : Bobbs-Merrill. 1764/1963, pp.11-12.

9) ibid., pp.13-14.

비례적이어야만 정의로울 수 있다고 하였다.

또한 고전주의 범죄학의 중심에는 '범죄를 처벌하는 것보다는 예방하는 것이 낫다'는 관념이 자리 잡고 있다. 베카리아와 다른 고전주의 범죄학자들은, 범죄의 예방이라는 것은 억제라는 기제를 통해 완수될 수 있는데 억제의 기제는 인간의 본성에 대한 다음과 같은 확실한 전제 위에 기반하고 있는 것으로 보았다. 인간의 본성은 이성적이고 합리적이며 그들의 행동은 자유의지의 산물이며 그들은 쾌락을 추구하기 때문에 그들의 모든 행위의 목적은 고통을 감소시키거나 쾌락을 증대시키기 위해 또는 고통을 감소시키고 쾌락을 증대시키기 위함에 있다는 것을 고전주의 범죄학자들은 전제한다. 이성적 존재는 행동을 선택하는 과정에서 비용과 수익에 대한 인식을 취함으로써 논리적이고 이해타산적인 방식으로 결정을 할 수 있는 존재이다. 자유의지를 가진다는 것은 그들이 선택한 의도대로 행동을 할 수 있다는 것을 의미한다는 것이다. 억제란 인간의 행동에 영향을 주기 위한 처벌의 위협을 내포하고 있으므로, 이성적·합리적이며 자유의지를 가진 인간은 억제라는 고통·비용 요소와 범죄로 인한 이익 내지 쾌락을 비교형량 함으로써 범죄를 저지를 것인가 포기할 것인가를 결정하게 된다는 것이다.

만일 어떤 범죄이론에 깔린 특정 전제들이 잘못된 것이라면, 그 이론 자체가 타당성을 결여하게 될 것이다. 그러면 고전적 억제이론이 위와 같이 깔고 있는 인간의 본성에 관한 전제는 타당하다 할 수 있는가? 베카리아와 동시대인들은 그 전제들이 타당하다는 것에 대해 비록 경험적으로 검증해 본 적은 결코 없지만 그러한 전제들이 타당하다는 것에 대해 추호의 의심도 가지지 않았다. 왜냐하면 그들의 전제와 억제의 관념을 지지하는 '일반적인 상식(common sense)'에 속하는 증거들은 우리 주위에 너무 많이 있기 때문이다. 우리의 일상적인 행동의 많은 부분들을 보면 이성적이고, 자유롭게 결정되고, 쾌락추구적인 행동 모형과 유사한 점이 많아 보인다. 예를 들어 보면, 아침잠을 조금만 더 자기로 결정했던 여학생이 생각보다 늦게 잠에서 깨어났다면 그녀는 시계를 볼 것이고, 또한 무엇을 할 것인가를 합리적인 관점에서 결정할 것이다. 물론 그녀는 아침을 먹는 것과 비록 지각을 한게 되겠지만 늦게 범죄학 강의를 듣기 위해 학교로 가는 것을 모두 할 수도 있다. 그러나 이것은 나중에 그녀가 범죄학 교수에게 자신의 상황을 설득하여 이해시킬 수도 있다는 전제가 필요한 것이다. 그렇지 않다면 그녀는 아침을 먹는 기쁨과 배고픔의 고통에 대한 선택적 결정의 결과를 생각한 후에, 학교로 가거나 아침을 먹는 것을 선택하여야 하는데, 그러한 선택은 본인의 자유의지에 따른 선택일 것이다. 이 선택은 자유의지의 이성적인 작용을 포함하고 있는 것처럼 여겨진다. 이러한 과정은 또한 좋은 아침과 좋은 학점이라는 만족을 추구하는 것과 아침식사를 거르는 것과 추측건대 따분한 범죄학 수업에 참석하는 것에 대한 고통을 피하는 것을 비교하는 관점에서 볼 때에는 쾌락을 추구하는 과정이라도 볼 수 있다.

고전주의 범죄학의 인간의 본성에 관한 전제와 억제의 원리는 사회적 관계와 제도 속으로도 스며든다. 부모와 선생들은 어린이들의 행동에 영향을 주기 위해 '당근과 채찍'의 원리를 구체화한다. 바람직하지 않은 행동을 억제하기 위한 처벌의 위협과 바람직한 행동에 대한 보상의 제공, 이 두 가지는 인간이란 존재가 쾌락을 추구하는 존재라는 것을 가정하는 것이다. 어른들은 징계라는 위협과 봉급인상의 약속을 제안하는 사장으로부터 똑 같은 조종을 경험한다. 이러한 전술들은 형사제재의 위협이 범죄를 억제한다는 주장을 지지하는 논거로 사용될 수 있다. 또한 운전자들이 경찰순찰차가 있는 곳에서 정지신호에 어떻게 속도를 줄이고 완전히 정지하는지 또는 10대들이 공원에서 음주를 하다가 경찰관이 다가오는 것을 보고는 맥주 캔이나 술병을 어떻게 감추려고 하는지를 생각해 보면 억제의 주장에 대한 타당성에 쉽게 동의할 수도 있을 것이다.

그러나 억제의 전제들에 대한 그런 타당성에도 불구하고 과학자로서의 범죄학자들은 그런 증거들에 대해 여전히 회의적이었다. 과학적 접근은 지지하는 부분만을 보게 되고 특정 이론의 전제에 반대가 되는 것을 간과하게 되는 선별적 관찰(selected observation)의 실수를 피하기 위하여 관찰이 체계적인 방법으로 기록될 것을 요구한다. 일상적인 사례에 의해 지지되는 일반적인 가설이 잘못된 것으로 증명되는 경우가 자주 있기 때문이다.[10] 최근에 와서야 범죄학자들은 억제이론의 장점을 과학적으로 검증하기 시작하였다.

베카리아는 고전적 억제원리의 특징이 된 처벌의 세 가지 원칙을 열거하였다. 인간은 이성적이고, 쾌락적이며, 자유의지를 가지고 행동한다는 것을 가정할 때, 범죄의 통제는 처벌의 확실성, 신속성, 엄격성에 의해 가능할 수 있다고 베카리아는 주장하

10) F. Hagan, *Research Methods in Criminal Justice and Criminology,* New York, NY : Macmillan, 1982.

였다. 그는 이 세 가지 요소의 적절한 조종을 통하여 범죄를 예방할 수 있다고 믿었다. 이 세 가지 원칙을 무시하거나 혹은 베카리아와 그 동시대인들이 18세기 유럽에서 목격한 바와 같이, 이 세 가지 원칙을 임의적으로 또는 일관적이지 않은 방법으로 적용하게 된다면 범죄가 증대될 것이라고 주장하였다. 사람들이 법위반 행동을 하게 되면 되돌릴 수 없는 부정적인 결과를 초래하게 된다는 것을 믿게 하는데 실패하게 된다면, 사람들은 법의 명령에 덜 복종하려는 경향을 띠게 될 것이라는 것이다. 타인의 재물을 탐하는 사람은 만약 처벌의 전망이 상대적으로 낮아 보이거나, 일시적으로 멀어 보이거나, 엄격하지 않게 보인다면 타인의 재물을 훔치기 더 쉬워지는 경향을 띠게 될 것이라는 것이다.

억제의 첫 번째 원리는 처벌에 대한 인식된 확실성이 증가할수록 규범위반의 가능성은 낮아진다는 것이다. 역의 경우 베카리아가 표현한 바와 같이 의심할 여지없이 처벌을 받지 않거나 처벌의 불확실성이 있게 되면 감정의 힘이 더 하여 질 것이다.11) 그는 법이란 대단히 명확해야 하며 일관성 있게 집행되어야 한다고 주장했다.

억제의 두 번째 원리는 범죄에 대한 보다 신속한 처벌이 있을수록 규범위반의 가능성은 낮아진다는 것이다. 역으로 처벌의 지연은 규범위반의 가능성을 높이게 된다. 베카리아는 이 원리를 다음과 같이 설명하였다.

「나는 처벌의 신속성이 보다 유용하다고 말하였다. 왜냐하면 범죄와 처벌 사이의 시간의 간격이 짧을수록 범죄와 처벌이라는 두 개념의 관련성이 사람들의 마음속에 더 강하고 오랫동안 지속될 것이기 때문이다. 그러면 사람들은 무의식중에 원인으로서 범죄를 저지르게 되면 반드시 필수적으로 처벌이 그 결과로서 뒤따르게 된다는 것을 생각하게 된다.12)」

결국 이것은 피의자에 대하여는 신속하게 기소하고 유죄판결 받은 피고인에 대해서도 신속한 집행이 있어야 한다는 것을 의미한다.

고전주의 범죄학의 억제교의의 세 번째 처벌의 원리는 엄격성이다. 처벌의 엄격성은 처벌의 확실성과 신속성보다는 덜 중요한 것으로 여겨졌다. 베카리아는 "처벌이

11) C. Beccaria, op.cit., p.17.
12) ibid., p.56.

온건하다 하더라도 처벌의 확실성만 담보된다면 그것은 항상 훨씬 가혹하지만 처벌받지 않을 가능성도 같이 있는 처벌의 위협보다 더 강력한 인상을 심어줄 것이다"라고 말했다.[13] 그는 처벌의 엄격성은 처벌을 정당화할 수 있고 바람직한 억제효과를 완수할 수 있을 것이라고 말하였지만 다음과 같은 전제를 달았다.

「처벌의 목적을 달성하기 위해서는 처벌로 인한 고통이 범죄자가 범죄로부터 얻는 이점보다 조금 더 초과해야 한다. 이 한계를 넘어서게 되면 그것은 처벌의 과잉이며 전제적 처벌이 되기 때문이다.[14]」

❸ 벤담의 공리주의

벤담(Jeremy Bentham, 1748-1732)은 베카리아의 저술과 관점에 대하여 존경을 표했지만, 자신의 사상도 고전주의 학파에 기여하였다. 베카리아와 마찬가지로 벤담도 이론가로서보다는 형사사법체계의 개혁자로서 더 공헌을 한 인물로 인식되고 있다. 게이스(G. Geis)가 말한바와 같이 벤담이 남기고 간 유산은 이론적인 것보다는 기념비적이라고 할 수 있는 현실적인 결과들이었다. 그는 위대한 철학자는 아니었지만, 위대한 개혁론자였다.[15]

벤담은 런던에서 태어났다. 그는 대단히 조숙했기 때문에 네 살 때 벌써 라틴어를 읽을 수 있었으며 얼마 지나지 않아서 프랑스어도 읽을 수 있었다. 그는 열두 살 되던 해 옥스퍼드 대학에서 법학을 공부하기 시작하였지만 법학에 대한 흥미를 조금도 느끼지 못하였다. 그는 변호사 개업을 잠시 하였지만 그 직업에 대해 비판적이었기 때문에 이를 접고 평생을 학문에 바치기로 결정하였다. 그는 많은 저술을 하였으며, 폭넓고 다양한 주제들을 다루었다.

그는 또한 수많은 기행을 보여주었다. 그는 집안에 틀어박혀 극소수의 사람들하고만 교류를 하였으며, 57세 때 오랫동안 알고 지내던 여인에게 청혼을 한 적이 있지만 평생 결혼을 하지 않고 지냈다. 그는 음악, 원예, 동물에 심취하면서 연구와 저작에만

---

13) ibid., p.58.
14) ibid., p.43.
15) G. Geis, "Jeremy Bentham" In H. Mannheim (ed.), *Pioneers in Criminology,* Montclair, NJ : Patterson Smith, 1972, p.66.

몰두한 엄격히 통제된 생활을 하였다. 그는 식습관도 간단하였는데, 주로 과일 위주로 하여 빵, 차 그리고 자가 양조한 맥주로 식단을 꾸몄다. 그러나 또한 여러 면에서 어린애 같은 성격도 가지고 있었다. 한마디로 그의 성격은 복잡하였으며, 서로 상반되는 성격이 서로 섞여있었다.[16] 벤담의 가장 특기할만한 행동 중의 하나는 자신의 신체를 해부하고 자신의 골격을 런던대학에 전시하라는 유언의 집행을 현시화한 것이었는데, 오늘 날에도 벤담의 신체는 밀랍상으로 만든 머리에 생존 시 입었던 것과 같은 옷을 입고 런던대학에 전시되어 있다.

그의 별난 개인적 기질은 차치하고, 벤담도 베카리아와 마찬가지로 그 시대의 자의적이고 일관성 없고 잔인한 법집행을 비판했다. 그는 처벌이 응보에 의해 이루어져서는 안 되며 범죄예방의 목적으로만 이루어져야 함을 옹호하였다. 베카리아의 견해에 동의하여 벤담은 범죄를 사회에 대한 해악적 공격으로 정의하였다. 벤담의 형벌철학의 핵심은 공리주의였는데, 그는 그것을 '최대 행복의 원리'라고 하였다. 이 원리는, 행위란 모든 것을 고려하여 그것이 인류의 행복과 이익에 공헌하였는지 여부에 따라 판단되어야 하고, 범죄행위는 총체적 행복을 떨어뜨리므로 예방되어야 한다는 점을 내포하고 있다. 벤담이 설명하기를 이것은 사람들이 그들의 행동을 비용과 이익의 관점에서 주의 깊게 비교형량 함으로써 완수될 수 있다고 한다.

「자연은 인간을 두 개의 독립적 지배자, 즉 고통과 기쁨의 지배하에 놓이게 했다. 그것들은 독립적으로 우리가 할 것을 지적할 뿐만 아니라 우리가 해야 하는 것을 지적한다. 그것들은 우리가 말하고 생각하고 행동하는 모든 면을 지배한다.[17]」

법체계가 범죄행위를 억제하는 기능을 할 수 있는 이유는 인간이 기쁨과 고통을 비교형량 하기(이것을 벤담은 행복을 추구하는 것 또는 쾌락주의적 계산법이라 불렀다)때문이다. 처벌의 고통을 자극함으로써 범죄행위로부터 나오는 기쁨이 억제할 수 있다는 것이다.

고전주의 범죄학자들의 일반적인 특징은 형법에 초점을 맞추고 범죄자에 대해서는

---

16) C. Phillipson, *Three Criminal Law Reformers,* Montelair, NJ : Patterson Smith, 1923/1970, p.150.
17) J. Bentham, *Political Thought,* New York, NY: Barnes and Noble, 1789/1973.

등한시 하였다는 것이다. 이것은 그 당시의 시대적 상황 속에서 이해될 수 있다. 왜냐하면 그 당시 법의 집행은 자의적이고 변덕스럽게 집행되었기 때문이다. 그러나 법 집행과 법령에 대한 강조와 범죄자를 등한시 하는 것은 범죄학적 이론화에 장애가 되었다. 벤담을 비롯하여 고전주의 범죄학자들의 범죄관의 주요한 약점은 범죄자를 살아있는 복잡한 변덕스러운 성격을 지닌 인간으로 고려하는 데에 총체적으로 실패한 것이었다.[18] 벤담의 행복을 추구하는 계산법은 인간 본성에 관한 지나치게 간단한 일련의 전제 위에 머물러 있었다. 결국, 그의 사상은 형법과 형법의 집행에는 지대한 공헌을 하였지만, 왜 범죄자들이 법을 위반하는지를 설명하는 시도로는 부족한 감이 없지 않다.

❹ 고전주의의 영향

고전학파의 등장은 범죄가 초자연적인 현상의 하나라는 그 이전의 견해를 몰아내고 범죄도 자연적인 현상의 하나라는 현대 범죄학적 사고의 출현을 의미한다. 그러나 이후 고전주의적 관점의 중요한 결점들이 비판을 받게 되었다. 범죄자의 동기에 관한 단순한 전제, 범죄자를 인간으로서 면밀히 관찰하는데 대한 실패, 고전주의 관점에 대한 과학적 검증의 부재는 결국 범죄에 대하여 실증적 설명을 주로 하는 실증주의에 주류적 지위를 넘겨주게 되었다. 그러나 형사사법 개혁에 관한 고전주의의 영향은 결코 약화되지 않았다. 서구 형사사법체계의 많은 운용상의 전제, 특히 피고인에게 주어진 권리 등은 베카리아, 벤담 그리고 다른 고전주의자들의 노력에 따라 이루어진 것으로 볼 수 있다. 형벌학과 경찰활동 뿐만 아니라 형법과 형사소송법은 이러한 개혁운동의 영향을 크게 받았다.

(1) 형법과 형사절차

고전주의자들은 범죄행위 통제를 위한 합리적 틀을 제공하는 형법의 실패에 초점을 맞추었기 때문에 그들은 형법전과 형사소송절차의 개혁 분야에 주목할 만한 공헌을 많이 하였다. 사무엘 로밀리(Samuel Romilly) 같은 입법자들은 고전주의 원리로부터 나온 법제도의 개혁에 대한 든든한 옹호자가 되었다. 로밀리는 1806년부터 1818년

18) G. Geis, op. cit., p.53.

까지 영국 의회의 의원으로 지냈는데, 그 기간 동안 야만적 형벌을 폐지하고 형벌의 일관성과 확실성을 촉진하는 많은 법안들을 도입했다. 그러나 이 같은 개혁입법들은, 배를 가르고 사지를 찢는 형벌을 폐지하기 위한 법안이 통과되지 못한 직후 로밀리가 1813년 의회에서 행한 연설에서 보는 바와 같이, 쉽게 성공하지는 못했다.

「나는 지금 우리 앞에 놓인 법안에 대한 저항에 많은 실망감과 아주 큰 굴욕감을 느끼고 있음을 고백하지 않을 수 없습니다. 나는 적어도 이번 법안에 있어서만은 여러분들의 일치된 동의를 확인했었기 때문에 나 스스로 우쭐해 있었습니다. 나는 영국 하원의회에서, 그것도 19세기에 사람의 심장을 찢고 배를 갈라 내장을 꺼내어 그것들을 아직도 살아있는 그 사람 앞에서 불에 태울 것을 요구하는 법을 여전히 존속시키기 위해 일치된 찬성의 목소리를 내리라고는 예견하지 못했습니다.[19]」

이러한 어려움에도 불구하고 고전주의자들에 의해 주장된 법제도의 개혁과 피고인의 권리는 서구세계에 빠르게 확산되어 갔다. 아메리카에서는 존 애덤스(John Adams), 벤저민 프랭클린(Benjamin Franklin), 토마스 제퍼슨(Thomas Jefferson) 같은 선각자들이 베카리아에게 부채를 지고 있음을 인정하였다. 고전주의 사상은 프랑스 인권선언, 영국의 1832년 개혁입법 그리고 미국의 헌법에도 막대한 영향을 미쳤다. 고전주의의 사상에서 나온 형사법의 원리에는 동료배심원들에 의한 공개재판을 받을 피고인의 권리, 변호인의 조력을 받을 권리, 자신에게 유리한 증거를 제출한 기회를 가질 권리, 의심할 여지없이 유죄임이 밝혀질 때까지는 법적으로 무죄로 추정되는 관념에서 나온 보호의 권리 등이 포함된다. 또한 신체형 종류의 감소, 잔인하고 비정상적 형벌로 규정된 고문의 폐지, 그리고 사형 적용의 감소 등도 형사법 체계에 적용되기 시작하였다. 이 모든 개혁 작업들이 고전주의 사상에 의해 자극되었던 것이다. 간단히 말해서 위법행위, 형사절차, 형벌의 종류 등에 대한 구체적인 열거주의 등을 포함하여 서구의 형사법 체계 전체에 혁명적 변화가 일어났던 것이다.

19) C. Phillipson, op. cit., p.274.

(2) 형벌정책의 변화

고전주의 시대는 또한 형벌에 관한 정책에 광범위한 변화를 불러일으킨 시대였다. 그때까지만 하여도 구금은 두 가지 장소에서 주로 이루어졌다. 하나는 '수용소(gaol)'라는 곳인데, 이곳은 범죄로 기소되어 재판을 기다리는 사람들을 상대적으로 짧은 기간 억류하거나, 유죄판결을 확정 받고 처형 또는 신체형을 기다리는 사람 및 채무자를 구금하는 장소였다. 이 수용소의 상황은 끔찍하였다. 이곳에 감금된 사람들은 감금의 사유, 나이, 성별에 의해 분리 수용되지 않았다. 또 하나의 일반적 구금 형태는 '감옥선(hulk)'으로 불리는 죄수 갤리선에 감금하는 것이었다. 이 배는 비위생적인 상태와 부적절한 식사와 지급품으로 역병에 걸려 충격적인 사망률을 내는 폐선이었다. 이렇게 구금을 하는 경우가 아니면, 범죄자에 대한 처벌은 신체형이었거나 또는 아메리카 식민지, 후에는 오스트레일리아 같은 곳으로의 이주였다.

이런 야만스러운 처벌에서 상대적으로 보다 인간적인 상태의 구금으로 전환된 것은 고전학파에 의해 추진된 혁신운동 때문이었다. 그 결과 '교도소(penitentiary)'가 탄생하게 되었는데, 그것도 오늘날의 기준으로 보면 극히 가혹한 것이지만(예컨대, 펜실베이니아 교도소 시스템인 독방감금이나 뉴욕의 교도소 시스템인 침묵이 강요된 단체감금), 수용소(gaol)나 감옥선(hulk)에 비하면 비약적인 발전을 한 것이었다. 죄수들의 식민지 이주정책의 폐지와 더불어 수용소나 감옥선도 폐지되었고, 죄수들은 대개 나이와 성별에 따라 분리되어 수감되기 시작하였다. 심지어는 범죄자들의 갱생을 위한 조치들도 도입되었는데, 이것은 범죄에 대한 범죄자들의 동기를 감소시키는 형벌이 그렇지 않은 것보다 더 효과적이라는 벤담의 관점에 기반을 둔 것이었다.

벤담이 정교한 감옥 설계인 '파놉티콘(Panopticon, 원형교도소)'을 주장했던 것도 당시 존재했던 가혹하고 잔인한 처벌의 형태를 교도소 구금형으로 대체하자는 운동이 일어났던 상황에서였다. 그는 이 계획을 진척시키기 위해 그의 재산의 대부분을 소비하였고 몇 년의 세월을 보냈다. 그러나 영국의회는 그것을 거부했고, 그의 제안들이 몇몇 다른 나라에서 스며들었지만 그 영향력에도 일정한 한계가 있었다. 파놉티콘 계획은 감시자가 중심위치에서 모든 회랑을 따라서 감방을 관찰할 수 있도록 하기 위하여 원형의 감시초소와 그 감시초소로부터 뻗어 나온 부속 감방으로 구성되었다. 이러한 건축학적 발상은 짧은 기간 존속했던 펜실베이니아 교도소 체계에 도입되었다.

벤담의 계약관리에 관한 사상도 교정시설의 사적관리에 대한 오늘날의 경향으로 볼 때, 벤담사상의 또 하나 중요한 특징으로 볼 수 있다.

(3) 경찰활동

고전주의 범죄학의 개혁적 원리는, 격렬한 정치적 논쟁 때문에 시간이 많이 걸리기는 하였지만 경찰활동 영역에도 영향을 주었다. 로밀리가 자살한 후[20], 10년 동안 내무성 장관으로 재직했던 로버트 필(Robert Peel)은 경찰개혁이라는 도전적인 작업에 착수하였다. 영국과 미국 경찰의 현대적 법집행은 필의 1829년 런던 메트로폴리탄 경찰법(London Metropolitan Police Act)의 도입과 함께 시작되었다. 그 법안은 필의 몇 년 동안의 교묘한 정치적 공작 후에야 영국 상하 양원에서 통과될 수 있었다. 영국 시민들은 중앙집권적 정부에 대한 강한 불신감을 가지고 있었기 때문에 이에 대하여 넓게 퍼져 있던 저항이 극복되어야 했던 것이다.[21] 프랑스 및 다른 유럽대륙 국가에서 추진된 경찰개혁은 중앙정부의 힘을 증가시켰고, 그래서 영국에서도 마찬가지로 중앙정부의 힘의 증대에 경찰의 권력이 사용될 것이라는 그런 두려움이 있었다. 경찰당국에 대한 이런 넘치는 불신은 필의 '새로운 경찰(창안자를 기념하여 Bobbies 그리고 Peelers라고 별칭이 붙여진)'이 거리로 나간 이후에도 계속되었다. 시민들은 대단히 적대적이어서 교통통제를 하려는 경찰관들은 말에 휘둘리거나 채찍으로 맞기도 하였다. 어떤 경우에는 경찰관들이 살해당하기도 하였다. 그러나 몇 년 후, 고전주의 범죄학에 뿌리를 둔 경찰활동에 대한 새로운 접근은 런던에서 성공을 거두었고, 영국 전체 경찰개혁의 모델이 되었다. 이 모델은 미국에 건너가 도시경찰의 성립에 기본적인 철학을 제공하였는데, 이러한 모델에 기하여 창설된 미국의 최초의 도시경찰은 1838년도에 세워진 보스턴 경찰국이었다.

필의 개혁입법의 핵심은 범죄를 억제하는 것이었다. 런던 경찰국 최초의 국장 두 사람에 대한 교육에서 필은 "최우선적으로 가져야 할 주요한 목표는 범죄를 예방하는 것이라는 것을 이해할 필요가 있다...범죄가 발생하지 않는다는 것은 경찰업무의

20) 영국의 개혁입법자였던 로밀리는 아내의 죽음에 충격을 받아 1818년에 자살했다.

21) J. L. Lyman, "The Metropolitan Police Act of 1829" *Journal of Criminal Law, Criminology and Police Science,* 1964, pp.141-154; T. A. Critchley, *A History of Police In England and Wales,* Montclair, NJ : Patterson Smith, 1972.

완벽한 효율성에 대한 최상의 증거로 인식될 것이다"라고 언급하였다. 고전주의 범죄학의 전제를 따를 때 범죄는 경찰의 순찰에 의해 억제될 수 있다고 믿어진다. 만약 경찰이 눈에 띄는 제복을 입고 무작위로 돌아다니게 된다면, 잠재적 범죄자는 체포의 위험이 증가되기 때문에 범죄를 저지르는 것이 현명하지 않다고 결정할 것이다. 범죄로부터 얻게 되는 이익보다 더 높은 처벌의 확실성에 무게를 둘 것으로 예상하기 때문이다. 억제력으로서의 경찰활동에 대한 인식은 필의 개혁 이후 거의 150년 동안 심각한 의문 없이 지속되었다. 이것은 미국에서도 마찬가지였다. 볼머(August Vollmer)의 고전적 경찰행정 교과서에 의하면 "순찰은 범죄인을 방어하기 위한 사회의 최상의 방어수단이다. 부지런히 순찰을 도는 정복경찰관이 단지 눈에 뜨이는 것 자체로 사회 일반인들을 범죄행위로부터 방어하는데 충분하다"라고 기술되어 있다.[22] 경찰행정 분야의 또 다른 주요 권위자인 윌슨(O.W.Wilson)과 멕라렌(R.C.McLaren)도 마찬가지로 경찰의 현시로 인한 억제효과를 옹호하였다. 그들은 순찰을 경찰활동의 '중추(backbone)'로 보았으며, 빈번하고 눈에 잘 띠는 순찰이 이루어지면 경찰이 도처에 깔려 있다는 인식을 심어주게 된다고 결론지었다.[23] 그러나 지난 30여 년간 경찰에서는 경찰순찰의 범죄억제효과에 대해 그것을 범죄예방의 본질로서보다는 해결되지 않은 실험적 문제로 인식하기 시작했다.

Ⅱ. 현대의 억제이론

❶ 억제명제의 부활

비록 범죄학자들은 20세기 초엽에 고전주의 범죄학파의 관념들을 범죄학의 분야에서 대체적으로 추방시켜 버렸지만, 입법자나 경찰행정가들은 어느 누구도 고전적 억제원리에 대한 믿음을 버리지 않았다. 이론과 실제의 이 같은 괴리는 범죄학적 지혜의 성장을 늦추었다. 억제에 관한 고전적 관념과 사회학에 입각한 유력한 사회적 변수를 조화시키려는 노력이 거의 이루어지지 않았던 것이다. 즉 두 개의 관점이 따로

22) A. Vollmer, *The Police and Modern Society.* College Park, MD : McGrath, 1936, p.127.
23) O. W. Wilson & R. C. McLaren, *Police Administration,* Third Edition, New York, NY : McGraw-Hill, 1972, p.320.

범죄를 설명하는 것 보다 함께 범죄를 설명하는 것이 더 좋은지를 알아보려는 노력이 거의 이루어지지 않았던 것이다.

이러한 이론적 괴리에 더 한층 이바지 한 것은 억제모델이 사회적 반작용의 관점(특히 낙인이론)과 대응점에 있다는 점이다. 억제의 중심논제는 처벌이 범죄를 감소시킬 것이라는 것인 반면, 낙인이론은 처벌이 범죄를 증가시킬 것이라고 주장한다. 억제이론에 따르면 사람의 범죄행위는 체포와 처벌의 결과에 따라 감소한다. 낙인이론은 사람들이 처벌에 의하여 더 깊은 범죄 속으로 내몰린다고 주장한다. 이러한 관념적 편견은 억제에 관한 논쟁을 오랫동안 무시하게 하였다. 깁스(J. Gibbs)가 지적하는 바와 같이, 억제의 원리에 대한 평판을 나쁘게 만든 것은 도덕적 공격수단을 제공하는 인도주의를 가지고 현실을 공격하는, 그것도 대부분 사형문제와 관련된 현실을 공격하는 학자들 또는 전통적 처벌에 대한 대안을 제공함으로써 자신들의 입지를 굳히려는 정신병의사, 사회사업가 같은 사회공학자들에 기인하는 바가 크다.[24]

관념적인 것은 경험적으로 근거 없는 결론을 이끈다. 혹자는 억제가 범죄감소에 효과적이라고 하기도 하고 혹자는 억제가 범죄 감소에 효과적이지 않다고 한다. 20세기에 들어설 무렵, 페리(Enrico Ferri)는 형법은 범죄를 치유하는 치료약이 결코 아니고 아무것도 치료할 수 없음을 알아야 한다고 역설했다.[25] 페리와 마찬가지로 20세기 중반 바네스(H. Barnes)와 티터스(N. Teeters)도 그들의 영향력 있는 범죄학 교과서에서 억제의 주장은 역사와 논리에 의해 버림받았다고 하여 검증되지 않은 결론을 내리고 있다.[26] 1960년대 후반의 선도적인 범죄학 교과서들도 계속해서 억제는 범죄를 예방하지 못하고 범죄로 되돌아가는 것을 막지 못하다는 취지로 입증되지 않은 주장을 계속 하였다.

억제이론을 옹호하는 학자이건 반대하는 학자이건 그들의 관점은 모두가 일반적인 상식을 들어 거론하고 있다. 억제 옹호론자들은 순찰차가 다가올 때 차량의 속도가 줄어드는 것을 그 증거로 인용한다. 한편, 억제 반대론자들은 억제가 작용하지 않는 증거로 교도소에 있는 수많은 재범, 상습누범자들을 거론한다. 그러나 문제는 일반적

---

24) J. P. Gibbs, *Crime, Punishment, and Deterrence.* New York, NY : Elsevier, 1975, pp.9-10.
25) Enrico Ferri, "Three Lectures Given at the University of Naples, Italy-April 22, 23, and 24, 1901" In S. Grupp, *The Positive School of Criminology.* Pittsburgh, PA : University of Pittsburgh Press, 1901/1968, p.231.
26) Harry Barnes & Negley Teeters, *New Horizons in Criminology,* Second Edition, New York, NY : Prentice-Hail, 1951, p.338.

인 상식이 종종 터무니없을 때도 많다는 것이다[27]. 속도를 줄이는 차량에서 일반적으로 억제가 작용한다고 추론하는 것도 논리적으로 옳은 것이 아니며, 마찬가지로 어떤 사람이 반복적으로 계속 범죄를 저지른다는 사실에서 억제의 원리가 부인되는 것도 아님은 확실하다. 억제에 관한 논의가 대개 검증되지 않는 추론에 의존하고 있다는 사실은 다음 예를 보면 더 한층 명백해진다.

첫 번째 예는 '호랑이 예방법에 관한 오류(tiger prevention fallacy)'라고 불리는 것과 관련된 것이다.[28]

「한 사람이 그의 손가락을 물고 크게 신음소리를 내면서, 맨해튼 거리의 중심부를 달리다가 경찰에 의해 제지당한다. 이들은 다음과 같은 대화를 나눈다.

경찰관 : 아니 무슨 일이 있습니까?

신사 : 예, 호랑이를 피하고 있습니다.

경찰관 : 무슨 말도 안 되는 소리를 하는 거요? 뉴욕시내 5,000마일 이내에는 야생 호랑이는 없어요.

신사 : 그러면, 나는 호랑이를 물리치는 꽤 효과적인 기술을 가지고 있군요.」

깁스(J. Gibbs)가 강조하는 바와 같이, 이 호랑이를 막는 이야기에서 강조되는 것은 억제란 본질적으로 관찰할 수 없는 현상이라는 것이다.[29] 우리는 범죄가 예방되는지를 알 수 없지만 범죄가 없다고 하여 억제의 효과가 입증되지는 않는다. 그러나 옹호론자 사이에서는 반대의 주장이 일반적이다. 일탈이 적게 일어나는 것은 형사제재의 위협 때문일 수 있다는 결론은 호랑이를 막는 법의 오류를 반영한다. 이 문제를 해결하기 위한 가장 만족스러운 방법은 형사제재가 일탈을 어떻게 변화시키는지를 관찰하기 위해서 형사제재를 교묘하게 조종하는 것이다. 그러나 억제 옹호론자들은 이것을 엄밀하게 하는 것에 대해 내켜 하지 않는다. 왜냐하면 그들은 억제효과가 작용하

27) F. Hagan, *Research Methods in Criminal Justice and Criminology,* New York, NY : Macmillan, 1982, p.2.

28) F. E. Zimring & G. J. Hawkins, *Deterrence: The Legal Threat in Crime Control.* Chicagi, IL : University of Chicago Press, 1973, p.28.

29) J. P. Gibbs, op. cit.

는 것은 선험적이라고 믿기 때문이다. 만약 억제효과가 작용한다면 형사제재를 느슨하게 하는 것은 범죄를 증가시킬 것이고, 그렇게 되면 그러한 실험은 문제성 있는 실험이 될 수 있기 때문이다.

억제 반대론자들도 위에서 예로 든 호랑이 막는 법에 관한 오류와 마찬가지의 오류의 결론에 도달하는 경우가 자주 있다. 물론 그 추론적 결론은 억제 옹호론자들의 결론과는 반대이다. 짐링(F. Zimring) 과 호킨스(G. Hawkins)는 '교도소장에 대한 설문조사(warden's survey)'의 예로 이 오류를 요약하였다. 억제 반대론자들의 설문의 대상은 주로 교도소장 등이었는데, 이들은 이미 기결죄수들에 대한 관찰에 근거하여 억제효과가 작용하지 않는다고 결론을 내린 사람들이었다. 억제 반대론자들의 결론이 논리적으로 오류가 있는 것은 명백히 억제되지 않은, 그렇지 않았다면 교도소에 있지 않았을 수많은 사람들과 함께한 사람들의 경험으로부터 나온 것이기 때문이다. 논리적으로 억제가 관찰될 수 있는 것이라면 그것은 범죄자가 아닌 수많은 사람들 사이에 위치하고 있을 것이다. 억제 반대론자들의 기준에 의하면, 오직 범죄가 하나도 발생하지 않을 때만 형사적 제재가 효과적인 억제수단으로 판정받을 수 있을 것이다. 20세기의 대부분의 기간 동안 범죄학자들은 교도소장에 대한 설문조사의 변화라는 자료로 그리고 사형 제도를 유지하고 있는 형사사법체계에서 살인율이 더 높다는 데이터로 억제의 원리의 잘못됨을 밝혀내려고 노력하였던 것이다.

한편으로 형사사법에 종사하는 사람들은 대체로 억제이론에 대한 단호한 믿음을 보임으로써 호랑이 예방에 관한 오류의 방향으로 잘못 나아가고 있었다. 티틀(C. Tittle)은 일반 대중들과 형사사법에 종사하는 자 사이에는 형사적 제재가 비행을 줄일 것이라는 강력하고 맹목적인 믿음이 있었고, 학문의 세계에서는 형사적 제재가 비행을 줄이지 못할 것이라는 강력하고 맹목적인 믿음이 있었다고 간결하게 그 상황을 요약했다.[30]

결국 억제에 관한 문제는 1960년대 후반 이후 일군의 범죄학자와 사회학자들이 고전주의 범죄학이 추구하였던 억제적 관점의 범죄이론에 주목함으로써 재발견되었다.[31] 앤더내스(J. Andenaes)의 개념적 분석은 이러한 억제효과에 관한 재 실험의 선구적 역할을 하였고,[32] 깁스(Gibbs)와 티틀(Tittle)의 경험적 연구는 억제효과에 관한

30) C. R. Tittle, *Sanctions and Social Deviance: The Question of Deterrence*. New York, NY: Praeger, 1980, p.1.
31) John E. Conklin, *Criminology*(six edition), Allyn and Bacon, 1998, pp.475-476.

연구 활동의 폭발적인 계기가 되었다.[33] 억제이론이 다시 범죄학의 무대에 등장한 것은 그 당시의 시대적 조류와 상황의 독특한 조화가 빚어낸 결과였다. 우선 실증주의 범죄학으로부터 나온 논리적 정책인 갱생프로그램들이 실질적으로 재범을 감소시키는데 성공하지 못한 것으로 주장하는 경험적 증거들이 당시에 많이 나왔다. 갱생프로그램이 성공하지 못했다는 연구결과는 1960대 후반과 1970년대 초반에 많이 나오게 되었다. 그러나 강력한 반 갱생운동(anti-rehabilitation movement)의 초점이 되었던 것은 형사범죄자에 대한 뉴욕주지사의 특별위원회를 위해 준비한 마틴슨(R. Martinson)의 연구 요약문이었다. 마틴슨의 요약문에 따르면, 1945년부터 1967년까지 231건의 연구결과로부터 나온 결론은 극히 일부분의 예외를 제외하고는 갱생 정책이 재범에 대한 눈에 띨만한 효과는 나타내지 못한 것으로 드러났다. 그는 이것에 대해 좀 더 심도있게 기술하고 있다.

「우리는 억제의 효과에 대해서 거의 아는 것이 없다. 왜냐하면 일반적으로 '처우(treatment)'이론들이 우리의 연구의 큰 주류였고, 억제이론은 단지 역사적 호기심 정도로 치부되었기 때문이다. 따라서 우리는 현재 우리의 형사사법체계가 수행하는 또는 장래의 형사사법전략들이 수행해야 할지 모르는 억제의 기능에 대해서 거의 아는 것이 없다. 그러므로 실제 억제의 효과가 어느 정도까지는 현재 우리의 눈앞에서 즉각적으로 작용하기도 하고, 앞으로 더 잘 작용할 수 도 있을 가능성을 배제할 수 없는 것이다. 치료보다는 억제가 낫고, 유죄판결 받은 죄수들을 갱생하는 것보다는 최초 범죄행위를 예방하는 것이 더 나을 수도 있는 것이다.[34]」

비록 마틴슨이 앞장선 반 갱생 운동이 억제이념의 옹호자와 응보 지향적 보수주의자들의 환영을 받기는 했지만, 그렇다고 해서 그것이 편협 되고 단지 관념에 근거를

32) J. Andenaes, "General Prevention-Illusion or Reality?" *Journal of Criminal Law, Criminology, and Police Science*, 1952, pp.176-198; J. Andenaes, "General Prevention Effective of Punishment" *University of Pennsylvania Law Review,* 1966, pp.949-983.

33) J. P. Gibbs, "Crime, Punishment. and Deterrence." *Southwestern Social Science Quarterly,* 1968, pp.515-530; C. R. Tittle, "Crime Rates and Legal Sanctions" *Social Problems.* 1969, pp.408-423.

34) R. Martinson, "What Works?-Questions and Answers About Prison Reform" *Public Interest,* 1974, p.50.

둔 운동은 결코 아니었다. 자유주의자들이나 보수주의자들 모두 갱생정책이 실패했다고 보았고, 자유주의자들은 처벌이 좀 더 정의로워야 함을 강조한 반면, 보수주의자들은 처벌이 좀 더 효율적이어야 함을 강조하였을 뿐이다. 억제의 원리는 가장 유력하게 추진된, 처벌을 위한 세 가지 개념적으로 구별되는 원리 중의 하나였다. 통상 불리는 바와 같이, 정의모델(the Justice Model)은 응보 또는 범죄에 상응하는 처벌을 억제정책과 함께 묶는 접합제로 보았다. 반면 억제와 마찬가지로 '무능화'는 공리주의의 부속물이었다.[35] 정의모델은 갱생이념의 대안으로서 처벌의 억제효과에 관한 연구에 많은 동력을 제공하였다.

❷ 억제의 개념화

현대적 억제이론의 기본적 명제, 즉 확실하고 엄격하고 신속한 처벌을 통해 범죄를 예방할 수 있다는 명제는 온전히 고전주의 범죄이론으로부터 따온 것이다. 즉 억제라는 개념의 단초는 이미 베카리아와 벤담의 저서에서부터 고찰되었던 것이었다. 공리주의 사상가들은 범죄를 처벌의 확실성, 신속성, 엄격성에 대한 부정적 작용으로 봄으로써 억제개념에 대한 예언적 명제를 설정하였던 것이다. 달리 말하면, 이 세 가지 관점에서 범죄에 대한 처벌적 대응이 증가하게 되면 범죄의 빈도는 감소할 것이라는 것이다. 이러한 주장은 어느 정도 타당한 것처럼 보인다. 그러나 고전주의 범죄학은 인도주의적·철학적·도덕적 함의를 중심으로 처벌의 억제효과를 논의한 한계를 가지고 있다. 현대적 억제이론이 고전주의 범죄학과 다른 점은 현대적 억제이론은 이러한 고전주의의 억제이론이 실제 타당한가에 대하여 경험적 실험을 통하여 이를 증명하려고 시도한 점이다. 억제의 개념화는 고전주의의 이러한 억제의 명제라는 기본적 틀 위에 이 보다 더 많은 부수적 요소들을 더하여 만들어져야 한다.

현대 억제이론 분야의 연구는 초기 고전주의자에 의해 가장 강조된 면인 처벌의 확실성에 초점을 맞추어 왔다. 그러나 확실성은 얼마나 확실해야 하는 것인가? 어떻게 처벌하여야 잠재적 범죄자가 금지된 행위를 확실히 단념하도록 할 수 있는가? 범죄체포율과 범죄발생률 간의 관계에 대한 연구는 최소한도의 체포가능성이 보일 때까지는 범죄의 억제효과는 존재하지 않는다는 것을 보여준다.[36] 이 같이 억제작용의

35) D. Fogel, "...We Are the Living Proof..." *The Justice Model for Corrections,* Cincinnati, OH : Anderson Publishing Co, 1975.

시초단계를 '경고수준(tipping level)'이라고 부른다. 챔멀린(M. Chamelin)은 바람직한 억제효과를 거두기 위해서는 범인 체포율이 지속적으로 최소한 일정수준을 유지해야만 한다고 주장했다. 그의 연구에 따르면, 작은 도시에서 자동차 절도와 강도죄에 대한 억제의 효과는 범인 체포율이 지속적으로 40% 수준을 유지했을 때 나타나는 것으로 되어있다.[37] 실제로는 이 같은 연구결과는 억제원리의 정당성을 지지하는 좋은 연구결과로는 볼 수 없다. 왜냐하면 그와 같이 높은 수준의 체포율을 보일 수 있는 사법관할 권역은 별로 없기 때문이다.

만약 발견과 처벌이 범죄행위에 뒤따른다면, 그 대응은 얼마나 신속해야만 효과가 있을까? 미국의 사법절차는 일반적으로 대단히 느리게 움직인다. 이것은 처벌의 확실성 효과를 감소시키는가? 깁스(J. Gibbs)는 그렇게 생각하지 않았다. 신속한 처벌의 효과성에 관한 유일한 만족할만한 증거는 조건반사설의 변종인 실험심리학(보상과 처벌을 적용함으로써 동물의 행동에 조건을 주는 것)으로부터 나오는 것인데, 실험심리학을 법집행에 적절히 일반화시킬 수 없는 것이라고 주장한다. 또 다른 학자들은 처벌을 지연시키는 것은 더 한층 고통과 공포를 주는 것이므로 실제로는 억제효과를 강화하게 된다고 주장하였다.[38] 그러나 현재까지 억제의 효과를 발생시키는데 빠른 처벌이 얼마나 중요한가에 대한 경험적 연구가 별로 없다.

또한 억제이론의 현대적 분석은 다른 조건이 동일할 때 처벌의 엄격성이 높을수록 범죄는 줄어들 것이라는 주장을 한다.[39] 그러나 다른 조건이 동일한 경우란 거의 없다. 베카리아와 벤담은 억제의 효과는 처벌의 엄격성에 따른다고 주장하는데 매우 신중하였다. 처벌의 엄격성의 효과에 관하여 알려진 바는 거의 없다. 그러나 처벌의 엄격성과 관련하여 진행된 몇 개의 연구를 보면, 그 대부분은 억제효과에 대하여 부정적인 것들이었다.[40]

---

36) C. R. Tittle & A. R. Rowe, "Certainty of Arrest and Crime Rates : A Further Test of the Deterrence Hypothesis", *Social Forces,* 1974, pp.455-462; D. W. Brown, "Arrest Rates and Crime Rates: When Does a tipping Effect Occur?" *Social Forces,* 1978, pp.671-681; D. W. Brown, "Deterrence and the Tipping Effect", *Southern Journal of Criminal Justice,* 1981, 6: pp.7-15.

37) Mitchell Chamelin, "A Longitudinal Analysis of the Arrest-Crime Relationship: A Further Examination of the Tipping Effect", *Justice Quarterly,* 1991, pp.187-199.

38) J. P. Gibbs, op. cit.

39) J. Andenaes, "General Prevention Effective of Punishment", *University of Pennsylvania Law Review,* 1966; F. E. Zimring & G. J. Hawkins, *Deterrence: The Legal Threat in Crime Control.* Chicagi, IL : University of Chicago Press, 1973.

이러한 경험적 연구는 주로 억제효과에 대한 객관적 측정으로 진행되었다. 객관적 측정이란 공식적 형사사법 통계상의 객관적 지표를 사용하여 억제효과를 측정하는 것, 즉 예를 들면 형벌의 확실성이나 위험성은 체포율이나 체포된 범법자의 기소율 또는 유죄 판결률 등과 범죄발생률의 관계를, 처벌의 엄격성은 법에 의해 규정된 최고형량이나 특정범죄에 대한 평균형량 등과 범죄발생률의 상관관계를 측정하는 것을 말한다. 결국 억제에 관한 이러한 객관적 측정 방법에 의한 대부분의 연구는 처벌의 확실성과 범죄율 간의 반비례관계를 보여주기는 하지만, 그 상관관계는 약한 것으로 나타나고 있고, 더욱이 처벌의 엄격성이 범죄에 미치는 영향은 매우 약한 것으로 나타나며, 처벌의 신속성은 관련연구가 별로 없지만 거의 영향을 주지 않는 것으로 나타났다. 결국 처벌의 확실성 이외에는 처벌의 억제의 효과가 거의 없는 것으로 많은 연구결과는 보여주고 있다.[41]

억제효과에 대하여 이렇게 객관적 측정에 의해 진행된 연구방법과 달리 개인의 주관적 인식에 따른 억제효과를 분석하려는 시도도 있었다. 이러한 검증방법을 인지적 측정방법이라 하는데, 인지적 측정이란 형벌에 대한 개인의 주관적 인지, 즉 실제적 위험에 관계없이 처벌의 확실성, 엄격성, 신속성에 대한 개인의 인식과 범행 여부의 상관관계를 자기보고식 설문 등을 통하여 측정하는 방법을 말한다.

만약 개인의 행동이 처벌의 존재에 의하여 변화될 수 있다면, 개인은 그 처벌에 대하여 인식하고 있어야 한다는 것이 중요하다. 대부분의 억제이론가들은 범행결정에 영향을 미치는 것은 객관적인 처벌의 가능성보다는 잠재적 범죄자에 의한 지각이라고 믿는다. 부분적으로 처벌에 대한 인식은 객관적 현실과 독립된 것이므로 이것은 중요한 점을 암시한다. 어쩌면 처벌에 대한 인식을 변화시키는 것이 처벌을 변화시키는 것보다 최우선적으로 중요할지도 모른다. 이러한 관점은 음주운전을 하게 되면 감옥에 간다거나, 불을 놓는 사람들은 비록 그것이 과실에 의한 것일지라도 감옥에 간다거나 하는 것을 광고하는 텔레비전과 라디오의 스팟(spot) 광고에 대한 근거를 제공한다. 레이더가 작동하고 있다거나, 속도위반을 엄격히 처벌한다는 등 잠재적 속도위반자에 대한 경고 표시도 마찬가지로 처벌의 가능성에 대한 인식을 가능하도록 하기 위해 설치된 것이다. 그러나 이렇게 처벌에 대한 인식과 관련된 대부분의 연구결

40) R. Paternoster, "The Deterrent Effect of the Perceived Certainty and Severity of Punishment: A Review of the Evidence and Issues", *Justice Quarterly,* 1987, pp.173-217.

41) John E. Conklin, *Criminology,* six ed., Allyn and Bacon, 1998, pp.480-482.

과도 처벌의 확실성과 범죄율 간에는 부의 관계를 보여주지만, 그 상관관계가 약하게 나타나며, 처벌의 엄격성 및 신속성은 범죄율에 거의 영향을 미치지 못하는 것으로 나타났다.[42]

마지막으로 억제의 개념화와 관련하여 또 다른 기본적인 문제는 처벌 그 자체와 관련된 것이다. 실제 처벌이란 무엇인가? 일반적으로 사용되는 형법적 제재는 벌금, 운전면허 같은 자격의 취소, 보호관찰 같은 사회적 감독, 구치소나 교도소에의 구금, 사형 같은 것이 포함된다. 어떤 종류의 처벌이 있어야 억제의 효과를 발휘할 수 있는가 하는 문제와 관련하여 뉴만(G. Newman)은 신체형이 부활하여 형사적 제재의 목록에 더하여지면 그것은 가치 있는 일이 될 것이라고 하고 있다.[43] 어떤 학자들은 현재 시행되고 있는 형벌의 일부를 폐지할 것을 주장하는데 가장 두드러진 것이 사형제도의 폐지이다. 형사제재를 집행하는 데에는 정치적·문화적 한계가 있다. 비록 속도 위반자들을 처형한 후 그들의 머리를 속도한계 표지판 옆에 늘어놓는 것이 억제효과를 매우 크게 한다하더라도, 우리들 중에 대부분은 속도 위반자에 대하여 그런 극단적인 제재를 하는 것에 동조하지는 않을 것이다.[44]

❸ 일반억제와 특별억제

이러한 처벌의 억제효과는 일반 억제와 특별억제(또는 특정억제) 효과의 두 가지 효과로 나타날 수 있다고 본다. 일반 억제(general deterrence)는 범죄자를 신속·엄격·확실하게 처벌함으로써 일반인들에게 국가형벌에 대한 두려움을 심어주어 범죄를 저지르지 않게 하는 효과 또는 범죄에 대한 강력한 처벌규정을 둠으로써 일반인들을 위하하여 범죄를 저지르지 않게 하는 효과를 말하며, 특별억제(special deterrence) 또는 특정억제(specific deterrence)란 범죄자를 신속하고 확실하게 체포하여 엄격하게 처벌함으로써 그들이 다시는 범죄를 저지르지 않게 하는 효과를 말한다.

억제의 효과와 관련하여 이를 일반예방이론과 특별예방이론으로 설명하는 경우를

42) Daniel S. Nagin & Greg Pogarsky, "Integrating celerity, impulsivity, and extralegal sanction threats into a model of general deterrence: Theory and evidence", *Criminology,* 2001, pp.865-892.

43) Graeme Newman, *Just and Painful, A Case for the Corporal Punishment of Criminals.* New York, NY: Macmillan Publishing Company, 1983.

44) J. Griffiths, "The Limits of Criminal Law Scholarship", *Yale Law Journal,* 1970, pp.1388-1474.

가끔 볼 수 있다.[45] 그러나 일반예방이론과 특별예방이론은 유럽, 특히 독일의 형벌이론에서 논의되는 것으로, 여기의 억제이론에서 논의되는 일반억제효과와 특별억제효과와는 출발의 근원을 달리하고 있다. 독일의 형벌이론은 '본질적으로 해악적 속성을 가지는 국가형벌의 존재 목적이 무엇인가'에 대하여, 즉 '형벌의 정당화적 존재이유'에 대하여 탐구하는 이론이고, 억제이론은 형벌이 범죄에 어떠한 영향을 미치며, 범죄를 억제하기 위하여 형벌이 어떠해야 하는가를 탐구하는 영역이기 때문이다.

물론 형벌이론과 억제이론은 논리전개에 있어서 유사한 점도 많다. 똑같이 형벌에 대하여 다루고 있는 점과 일반예방 및 일반억제는 일반인들을 대상으로 하고, 특별예방 및 특별억제는 범죄자를 대상으로 하고 있는 점이 그렇다. 더욱이 형벌이론에서의 일반예방이론, 특히 소극적 일반예방이론(일반예방이론은 소극적 일반예방이론과 적극적 일반예방이론[46]으로 나뉜다)은 억제이론의 일반적 억제와 비교해 볼 때 내용이 동일하다. 양자는 다 같이 형벌의 위하를 통하여 일반인이 범죄를 저지르지 못하게 한다고 하고 있기 때문이다.

그러나 결국 소극적 일반예방이론은 형벌의 존재의의에 대한 이론이고, 억제이론에서의 일반적 억제는 범죄원인에 관한 이론임을 망각해서는 안 된다. 형벌이론과 억제이론이 서로 근원을 달리한다는 점은 다음의 경우를 살펴보면 보다 명확해 질 것이다. 첫째, 독일의 형벌이론은 크게 절대적 형벌이론과 상대적 형벌이론으로 대립되고, 상대적 형벌이론은 다시 일반예방이론과 특별예방이론으로 나뉘는데, 오직 응보만을 목적으로 하는 절대적 형벌이론은 억제이론에서는 거의 논의되지 않는 부분이고, 둘째, 일반예방이론 중 적극적 일반예방이론이 형벌이론에서는 아주 중요하게 다루어지는 반면(이는 형벌이론이 그 존재의 정당성을 탐구하는 이론이기 때문에 그렇다), 이 이론이 억제연구에서는 중요한 쟁점이 아니고 범죄학이론 중 사회과정이론에서 주로 다루어지고 있고, 셋째, 형벌이론에서의 특별예방이론은 범죄자의 개선, 사회화를 내용으로 하나, 억제이론에서의 특별억제는 오직 형벌을 통하여 범죄자가 다시는 범죄를 저지르지 못하게 하고자 이론이다. 그러므로 범죄학이론으로서의 억제이론을 설명

45) 박상기·손동권·이순래, 『형사정책』, 한국형사정책연구원, 1999, 50면 ; 임준태, 『범죄통제론』, 좋은세상, 2003, 88-96면 참조.

46) 적극적 일반예방이란 형벌의 존재가 적극적으로 시민의 규범의식을 강화시켜주는 수단으로 작용함으로써 법질서의 방위에 기여할 수 있는 것으로 파악한다. 즉 일정한 행위를 법률로 금지하여 계속 처벌하면 형벌은 도덕형성력을 갖게 되고, 국민들의 준법의식이 적극적으로 강화되어 범죄예방의 효과를 거둘 수 있다는 것이다(배종대, 『형법총론』(제8전정판), 홍문사, 2005, 32면).

하는데 있어서, 독일의 형벌이론을 구별 없이 사용하여 이론 설명에 혼란을 초래하여서는 안 될 것이다.47)

❹ 억제개념의 변형과 확장

이러한 처벌을 통한 억제이론은, 그 후 억제개념의 변형과 확장으로 발전한다. 즉 억제라는 개념을 엄격한 법적·공식적 처벌에만 한정짓지 말고, 비공식적 억제까지도 포함하는 개념으로 확장하자는 주장이다. 이러한 비공식적 억제로는 범죄행위에 대한 가족 또는 친구나 이웃의 비난, 자신의 양심과 도덕적 의무 등이 포함된다. 학자들은 법적·공식적 처벌보다 비공식적 제재가 범죄억제에 훨씬 효과적임을 여러 경험적 연구를 통하여 밝히고 있다.48) 그러나 이에 대하여 억제이론이란 법적·공식적 처벌을 통한 범죄억제의 효과를 다루는 이론이어야 하고, 비공식적 제재를 포함한 다른 어떤 변수를 억제의 개념에 포함시킨다면, 이미 그것은 억제이론이라 할 수 없고 다른 이론(사회학습이론이나 사회유대이론 등)으로 명명되어야 할 것이라는 유력한 비판이 있다.

Ⅲ. 합리적 선택이론

합리적 선택이론(Rationalistic Choice Theory)이 범죄학분야에 본격적으로 도입된 시기는 1980년대부터로 볼 수 있다. 그러나 이미 그 이전에 경제학 분야에서는 범죄경제학이란 영역으로 경제학자들에 의한 범죄분석 작업이 활발히 진행되고 있었다. 실제 합리적 선택이론은 경제학의 기대효용(expected utility)원리에 기초하고 있고, 이러한 기대효용에 의한 범죄의 설명은 1968년에 발표된 경제학자 베커(G. S. Becker)의 「범죄와 형벌에 관한 경제학적 접근(Crime and Punish : an Economic Approach, Essay in the Economics of Crime and Punishment)」이라는 논문을 통하여 처음으로 시도되었

47) 독일의 형벌이론에 관한 자세한 내용은 배종대, 위의 책 22-43면 참조; 억제이론과 형벌이론이 구별되어야 한다는 동지의 견해로는 기광도, "법위반에 대한 처벌의 억제효과분석", 「형사정책」 제16권 제2호, 2004, 11면 참조.

48) Larry J. Siegel, *Criminology:the Core*, Wadsworth:Tompson Learning, 2002, p.81.

다.[49] 기대효용의 원리란 사람들이 이윤을 극대화하고 손실을 최소화하기 위하여 합리적 결정을 한다는 것을 뜻한다. 이러한 기대효용의 원리에 따라 범죄인을 포함한 모든 사람들도 합법적 활동으로부터 얻는 효용과 불법적 활동(범죄)으로부터 얻은 효용을 비교하여 후자가 전자를 능가할 때 범죄를 선택할 것이라는 것이다.

이러한 범죄경제학이나 합리적 선택이론은 억제이론과 마찬가지로 고전주의 범죄학의 기본적인 전제, 즉 인간을 자유의지를 가지고 합리적 선택을 하는 존재로 보는 인간관에 그 뿌리를 두고 있다. 현대적 억제이론이나 범죄경제학 또는 합리적 선택이론은 모두 실증주의 범죄학의 형사정책의 실패를 비판하면서 다시 고전주의 범죄학에 눈길을 돌렸다는 점에 공통분모를 가지고 있고, 그래서 이 이론들의 출현 시기도 1960년대 후반으로 거의 비슷하다. 실제 합리적 선택이론을 설명하고 있는 국내외의 많은 연구들을 보면, 합리적 선택이라는 대명제 속에 억제이론을 포함시키는 경우도 많고, 억제이론을 설명함에 있어서도 형벌의 억제력에 대한 인간의 합리적 선택을 전제하는 경우가 많다. 이것은 결국 양 이론이 고전주의 범죄학의 인간에 대한 전제인 '자유의지'와 '합리적 선택'을 공동의 유산으로 이어받고 있기 때문이다.

그러나 합리적 선택이론 속에 억제이론을 같이 포함하여 설명하려는 시도는 합리적 선택이라는 그 개념 자체에 너무 집착하거나 그 개념을 너무 단순화 시킨 결과로 보인다. 실제 합리적 선택이론을 설명함에 있어서, 범죄는 이로 인한 이익과 이에 들이는 비용을 합리적으로 계산하여 비용보다 이익을 클 때 발생하는 것으로만 본다면, 그래서 형벌로 인한 고통(즉 비용)을 생각하여 범죄를 포기하게 하여 억제적 효과를 가진다고 한다면 굳이 합리적 선택이론을 억제이론과 구분되는, 범죄학에서의 중요한 이론의 한 부분으로 남겨 둘 필요까지는 없는 것이다. 합리적 선택이론이 범죄학에서 하나의 독자적 이론으로 생명력을 유지하고 보다 중요한 이론으로 평가받고 있는 이유는 이런 개념적 논의를 넘어서는 중요한 의미를 범죄학에 던져주고 있기 때문이다. 그것은 합리적 선택이론이 '범행은 기회나 상황적 요인들에 의한 경우가 많다'는 내용을 담고 있다는 점이다.

합리적 선택이론의 내용을 좀 더 구체적으로 살펴보면 다음과 같다. 범죄자는 범죄 결정과정에서 합리적 선택을 하기는 하는데, 이 선택은 완전한 합리적 선택이 아니

---

49) 이수성, "범죄와 형벌에 대한 법경제학적 접근: 비판적 검토", 「서울대학교 법학」 제28권 2호, 1987, 40면.

라, 제한된 합리적 선택(limited rational choice)을 하는 것이다. 즉 범죄행위의 시작, 목표의 선정, 범죄포기 등의 각 단계마다 의사결정과정이 이루어지며, 그러한 선택과정에서 범죄자는 자기에게 주어진 한정된 정보와 시간적·물리적 자원에 근거하여 그 범위 내에서 합리적인 의사결정을 하게 된다는 것이다. 이 이론은, 범죄자들이 범죄여부를 결정하는데 있어서 주로 고려하는 것이 최종적으로 체포되어 처벌받는 것이나 장기적인 영향이라기보다는, 대개 범행으로부터 얻어지는 단기적 또는 즉각적인 쾌락이나 범행 중 그 즉시에 누군가가 또는 어떤 것들이 장애가 되는가 하는 위험성에 대한 것이라고 한다.

결과적으로 이 이론의 기본가정은 범죄자들이 어떤 특별한 외부요소보다는, 범죄당시 현장의 기회에 반응하여 이성적이고 합리적으로 행동한다는 것이며, 그러므로 그러한 기회가 제거되면 범죄가 줄어들 것이라는 점을 내포하고 있다.[50] 합리적 선택이론의 범죄학에 대한 진정한 공헌은 범죄행위에 대한 의사결정과정에서 범행기회나 상황적 요인을 고려한다는 점을 중요시하고 이에 대한 분석을 하였다는 점이다. 따라서 이 이론은 피해자 관련 이론과 함께 상황적 범죄예방이론 및 환경설계를 통한 범죄예방이론의 범죄학적 근거이론으로 평가되고 있다.

50) 박현호, 『범죄예방론』, 경찰대학, 2006, 34-35면 ; 이러한 합리적 선택이론에 대해서도 억제이론에서의 억제개념의 확장과 마찬가지로, 순수하게 기대효용만을 엄격하게 고수하지 않고 다양한 심리적·사회적 배경과 상황적 변수(예를 들면, 애정적 결속, 물질적 박탈비용, 사회집단과 기회, 비공식적 제재, 공식적인 법적 제재에 대한 인지, 도덕적 신념 등)를 포함할 경우에는, 오히려 사회학습이론이나 사회유대이론에 가깝게 된다는 비판이 있다.

제2절 피해자 이론

Ⅰ. 피해자이론의 발전

범죄자 중심의 전통적인 범죄학 이론의 대칭점에서 피해자 중심의 범죄학이론도 최근에는 범죄학이론의 주요관심사가 되고 있다. 이를 통상 피해자학(victimology)이라고 부르고 있다.[51] 피해자의 관점에서 보는 대표적인 범죄학이론으로서는 생활스타일-노출이론과 일상활동이론을 들 수 있겠다.

범죄피해자가 범죄학의 영역으로 들어오기 시작한 것은 보다 최근의 일이다. 전통적 범죄학은 범죄 내지 범죄자의 소질만을 범죄학의 주된 연구대상으로 삼았고, 범죄피해자는 학문적 연구에서뿐만 아니라 형사절차나 형사정책에 있어서도 전혀 주목을 받지 못했던, 단순한 수동적인 범죄의 객체에 불과하였다. 범죄피해자를 범죄의 단순한 수동적 객체에 두지 않고, 범죄화과정의 적극적 주체로 인정하여 범죄학분야로 인도한 최초의 학자는 독일의 범죄학자인 헨티히(Hans von Hentig)이다. 그는 1941년, 「행위자와 피해자 사이의 상호작용에 관한 연구(Bemerkungen über die Interaktion zwischen Täter und Opfer)」라는 제목의 논문에서, 범죄는 범죄자와 피해자의 상호작용에 의하여 발생한다고 주장하였다. 그 이후 1947년에, 멘델존(Benjamin Mendelsohn)이 '새로운 생물-심리-사회학의 지평 : 피해자학(Neue bio-psycho-soziale Horizonte : Viktimologie)'이라는 제목의 강연에서 독립과학으로서의 피해자학을 역설하였고, 1948년에 헨티히가 다시 『범죄와 피해자(Der Verbrecher und sein Opfer)』라는 책자를 발간함으로써, 피해자학은 결정적으로 발전되기 시작하였다.[52]

초기 피해자학의 관심은 범죄발생에 기여하는 피해자의 작용, 즉 범죄발생에 있어서 범죄자와 피해자의 상호작용을 탐구하는데 있었다. 그러나 그 이후에 피해자학은 형사절차에서 피해자의 권리와 안전을 적극적으로 보호 하려는 데에 관심을 가지게 되었고, 범죄피해자를 위해 국가가 공적으로 그 피해를 구제하는 것에까지 관심방향

51) 피해자학은 현재 형사사법의 전 분야에 걸쳐 활발하게 연구되고 있는 분야이지만, 여기서는 범죄원인이론으로 다루어지는 피해자이론에 관해서만 살펴보도록 하겠다.

52) Katherine S. Williams, *Criminology*, 2nd ed., Blackstone Press Limited, 1994, pp.81-82.

을 확대시켰다. 최근에는 전통적인 형사절차만으로는 범죄로 인한 피해의 원상에 가까운 회복(여기에는 가해자의 진실된 사과 내지 뉘우침 및 피해자의 심리적 회복 등이 있을 수 있다)이 어렵다고 보아, 회복적 사법(Restorative Justice)이라는 새로운 소송절차모델에 관한 논의가 전 세계적으로 활발히 이루어지고 있으며, 이에 대한 제도화가 본격적으로 진행되고 있다.[53)]

Ⅱ. 생활스타일 - 노출이론

생활스타일-노출 이론(lifestyle-exposure theory)은 개인의 직업적 활동과 여가활동을 포함하는 일상적 활동에 있어서의 생활스타일이 그 사람의 범죄피해위험성을 결정하는 중요한 요인이 된다고 한다.[54)] 즉 모든 사람은 그들의 생활스타일에 따라 범죄피해의 위험이 높은 상황, 지역, 시간에 노출되는 정도가 다르기 때문에 범죄피해에 대한 위험부담 또한 다르게 된다는 것이다. 이러한 생활스타일은 나이, 성별, 소득, 결혼관계, 학력, 직업 등 인구학적 특성으로 인한 역할기대(role expectation)와 구조적 제약(structural constraints)에 순응함으로써 결정되는데, 이러한 전제에 따르면, 젊은 사람, 남자, 미혼자, 저소득층 그리고 저학력층 등은 노년층, 여자, 기혼자, 고소득층 그리고 고학력층보다 폭력범죄의 피해자가 될 확률이 훨씬 높다고 결론을 내릴 수 있다. 왜냐하면 그들은 가족과 보내는 시간이 적고, 외부에서 보내는 시간과 하는 일이 많으며, 범죄자 특성의 소유자와 빈번한 접촉을 할 기회가 많기 때문이다.[55)] 이 이론은 처음에는 폭력범죄에 대한 사회계층별 피해위험성을 밝히려는 시도로 시작되었다가 후에 재산범죄로까지 확대 적용된 이론이다.[56)]

---

53) 이에 관한 보다 자세한 내용은 윤민석, "형사화해제도에 관한 연구", 충남대학교 박사학위논문, 2006참조.

54) Terrance D. Miethe & Robert F. Mierer, "Criminal Opportunity and Victimization Rates : A Structural Choice Theory of Criminal Victimization", *Journal of Research in Crime and Delinquency* 27, 1990, pp.243-266.

55) 이윤호, 『형사정책』, 박문각, 1999, 395-397면.

56) 임준태, 앞의 책, 71면.

Ⅲ. 일상활동이론

일상활동이론(routine activity theory)은 코헨(L. Cohen)과 펠손(M. Felson)에 의해 주장된 이론이다.[57] 일상활동이론은 생활스타일-노출이론과 유사한 점이 많다. 두 이론은 공히 관습적 사회에서 일상활동이나 생활스타일의 유형에 따라 범죄를 위한 기회구조가 달라진다고 보고 있기 때문이다. 그러므로 두 이론은 합리적 선택이론과 함께 모두 범죄의 기회를 중시하는 이론으로 같이 묶을 수도 있다. 범죄의 기회를 중시하는 이 이론들을 통칭하여 '기회이론(opportunity theory)'으로 설명하는 경우도 있다.[58]

일상활동이론이 생활스타일-노출이론과 다른 점은 생활스타일-노출이론이 사회계층에 따른 범죄피해의 위험성의 차이를 설명하기 위한 것이라면, 일상활동이론은 시간의 흐름에 따른 범죄율의 변화를 설명하기 위한 것이라는 점에서 차이가 있다. 예를 들면, 일상활동이론은 1960년대와 1970년대에 미국과 서유럽에서의 주거침입절도의 증가원인 중 하나를 그 당시 주부들이 전업으로 취업하는 사회적 변화로 인해 주간에 빈집이 많게 되었기 때문으로 본다.[59] 이렇게 일상활동이론은 사회의 발전이나 시간의 흐름에 따른 사람들의 일상활동의 변화가 범죄에 영향을 미치는 것에 주목하였던 것이다. 코헨과 펠손은 범죄의 결정요인으로 범죄의욕을 가진, 즉 동기가 부여된 범죄자(motivated offender), 합당한 표적(suitable target), 보호능력의 부재(absence of capable guardianship)의 세 가지를 꼽고, 이 요인들이 일정한 시간과 장소에서 모두 충족이 될 때 범죄가 발생한다고 설명한다.[60] 이 세 가지 요소 중 동기가 부여된 범죄자는 기본적으로 주어진 것으로 보고, 다른 두 가지 조건에 초점을 맞춘다. 그리하여 보호능력의 부재(예를 들면, 주거관계상 가족의 부재, 가정외적 활동의 과다 등)나 범행대상물의 매력성(예를 들면, 소형고가의 물건, 현금 및 신용카드 등)의 측면에서, 사회의 발전이나 시간의 흐름에 따른 사람들의 일상활동의 변화가 특정 범죄의 기회를 증가시키기도 하고, 감소시키기도 한다는 것이다.

57) Lawrence E. Cohen & Marcus Felson, "Social Change and Crime Rate Trends : A Routine Activity Approach", *American Sociological Review* 44, 1979, pp.588-608.

58) Lawrence E. Cohen, "Modeling Crime Trends : A Criminal Opportunity Perspective", *Journal of Research in Crime and Delinquency* 18, 1981, pp.138-164.

59) 박현호, 앞의 책, 38면.

60) Lawrence E. Cohen & Marcus Felson, op. cit., p.589.

제3절 형질(생물학적·심리학적)이론

Ⅰ. 형질이론(Trait Theory)의 발전

범죄자들이 일반인들과 다르고 비정상적인 신체적·정신적 특질을 가졌다고 보는 관점은 이탈리아의 의사이며 범죄학자인 롬브로소(Cesare Lombroso)에서 시작되었다.

롬브로소와 그 시대 학자들의 초기의 연구는 오늘날 단지 역사적 호기심 차원에서 다루어지고 있으며 과학적인 사실로 다루어지지는 않는다. 그들이 사용한 연구방법론은 엄밀한 것이 아니었기 때문에 그들이 유전된 것이라고 주장하는 많은 특질들이 실제로는 정말 유전적으로 결정된 것이 아니었고 단지 환경이나 식생활과 관련된 것들이었다. 그들의 연구에 대한 비판이 증가함에 따라, 범죄에 관한 생물학적 설명은 20세기 초기에 거의 사라지게 되었다.[61]

그러나 1970년대 초, 윌슨(E. O. Wilson)의 『사회생물학(Sociobiology)』을 계기로 다시 활성화되어 범죄에 대한 생물학적 설명이 다시 범죄학에 등장하게 되었다.[62] 사회생물학은 생물학적·유전적 상태가 인간의 사회적 행동에 얼마나 영향을 미치는가를 알게 하고 인식하게 하는 것을 강조하는 점에서 인간행동에 관한 초기의 이론과는 다르다. 사회생물학은 동물과 인간의 행동은 공히 부분적으로 후손들의 생존을 담보할 필요에 의하여 그리고 유전자 풀(pool)의 보충을 확보할 필요에 의하여 결정된다고 주장한다. 또한 이러한 인식은 현재의 환경 체계와 연관이 된다.

사회생물학자들은 생물학, 환경, 그리고 학습을 상호 의존적인 요소로 파악한다. 이러한 관점들은 범죄와 비행에 관한 생물학적·심리학적 근거를 찾고자 하는 흥미를 부활시켰다. 그것은 몇몇 범죄학자들이 인간의 개인적 특질에 따라 정신적으로 비정상적인 사람들을 정상인과 구분 지어야 한다고 결론짓도록 고무시켰다. 이러한 특질들을 알게 되는 것은 왜 똑 같은 상황에서 어떤 사람은 범죄를 저지르고 어떤 사람은 범죄를 저지르지 않는가에 대한 설명에 도움을 줄 수 있을 것이다. 바꾸어 말하

61) Lee Ellis, "A Discipline in Peril: Sociology's Future Hinges on Curing Biophobia", *American Society* 27, 1996, pp.21-41.
62) Edmund O. Wilson, *Sociobiology*. Cambridge, MA: Harvard University Press, 1975.

면, 사회경제적으로 혜택 받지 못한 이웃들 속에서 산다고 해서 정신적으로 안정된 사람이 범죄를 저지르는 것은 아니며, 부유한 지역에 산다고 해서 사회적 부적응자가 범죄를 저지르지 않는 것은 아니다.[63] 모든 사람들이 법의 제재력을 인식하고 심지어는 두려워한다 하더라도 몇몇 사람들은 그들의 충동과 정욕을 억제할 수 없는 것이다.

Ⅱ. 현대의 형질이론

현대의 형질이론가들은 단 하나의 생물학적 또는 심리학적 특성이 모든 범죄성을 적절히 설명하는 것으로 주장하지는 않는다. 오히려 범죄자들은 신체적으로 그리고 정신적으로 저마다 각각의 독특한 특성이 있는 것으로 본다. 그 결과 개인의 행동에는 각각 차별적인 설명이 있어야 하는 것이다. 어떤 사람들은 유전적으로 범죄성향을 가질 수 있고, 또 어떤 사람들은 신경학상의 문제점으로 고통을 받을 수도 있고, 또한 어떤 사람들은 반사회적 행동을 높이게 하는 혈액 내 화학물질의 이상에서 오는 병을 가질 수도 있다. 범죄자 개인에 초점을 맞추는 범죄학자들은 실제 범죄자들 사이에 많은 차이점이 있기 때문에 범죄에 관한 다양한 설명이 있음을 안다.

오늘날의 형질이론가들은 반사회적 행위유형과 관련된 기본적인 인간 패턴과 동인에 초점을 맞춘다. 왜냐하면 모든 인간들이 학습과 성취에 있어서 동등한 잠재력을 가지고 태어나지는 않기 때문에, 개인의 행동 패턴은 그 개인의 육체적 특질과 환경이 결합되어 나온다고 볼 수 있다. 특정인의 뇌, 자율신경조직, 중추신경조직의 물리적 또는 화학적 변화는 그 사람의 행동 패턴에 큰 영향을 미친다. 더욱이 대부분의 인간행동은 환경적 자극에 대한 학습된 반응이고, 이러한 학습은 인류역사의 과정에서 발달된 본능적 충동에 의해 이루어진다. 예를 들어, 강간을 포함한 여러 형태의 성범죄들은 남성이 여성을 소유하고 지배해야 한다는 원시의 본능적 충동과 관련된 것일 수 있다.[64]

---

63) Per-Olof Wikstrom & Rolf Loeber, "Do Disadvantaged Neighborhoods Cause Well-Adjusted Children to Become Adolescent Delinquents?", *Criminology* in press.
64) Lee Ellis, *Theories of Rape,* New York: Hemisphere Publications, 1989.

오늘날 형질이론가들은 어떤 특정의 신체적 특징이 그 자체로는 범죄성을 낳지는 않는다는 것을 인정한다. 범죄는 개인적인 형질(저능, 충동적 성격, 비정상적인 뇌 화학작용 같은 것)과 환경적 요소(가족력, 교육여부, 사회경제적 상태, 이웃의 상황 같은 것)가 상호작용하여 발생한다. 사람들은 태어나면서부터 또는 그 직후 그들의 인생과정 전반에 걸쳐 사회적 역할에 영향을 미치고 그들의 행동선택에 영향을 주는 신체적·정신적 기질을 발달시킨다. 예를 들어, 태어나면서부터 체중이 덜 나가는 아기는 그 후 생활에 있어서 교육적 성취가 낮아 고통을 겪는 것으로 알려져 있고, 그것이 낙제로 이어져 비행과 약물남용에 빠져들 수도 있게 된다.[65] 이렇게 태어나면서부터 또는 그 직후 나타나는 사람의 상태가 그 사람의 인생 전체에 걸쳐서 행동에 영향을 미칠 수 있다. 비록 어떤 사람이 공격적 성향을 가졌다고 하더라도 그것이 필연적으로 또는 자동적으로 그 사람이 폭력적 행동을 하게 된다는 것을 의미하지는 않는다. 환경적인 자극도 또한 반사회적 행위를 억압하거나 유발할 수 있기 때문이다.[66]

형질이론은 현재 만성적인 상습범과 상습누범의 발생에 관한 문제 때문에 최근에 주목을 받고 있다. 만약 몇몇 범죄자가 지속적으로 재범을 한다면, 그들은 나머지 범죄자들과 다른 비정상적인 생화학적 기질, 뇌구조, 유전적 구성 혹은 정상적인 것과는 다소 다른 인간의 형질 등을 가질 수 있고 이러한 특성으로 인해 나머지 범죄자와 구분될 수도 있는 것이다.[67] 비록 범죄라는 것이 선택의 문제라 할지라도, 어떤 사람이 반복적으로 그 선택을 하는 것은 그들의 신체적·정신적 기질과 관련된 것일 수 있는 것이다. 이 같은 관점에 따르면, 생물학적·심리학적 기질은 인간의 행동에 크게 영향을 미친다.

---

65) Dalton Conley & Neil Bennett, "Is Biology Destiny? Birth Weight and Life Changes", *American Sociological Review* 654, 2000, pp.458-467.

66) Anthony Walsh & Lee Ellis, "Shoring Up the Big Three: Improving Criminological Theories with Biosocial Concepts", paper presented at the annual meeting of the society of Criminology, San Diego, November 1997, p.16.

67) Israel Nachshon, "Neurological Bases of Crime, Psychopathy and Aggression", in *Crime on Biological, Social and Moral Contexts,* ed. Lee Ellis and Harry Hoffman, New York: Praeger, 1990, p.199.

Ⅲ. 생물학적 형질이론

현대의 형질이론의 한 부류는 인간의 행동을 통제하는 생물학적 조건에 초점을 맞춘다. 이 분야에서 연구하는 범죄학자들은 일반적으로 그들 자신들을 범죄생물학자, 범죄사회생물학자 또는 생물학 지향적 범죄학자로 부른다. 생물학적 형질이론에서는 우선 적절한 행동패턴에 영향을 주는 것으로 보여 지는 생화학적 요소들을 검토할 것이고 다음으로 뇌기능과 범죄의 관계를 살펴볼 것이며, 또한 유전적 요소와 범죄와의 관련성에 관하여 살펴볼 것이다. 마지막으로 범죄원인의 진화적 관점도 평가할 것이다.

❶ 생화학적 조건과 범죄

몇몇 형질이론주의자들은 유전학적으로 결정지어지는 것과 식생활과 환경에 의해 얻어지는 것 등을 포함하는 생화학적 조건들이 반사회적 행동에 영향을 미치는 것으로 믿는다. 범죄에 관한 이러한 관점은 1979년도에 샌프란시스코 시장 모스콘(G. Moscone)과 시의원 밀크(H. Milk)를 죽였다고 자백한 화이트(D. White)가 자신의 행동은 설탕이 덩어리진 음식에 중독되어 일어난 것이라고 주장하여 전국적인 주목을 받았다.[68] 화이트의 성공적인 "얼간이처럼 가장하는 변호(twinkie defense)"는 캘리포니아 배심원들로 하여금 일급 살인보다는 법정형이 가벼운 살인죄로 결정되도록 하는 촉진제가 되었다. 범죄성과 관련된 몇몇 생화학적 요소들이 여기에서 상세히 살펴보면 다음과 같다.

(1) 화학물질과 광물질의 영향

범죄생물학자들은 아주 적은 양의 광물질과 화학물질은 정상적인 두뇌작용과 성장을 위하여 특히 어린 시절에 필요하다고 주장한다. 지난 십년간 수행된 연구에 따르면 나트륨, 칼륨, 칼슘, 아미노산, 모노아민, 펩티드 등을 포함하는 화학물질과 광물질의 불충분한 섭취는 우울증, 조증, 인식장애, 기억감퇴, 비정상적인 성적 행동을 유발할 수 있다는 것을 보여주고 있다.[69] 범죄와 비타민 부족 및 중독과의 관계를 실험한

68) *Time,* 28 May 1979, p.57.

연구논문은 비타민 B와 비타민 C가 부족하게 되면 반사회적 행동을 하게 된다는 것을 밝혀냈다. 또한 연구논문들은 많은 정신분열증 환자와 학습장애, 행동장애를 가진 아동들이 비정상적으로 비타민 B3과 B6을 몸속에 많이 함유하고 있다는 것을 보여준다고 주장하였다.70)

공격적 행동에 대한 또 하나 짐작되는 영양학적인 영향은 탄수화물과 설탕이 특히 많이 함유된 음식의 섭취이다.71) 이러한 실험들은 어린이들의 식생활을 변화시켜 단음료수를 과일주스로 바꾸게 하였고 설탕을 꿀로 바꾸게 하게 하였다. 이러한 변화들이 공격행위의 수준을 감소시킨 것으로 확인되었다.72)

비록 이러한 결과들이 인상적인 것이기는 하지만, 최근의 몇몇 연구는 설탕소비와 폭력의 연관성을 찾는데 실패했다.73) 설탕에 민감한 나이도 평가되는 아동들을 대상으로 한 중요한 실험이 있었는데, 이 실험에서 학자들은 25명의 미취학 아동과 23명의 취학아동에게 세 번의 연속된 삼주 동안 다른 음식을 먹게 하였다. 한번은 설탕을 많이 먹게 했고, 두 번째는 인공감미료로 대체하였으며, 세 번째는 사카린을 넣었다. 이를 주의 깊게 관찰하였으나, 식생활과 연관 지을 수 있는 인지 또는 행동의 차이점이 있다는 증거를 거의 발견할 수 없었다. 오히려 설탕이 아동들을 침착하게 하는 것처럼 보이는 결과가 도출되었다.74) 이 실험결과 이외에도 설탕섭취가 폭력적 성향을

69) Michael Krassner, "Diet and Brain Function", *Nutrition Reviews 44*, 1986, pp.12-15.

70) Leonard Hippchen, ed., *Ecologic-Biochemical Approaches to Treatment of Delonquents and Criminals.* New York: Van Nostrand Reinhold, 1978.

71) J. Kershner & W. Hawke, "Megavitamins and Learning Disorders: A Controlled Double-Blind Experiment", *Journal of Nutrition* 109, 1979, pp.819-826.

72) Stephen Schoenthaler & Walter Doraz, "Types of Offenses Which Can Be Reduced in an Institutional Setting Using Nutritional Intervention", *International Journal of Biosocial Research,* 1983, pp.74-84; Stephen Schoenthaler & Walter Doraz. "Diet and Crime", *International Journal of Biosocial Research* 4, 1983, pp.74-84; See also A. G. Schauss, "Differential Outcomes Among Probationers Comparing Orthomolecular Approches to Conventional Casework Counseling", paper presented at the annual meeting of American Society Criminology, Dallas, November 1978; A. Schauss, & C. Simonsen, "A Critical Analysis of the Diet of Chronic Juvenile Offenders: Part I", *Journal of Orthomolecular Psychiatry 8,* 1979, pp.222-226; A. Hoffer, "Children with Learning and Behavioral Disorders", *Journal of Orthomolecular Psychiatry 5,* 1976, p.229.

73) H. Bruce Ferguson, Claer Stoddart & Jovan Simeon, "Double-Blind Challenge Studies of Behavioral and Cognitive Effects of Sucrose Aspartame Ingestion in Normal Children", *Nutrition Reviews Supplement* 44, 1986, pp.144-158; Gregoru Grey, "Diet, Crime and Deliquency A Critique", *Nutrition Reviews Supplement* 44, 1986, pp.89-94.

74) Mark Wolaich, Scott Lindgren, Phillis Stumbo, Lewis Stegink, Mark Appelbaum & Mary Kiritsy, "Effects of Diets High in Sucrose or Asspartame on the Behavior and Cognitive Performance of Children", *New England Journal of Medicine 330,* 1994, pp.303-306.

감소시키거나 없애는 것으로 밝혀진 실험들이 발표되었다.[75] 이러한 연구들이 식생활과 공격성이 관련이 있다는 주장에 찬물을 끼얹기는 했지만, 최근의 몇몇 연구 결과는 두 요소간의 관련성이 없는 것으로 결론짓기에는 이르다고 지적하고 있다.

(2) 포도당 신진대사

포도당에 관한 연구는 뇌의 포도당 신진대사에 계속적인 이상증세를 보이면 그것이 약물남용에 이를 수 있다는 것을 보여주고 있다.[76] 저혈당증은 혈중 포도당이 정상적이고 효율적인 뇌의 작용에 필요한 수치 이하로 떨어졌을 때 발생하는 것이다. 저혈당 증세는 조급증, 근심, 의기소침, 심한 발작, 두통, 정신착란 등을 유발한다. 저혈당 증세와 범죄와의 관련성에 관한 연구들에 의하면 저혈당증이 급격한 반사회적 행동 및 폭력과 연관이 있는 것으로 본다.[77] 또 다른 연구에서는 저혈당증이 성범죄와도 관련이 있는 것으로 본다.[78] 감옥에 수감된 죄수들을 상대로 한 연구에서는 죄수들의 저혈당증 수준이 정상치보다 높다는 것이 밝혀졌다.[79] 높은 수준의 저혈당증은 폭력과 충동적 범죄를 상습적으로 저지르는 범죄자 집단에서 발견되었다.[80]

(3) 호르몬의 영향

사회생물학자들은 남성은 생물학적으로 자연적으로 여성보다 공격적이라고 말한다. 반면 여성들은 어린이 양육에 더 관심을 가진다고 한다.[81] 이러한 불일치는 성에 기초한 호르몬의 차이와 연관되는 것이다. 호르몬은 뇌의 영역을 환경의 자극에 덜 민감하도록 한다. 비정상적으로 높은 호르몬 수준은 사람들로 하여금 과도한 자극을 추구하게 하고 스릴을 위하여 고통을 기꺼이 감수하게 한다. 호르몬은 뇌의 발작과 관

---

75) Dian Gans, "Sucrose and Unusual Childhood Behavior", *Nutrition Today 26*, 1991, pp.8-14.
76) Diana Fishbein, "Nueropsychological Function, Drug Abuse, and Violence: A Conceptual Frame-work", *Criminal Justice and Behavior 27*, 2000, pp.139-159.
77) D. Hill & W. Sargent, "A Case of Matricide", *Lancet 244*, 1943, pp.526-527.
78) E. Podolsky, "The Chemistry of Murder", *Paristan medical Journal* 15, 1964, pp.9-14.
79) J. A. Yaryura-Tobias & F. Neziroglu, "Violent Behavior, Brain Dysrhythmia and Glucose Dysfunction: A New Syndrome", *Journal of Orthopsychiatry 4*, 1975, pp.182-188.
80) Matti Virkkunen, "Reactive Hypoglycemic Tendency Among Habitually Violent Offenders", *Nutrition Reviews Supplement 44*, 1986, pp.94-103.
81) James Q. Wilson, *The Moral Sense,* New York: Free Press, 1993.

련이 있는데, 그것은 스트레스 상황 하에서는 감정의 휘발을 가져올 수도 있다. 호르몬은 뇌구조 그 자체에 영향을 미치기도 한다. 즉 호르몬은 타인에 대한 동정심을 조절하는 왼쪽 대뇌의 신피질에 영향을 준다. 이러한 효과는 충동성, 감정의 휘발성, 반사회적 감정이 증대하여 사람들로 하여금 보다 높은 수준의 환경적 자극을 추구하게 하고, 처벌에 대해 보다 대담해지게 함으로써 폭력과 다른 심각한 범죄를 유발한다.

❷ 뇌 손상과 범죄와의 관계

뇌 손상이 범죄와 관계가 있다는 가설은 현재 지지 증거와 반대 증거가 혼재되어 있다. 뇌 손상이 범죄에 이르게 할 수 있는 이유로는 다음과 같은 것을 들 수 있다. 하나는 뇌 손상 범죄자들은 인지적 기술수준이 낮아서 어떤 행동이 합법적이고 또는 불법인지 명확히 알지 못할 수 있다는 것이다. 다른 이유로는 뇌 손상은 종종 사람들로 하여금 그들의 정서와 공격적 충동의 통제력을 잃게 만들어 범죄행위로 이어지게 하는 수가 있다는 것이다. 마지막으로 뇌 손상 범죄자들의 인지적 처리능력의 결함은 그들을 좌절하게 만들고 이것이 때로는 정서성과 공격성을 증가시킬 수 있기 때문이다.

많은 연구들은 뇌 손상과 폭력 및 비폭력 범죄 간의 관련성을 꾸준히 제시하여 왔다. 사라파타(M. Sarapata) 등의 연구에서는 외상성 뇌 손상자의 50%가 비폭력 범죄를 저질렀으며, 뇌 손상이 없는 비교집단의 범죄 비율은 5~15%에 지나지 않았다. 그리고 프리드만(Freedman)과 헤멘웨이(Hemenway)의 연구에서는 사형선고를 받은 범죄자 16명 중 12명이 뇌 손상 경험이 있는 것으로 밝혀졌다. 또한 279명의 베트남 참전병사를 조사한 워던(Warden) 등의 연구에서는 외상성 뇌 손상을 지닌 병사들이 그렇지 않은 병사들보다 폭력, 공격, 분노 및 적개심 수준이 더 높음을 발견하였다.[82)]

이와 같은 뇌 손상과 범죄간의 관계는 뇌의 전두엽(frontal lobe)의 손상에 기인한 것으로 여겨지고 있다.[83)] 전두엽은 주의력, 계획성, 충동억제 및 자발적 행동에 관한 기능을 담당한다. 즉, 합법적인 행동을 선호하고 불법적인 행동을 피하도록 하는 것

---

82) M. Sarapata, D. Herrmann, T. Johnson & R. Aycock, "The role of head injury in cognitive functioning, emotional adjustment and criminal behavior", *Brain Injury, 12,* 1998, pp.821-842.

83) L. Turkstra, D. Jones, & H. L. Toler, "Brain injury and violent crime", *Brain Injury* 17(1), 2003, pp.39-47.

과 관련되는데 전두엽이 손상되면 사회적 지각과 판단, 자기 통제, 정서와 기분 등과 같은 기능에 부정적 영향을 미치게 된다. 따라서 뇌 손상과 범죄의 관련성은 뇌 손상에 따른 인지적 · 정서적 장애가 행동에 미치는 효과를 반영한 것이다. 즉, 뇌 손상을 입은 사람은 상황요소들을 오지각하기도 하고, 사회적 판단이 미숙하고, 신경을 건드리는 자극에 과잉반응하기도 하며, 갈등을 조정하기 위한 언어적 의사소통 기술도 부족하고, 충동적으로 성질을 폭발시키기도 한다. 이런 일련의 행위들은 결국 범죄행동을 유발할 가능성을 높이는 것이다.

이에 대하여 뇌 손상과 범죄의 관계는 일종의 부수적 현상에 지나지 않으며 몇 가지의 인구론적 변인들이 부상과 범죄행동에 공히 영향을 줄 뿐이라는 반대 주장이 있다. 예를 들어, 열악하고 학대받는 환경에서 자란 사람은 친사회적 행동을 학습할 기회를 갖지 못한다. 그 결과, 그들은 범죄에 빠져들 가능성이 더 커지는 한편 뇌 부상을 입을 위험성이 높은 행위들을 하게 될 가능성도 더 커진다.

빈곤가정 출신이거나 소수민족 출신자들에게서 뇌 손상이 더 많다는 조사결과는 이런 견해와 일관된다.[84] 그리고 가정 내 폭력범죄자에 대한 연구들에서도 폭력범의 뇌 손상은 폭력의 많은 원인들 중의 단지 하나에 불과하며 그의 인지능력, 심리사회적 내력, 정서적 스트레스 등도 폭력에 중요한 역할을 하는 것으로 밝혀지고 있다.[85]

그레브(K. Greve) 등은 심각한 외상성 뇌 손상과 함께 지속적인 충동적 공격문제를 지니고 있는 사람들과 외상성 뇌 손상이 있으나 충동적 공격 경험이 전혀 없는 사람들간의 성격과 신경심리적 특성을 비교하였다. 그 결과, 공격 집단의 74%가 뇌 손상을 입기 이전에 이미 충동적 공격문제를 갖고 있었으며, 비공격 집단은 26%만이 뇌 손상 이전에 그런 문제가 있었던 것으로 밝혀졌다. 그리고 성격검사 결과 충동성에 있어서 공격 집단이 유의미하게 더 높았으나 적대감이나 신경증적 경향, 외향성 등에는 유의미한 차이가 없었다. 또한 단어연상검사, 그림어휘력 검사, 얼굴재인검사 등 각종 신경심리검사결과도 두 집단 간에 차이가 없었다. 이 결과를 토대로 그레브(Greve) 등은 자기 조절 행동상의 결함은 신경심리적 기능이나 뇌손상 정도와 깊은 관련이 없다고 결론을 내렸다. 그리고 다수의 충동적 공격문제를 지닌 사람들이 뇌

84) J. E. Muscat, "Characteristics of childhood homecide in Ohio, 1974-84", *America Jounal of Public Health* 78, 1988, pp.822-824.

85) R. A. Cohen, A. Rosenbaum & R. L. Kane, "Neuropsychological correlates of domestic violence", *Violence and Victims* 14, 1999, pp.397-411.

손상 이전에 그런 문제를 이미 지니고 있었던 것으로 봐서 뇌 손상이 성격 변화를 초래하는 것은 아니며, 애초부터 충동적이거나 공격적인 사람들로 하여금 그런 행위를 더 쉽게 표출하게끔 탈 억제시키는 작용을 하는 것으로 추론하였다.[86)]

❸ 유전적 특질과 범죄

많은 학자들은 범죄성도 다른 특징과 마찬가지로 유전된 것이라고 주장한다. 고링(C. Goring)은 환경이 어느 정도 영향을 미칠 수 있다는 점을 인정했지만, 범죄자의 신체적·정신적 열등성은 유전된 것이라고 생각했다. 그는 부모와 자식 간의 범죄성에 강한 상관관계가 존재하고 형제간의 범죄성에도 강한 상관관계가 존재한다는 것을 발견했다. 그는 그러한 상관관계가 환경적 요인에 의해서 설명될 수 없다고 주장했다. 또한 가족 구성원에게서 학습한 것이라고 설명할 수도 없다고 주장했다.[87)] 범죄에 대한 유전의 영향을 검증하고자 하는 연구에는 환경의 영향을 배제하는 문제가 귀찮게 쫓아다닌다. 유전과 환경의 영향을 비교·평가하는 문제를 해결하기 위한 중심적인 연구는 쌍생아 연구와 입양아 연구이다.

(1) 쌍생아 연구

발생학적으로 쌍생아에는 일란성 쌍생아와 이란성 쌍생아가 있는데, 일란성 쌍생아는 하나의 수정란에서 두 명의 태아가 생겨나는 것으로 유전적으로 동일하다. 그러므로 일란성 쌍생아의 행동의 유사성은 유전적 특징에 기인하는 것으로 볼 수 있다. 수많은 연구가 이러한 관념을 검증하였다.

아주 널리 알려진 연구결과 중의 하나는 랑게(Lange)의 『숙명으로서의 범죄(Crime as Destiny, 1930)』이다. 랑게는 수감 경험이 있는 13명의 남자 일란성 쌍생아와 17명의 남자 이란성 쌍생아를 조사하였다. 랑게는 일란성 쌍생아 중에서 77%의 쌍생아 형제가 모두 범죄경력을 가지고 있고, 이란성 쌍생아 중에서 12%의 쌍생아 형제가

---

86) K. W. Greve, E. Sherwin, M. S. Stanford, C. Mathias, J. Love & P. Ramzinski, "Personality and neurocognitive correlates of impulsive aggression in long-term survivors of severe traumatic brain injury", *Brain Injury* 15, 2001, pp.255-262.

87) C. Goring, *The English Convict: A Statistical Study*, 1913, Patterson Smith Reprint, Montclair, NJ: Patterson Smith, 1972.

모두 범죄경력을 가지고 있다는 사실을 발견했다. 전자에게서 비율이 높은 것은 그들의 범죄성이 일치하기 때문이라고 한다. 같은 방법으로 나이 차이가 적은 보통 형제 200쌍 이상을 비교하였다. 그 결과는 형제 2명 모두가 범죄경력을 가지고 있는 경우가 8%에 불과했다. 랑게는 이러한 연구결과를 바탕으로 범죄의 원인에 있어서 유전이 중요한 역할을 한다고 결론지었다. 뉴만도 42쌍의 일란성 쌍생아와 25쌍의 이란성 쌍생아를 비교하였다. 범죄성 일치는 일란성 쌍생아에게서 93%였지만, 이란성 쌍생아에서는 20%에 불과했다.

쌍생아 연구의 어려움 중의 하나는 유전적으로 전해지는 것으로 생각되는 요인의 종류가 무엇인지 명확하게 밝히지 못했다는 점이다. 그 차이가 행위 유형의 차이로 나타날 수 있기 때문에 이 점은 중요하다. 예컨대 랑게의 연구에서 일부 상생아들은 형제끼리 서로 전혀 다른 범죄를 저질렀다. 범죄소질은 유전되지만 최종적인 범죄유형은 다른 요인에 의해서 결정된다는 것을 의미할 수도 있기 때문이다.

쌍생아 연구에 대해서 쉽게 접할 수 있는 비판은 유전의 영향과 환경의 영향을 정확하게 비교·평가할 수 없다는 것이다. 쌍생아들은 보통 형제에 비해서 가정과 친구관계 등에 있어서 유사한 경험을 공유할 가능성이 크다. 그러한 유사성은 일란성 쌍생아의 경우에 더 클 수 있다.

(2) 입양아 연구

범죄성의 유전 여부를 평가하기 위한 또 다른 형태의 연구는 입양아 연구이다. 입양아 연구에서는 범죄자인 친부모와의 접촉이 확실히 제한되기 때문에 비행성향을 가진 형제와 같은 처지에서 양육된 쌍생아의 경우보다도 입양아의 범죄성과 친부모의 범죄성의 관계가 유전에 기인한 것인지를 판단하기가 그만큼 수월하다는 장점이 있다.

크로우(R. Crowe)는 생모가 범죄경력이 있는 52명의 입양아를 연구하였다. 그는 이 실험의 타당성을 입증하기 위해 입양아와 인종, 성별, 연령을 같도록 매치한 52명 아동을 따로 통제집단으로 정하였다. 이 연구결과에 의하면 생모가 범죄경력이 있는 아동 52명 중에서 8명이 체포경험이 있고 그 중 7명은 유죄판결을 받았던 것으로 나타났다. 그러나 통제집단에서는 2명만이 체포경험이 있고 그 중 1명만이 유죄판결을 받

았다.88)

허칭스(B. Hutchings)와 메드닉(S. Mednick)은 1927년과 1941년 사이에 코펜하겐에서 태어난 남자 입양아 4,068명에 대하여 연구하여 다양한 비교를 통해 흥미로운 결과를 이끌어 냈다. 생부·양부 모두가 범죄를 저질렀을 때에 양자들도 범죄를 저지른 경우는 24.5%이고, 생부만 범죄를 저질렀을 때에는 20%, 양부만 범죄를 저질렀을 때에는 14.7%, 생부·양부 모두 범죄를 저지르지 않았을 때에는 13.5%의 양자만이 범죄경험이 있는 것으로 나타났다. 이러한 연구결과는 유전적 요인과 범죄성 사이에 관계가 있다는 것을 강하게 시사하고 있다. 그러나 허칭스와 메드닉은 자신들이 범죄를 단순하게 유전적으로 설명하려고 하는 것이 아니라는 점을 강조하였다. 생부와 양부 모두가 과거에 범죄경력이 있으면 입양아도 범죄경력을 가질 가능성이 크다는 것에서 보듯이 환경 역시 중요한 역할을 하는 것으로 보았다. 따라서 유전적 요인만이 범죄의 원인이 아니고 대신에 일부 사람들의 경우에 범죄에 굴복당하기 쉬운 특징을 유전적으로 물려받았다는 것을 주장하여 생물학적 요인과 환경과의 상호작용 가능성을 지지하였다.89)

(3) 염색체 이상

유전학적 이론(genetic theory)에 의하면 정상인은 23개씩의 X와 Y 염색체를 가지고 있으나, 극히 일부의 사람은 Y 염색체를 하나 더 가지고 있다. 그런데 이 Y 염색체는 남성을 강인하고 공격적으로 만들기 때문에 X Y Y 염색체를 가진 남성은 통상적으로 공격적인 성향을 가질 확률이 높다. 따라서 Y 염색체를 하나 더 가진 X Y Y 남성은 살인과 같은 범죄를 저지를 가능성이 높다는 것이다.

X Y Y 염색체를 가진 사람의 범죄와 관련된 연구를 보면 다음과 같다. 야곱(P. Jacobs) 등은 1965년 197명의 재소자를 조사한 결과 정상집단의 경우 X Y Y 염색체 소지자는 100명당 1.5명 정도 존재하는데 재소자 중에서는 X Y Y 염색체 소지자가 상당히 많았다고 한다.90) X Y Y 염색체를 가진 사람의 특징으로는 신체적으로 신장

88) R. R. Crowe, "The Adopted Offspring of Women Criminal Offenders: A Study of their Arrest Records", *Archieves of General Psychiarty 27*, pp.600-603.

89) B. Hutchings & S. A. Mednick, "Criminality in Adoptees and Their Adoptive and Biological Parents: A Pilot Study", in S. A. Mednick & K. O. Christiansen(ed.), *Biosocial Bases of Criminal Behavior*, New York, NY: Gardner, 1977, pp.127-141.

이 크고 남보다 먼저 얼굴 전체와 심하면 목뒤까지 여드름이 나고, 인격적으로 지능이 낮고 반사회적 경향을 나타내며, 성적으로 조숙하다. 이들은 일반적으로 성범죄 · 방화 · 살인 등 강력범죄를 저지르기 쉽다. 조발성 범죄자가 많으며, 평균 초범연령은 13~4세 이다. 그러나 이 이론에 대해서는 검증의 자료가 시설에 수용된 사람으로 제한되어 있으므로 편견적이라는 비판이 있다. 그리고 일부 살인범은 X Y Y 염색체를 가지고 있으나 대부분의 살인범은 X Y Y 염색체를 가지고 있지 않으며, X Y Y 염색체가 폭력성의 잠재요인은 될 수 있으나 결정인자는 아니라는 비판도 있다.[91]

❹ 진화적 관점과 범죄

일반적으로 반사회적이라고 평가되는 범죄를 포함한 인간의 위법행동이 거의 모든 사회에서 또 모든 인간에게서 발견될 수 있다는 사실은 범죄에 관한 고전주의 이론뿐만이 아니라 인간의 범죄성향에 대한 진화심리학적 관점도 필요함을 보여준다. 다윈(Darwin)에 의해 제안된 진화론에 의하면 인간을 포함한 모든 개체들은 자신의 유전자의 번식을 위한 매개체에 불과한 것으로 보며, 특정 세대에 주어진 환경의 적응에 도움이 되는 기능적인 유전자를 가진 개체들이 결국 더 많은 자손을 가지게 되기 때문에 유전자가 환경에 의해서 자연 선택되는 과정을 설명하고 있다. 진화론은 일반적으로 많은 세대에 걸쳐 일어나는 개체의 신체적 물질적 변화의 과정을 설명하는데 주로 초점을 맞추고 있지만, 최근에 들어서 다양한 인간의 심리적인 공통점과 차이점을 설명하는 틀로 관심을 끌고 있다. 진화론은 유전자 번식의 매개체에 불과한 인간은 그 행동의 원리를 이기성에 두고 있기에 범죄행위가 궁극적으로 진화의 과정에서 인간의 본성으로 살아남을 수 있었다고 주장한다. 수컷들이 더 많은 암컷들을 차지하기 위해 또는 자신의 새끼를 위해 또는 잠재적인 경쟁자를 제거하기 위해 다른 동물의 새끼를 죽이는 행동들은 동물들의 생활에서 쉽게 발견할 수 있으며, 인간의 위법행동도 같은 논리로 설명될 수 있다는 것이다.

진화론적 관점이 모든 인간이 왜 범죄성을 가지고 있는가에 대한 궁극적이고 다소

90) Patricia A. Jacobs, M. Brunton & M. M. Melville, "Aggressive Behavior, Mental Subnormality and the X Y Y Male", Nature, 1965, pp.208 · 1351~1352.
91) T. R. Sarbin & J. E. Miller, "Demonism Revisited: The X Y Y Chromosomal Anomaly", *Issues in Criminology*, 1970, p.199.

현학적인 해답을 추구한다면, 그 인간들 중에서도 위법성에서 선천적인 차이가 있을 것이라는 유전학적 이론들은 매우 현실적인 증거와 필요성을 근거하고 있다. 범죄의 유전학적 관점이 모든 범죄가 100% 유전적인 인자에 의해서 결정된다는 것은 아니지만, 인간들 간에 범죄를 저지를 가능성에서 개인차가 존재한다는 것과 가족, 친족관계와 같이 유전적인 유사성이 높을수록 범죄행동에서 유사성이 높다는 가정을 하고 있다. 유전학적 이론을 지지하는 결과는 대표적으로 쌍둥이 연구를 통해서 밝혀졌는데, 기존 연구들에서 일관되게 발견되는 것은 일란성 쌍둥이가 같은 성장조건의 이란성 쌍둥이 보다 범죄행동에서의 유사성이 더 높다는 점이다. 물론 이러한 연구결과들에 대해 양육방식과 같은 대안적인 가설을 제안하는 연구들도 있지만, 일반적으로 범죄행동에 미치는 유전적인 영향이 최소한 부분적으로는 널리 받아들여지고 있다.

❺ 지능과 범죄

오늘날 범죄와 관련된 생물학적 요인 가운데 확고부동한 요인으로 여겨지는 것은 거의 없다. 이러한 생물학적 요인은 물리적·사회적인 환경과 상호작용하고 있고, 상호 영향을 받고 있다고 할 수 있다. 그러나 기술이 발달하면서, 범죄원인의 생물학적 요인을 일부 학자들이 지속적으로 연구하고 있는데, 그 중의 하나가 지능과 관련된 것이다.[92)]

어린 시절의 지능이 좋거나 나쁘다고 하여 청소년기의 비행을 정확하게 예측하는 것은 어려운 일이다. 오히려 부모의 훈육, 가족 간의 유대, 종교 활동, 비행친구와의 교제 등이 훨씬 효과적인 지표가 된다고 한다.[93)]

그러나 계급, 인종 및 다른 요인들을 통제하더라도 지능과 비행 간에는 약하지만 완전히 무시할 수 없는 부의 관계가 있다는 사실이 경험적 연구를 통하여 지속적으로 발견되고 있다. 즉, 지능이 높을수록 소년이 비행을 범할 가능성은 낮아진다는 것이다.[94)] 이와 같은 지능지수가 생래적인 지적 능력을 반영하는 정도에 대해서는 논란이 많다. 허쉬와 힌델랑은 지능과 비행 간의 관계는 직접적인 것이 아니라 간접적인

---

92) 홍성열·임영식 역, 『범죄행동은 유전적인가?』, 도서출판 성원사, 1991, 63면.

93) Glueck & Eleanor Glueck, *Predicting Delinquency and Crime*, Cambridge, MA : Harvard University Press, 1959.

94) Robert A. Gordon, "SES Versus IQ in the race-IQ delinquency model", *International Journal of Sociology and Social Policy* Vol.7, 1987, pp. 29-96.

것으로 파악하고 있다. 즉, 지능이 낮으면 학습기능에 장애를 가져오고, 학습기능의 장애가 학교생활 등 일상생활에 장애를 가져오기 때문에 비행의 가능성이 높아진다는 것이다.

Ⅳ. 심리학적 형질이론

대개 범죄의 원인에 대한 설명에 있어서 심리학적 관점은 그 범위가 애매한 경우가 많다. 이는 심리학, 정신분석학, 정신의학의 경계가 불분명한데 기인하는 것으로 보인다. 특히 정신의학의 경우 그것은 생물학적 원인이론과의 경계가 아주 불명하다. 예를 들면 정신병질이라는 변수가 그렇다. 지능도 마찬가지이다. 어떤 학자들은 그것을 생물학적 원인이론으로 넣고, 어떤 학자들은 그것을 심리학적 원인 이론의 범주에 넣기도 한다. 또한 범죄자의 성격(personality)이라는 변수도 범죄행동에 대한 심리학적 설명과 정신의학적 설명이 포함된다. 어떤 경우에는 범죄행동을 범죄자의 성격보다는 범죄자의 생물학적 특성이나 환경적 특성에서 유래하는 것으로 본다. 이렇듯 범죄에 대한 어떤 하나의 변수가 생물학적, 심리학적, 나아가서는 사회학적 관점에서 설명될 수 있기 때문에 그 경계를 두기는 어려우나, 여기에서는 심리학적 관점으로 정신분석학과 심인성에 기반을 둔 정신의학 분야에 대하여 다루기로 하고 최근 관심을 끌고 있는 충동성에 대하여 살펴보기로 한다.

❶ 정신분석학적 관점

(1) 프로이드와 정신분석학

정신분석학은 프로이드(Sigmund Freud, 1856~1939)가 그 단초를 열면서 발달하기 시작한 학문분야이다. 프로이드는 인간의 성격은 이드(id), 초자아(superego), 자아(ego)라는 세 가지 힘이 서로 작용하여 형성되는 것이라고 하였다. 여기서 이드(id)는 원시적인 충동 · 욕구를, 초자아(superego)는 어린 시절의 상호작용 특히 부모와의 상호작용을 통해서 내면화되는 가치들, 예를 들면 자아비판력, 양심 등으로 구성된다. 이드와 초자아는 무의식적으로 작용을 한다. 자아(ego)는 스스로 의식할 수 있는 자기의 모습이다. 에고는 이드의 본능적 충동 및 욕구에 대한 요구와 슈퍼에고의 억제 요구 사이에서 균형을 유지하는 책무를 맡고 있으며, 외부영향에 대한 반응이다. 프로이드는 이러한 인간의 성격구조가 주로 유아기의 경험에 의하여 형성된다고 보았다. 즉 유아기의 충동(id)은 구애기(口愛期), 항문기(肛門期), 성기기(性器期)라는 단계를 거치는데, 성기기인 3-4세 때 자신과 다른 성의 부모에 대해 성적으로 관심을 갖게 되고, 자신과 같은 성의 부모에 대해 경쟁의식을 느낀다고 하였다. 즉 이것이 흔히 말하는 오이디푸스 콤플렉스와 엘렉트라 콤플렉스이다. 이러한 콤플렉스로 인해 형성되는 죄의식을 에고에 의해 적절히 다스리지 못하면 정상적인 성격형성에 큰 지장을 준다고 하였다. 프로이드는 본격적으로 범죄를 정신분석학적 차원에서 다루지는 않았지만, 과도하게 수퍼에고가 발달한 사람은 항상 죄의식과 불안감을 느낄 수 있다고 하였다.[95] 정신분석학적 관점에서 보면 범죄행위와 비행은 에고나 수퍼에고의 장애나 역기능에 기인한다고 볼 수 있다. 반면 이드는 불변적이고 타고나는 것이므로 개인에 따라 달라지는 것은 아니다.

(2) 부모의 애정과 범죄

정신분석을 주로 한 심리학자인 아이히호른(A. Aichhorn)은 『흔들리는 청소년(Wayward Youth)』에서 범죄와 비행의 원인 다루었다. 그는 잠재적 비행(latent delinquency)이라는 개념을 가지고 그 원인을 설명하고 있다. 그에 따르면 아이는 태어날 때부터 본능적인 충동을 가지고 있고 그러한 충동이 충족되어야만 한다는 것이다. 본능적 충동을 가지고 있는 아동들은 사회규범을 의식하지 못하며 사회규범의 영향을 받지도 않는다. 아이히호른은 그러한 아동을 비사회적 상태(asocial state)에 있는 아동으로 표현하고 그러한 아동을 사회적 상태(social state)로 변화시켜야 한다고 말했다. 아동의 발달이 제대로 이루어지지 못하면 아동은 비사회적 상태에 머무르게 된다. 만약 아동이 본능적인 충동을 표출하지 못하게 되면 충동은 억압되고 잠재적 비행 상태에 있게 된다. 잠재적 비행성향은 외부의 자극이 주어지면 실제 비행행동으로 옮겨진다.[96]

95) Sigmund Freud, *Criminals from a Sense of Guilt,* In The Standard Edition of the Complete Psychological Works of Sigmund Freud, Hogarth Press, London, vol. 14, pp.332-333.

96) August Aichhorn, *Wayward Youth,* New York: Meridian Books, 1925, p.41.

아이히호른은 비행소년시설을 몇 년간 운영한 자신의 경험을 토대로 자신이 운용한 시설에 수용된 어린이들 대다수는 초자아(super ego)의 발달이 충분하지 못한 상태라는 것을 발견했다. 그는 그 이유로 부모가 없는 경우 또는 부모의 애정결핍으로 인하여 부모와 자녀 간에 친밀한 접촉관계가 형성되지 못한데 있다고 하였다. 이러한 아동에 대해서는 자신들이 부모와의 관계에서는 경험하지 못했던 애정 같은 감정적 요소를 느끼게 할 수 있도록 행복한 환경을 만들어 주도록 하여야 한다고 했다.

또한 아이히호른은 초자아가 충분히 발달되었지만 부모가 범죄자여서 부모를 보고 범죄를 배워 비행에 빠진 아동들도 있고, 부모가 지나치게 방임적이기 때문에 자기가 하고 싶은 대로 하는 것에 익숙해져 초자아가 발달하지 못하여 비행에 빠지는 아동들도 있음을 발견했다. 이런 아동들에게는 부모의 애정결핍으로 초자아가 발달하지 못한 아동들과는 다른 처우를 해야 하는데, 아이히호른은 이에 대한 구체적 처우를 제시하지는 않았다.

힐리(W. Healy)와 브론너(A. Bronner)는 아이히호른의 정신분석학적 설명을 광범위하게 지지하는 조사결과를 내 놓았다. 그들은 미국 3개 도시에서 형제 중 한 명은 계속적으로 비행을 저지르지만 다른 한 명은 비행을 저지르지 않는 105쌍의 형제에 대한 가정환경을 조사하였다. 힐리와 브론너는 이 조사에서 동일한 가정이라도 어떤 형제에게는 그 가정환경이 좋은 환경이 되지만, 다른 형제에게는 그렇지 않을 수 있다는 점을 보여준다. 즉 동일한 가정이라도 비행을 저지르는 형제는 그 부모와의 사이에 정상적인 애정적 유대를 맺지 못했던 것으로 확인되었다. 이것이 바람직한 자아(ego)의 발달을 방해한다는 것이다.97)

보울비(J. Bowlby)는 부모들 중에서 특히 모성의 영향을 중요시 하였다. 그는 이를 모성박탈(maternal deprivation)이라고 하였는데, 어렸을 때에 어머니가 없는 경우 자녀들이 원초적인 애정관계를 형성할 수 없기 때문에 불균형적인 인성구조를 지니게 되고 이것이 후에 비행에 빠져드는 원인으로 작용한다고 주장하였다.98)

보울비의 모성박탈 이론은 많은 반향을 불러 일으켰다. 그러나 루터는 그의 저서 『모성박탈에 대한 재평가(Maternal Deprivation Reassessed)』에서 어머니와의 별거 그

---

97) William Healy & Augusta Bronner, *New Light on Delinguency and Its Treatment*, Yale University Press, New Haven, Ct., 1931.

98) J. Bowlby & Salter-Ainworth, *Child Care and the Growth of Love*, Harmondsworth: Penguin, 1965, p.14

자체에 초점을 두는 것은 근시안적이라고 강조하면서, 대신에 적절한 모성(adequate mothering)이라는 개념을 도입했다. 그는 적절한 모성이라는 개념이 상호간 애정적 관계, 상호간 애착, 결손이 없는 관계, 활발한 상호작용, 한 사람과의 관계, 아동이 거주하는 가정에서 일어나야 하는 것 등 여섯 가지 다른 특징을 띠고 있다는 것을 밝혀냈다. 또한 루터는 중단 없는 관계보다는 관계의 안정성(stability)이 더 중요하다고 생각하였다. 그는 위의 특징 중 어떤 것들이 다른 것으로 대체되더라도 질적으로 훌륭한 모성을 제공한다면 악영향을 미치지 않고 모성의 기능을 수행할 수 있을 것이라고 믿었다. 따라서 적절한 모성의 관계가 반드시 아동의 가정 내에서 이루어져야 하는 것은 아니라고 보았다. 여섯 가지의 특징이 중요하다고 할지라도 아동은 음식, 훈육, 놀이, 대화 등과 같은 다른 욕구도 가지고 있다. 루터는 별거 그 자체보다도 생활에서의 결핍(privation)이 더 중요하다고 강조하였다. 이것은 아동의 양육에 있어서 질적인 결핍의 중요성을 말하는 것이다. 마찬가지로 생활에 있어서 결핍이라는 것은 아동보호의 기준에 관련된 것이며, 단순히 어머니 한사람과의 관계를 의미하기보다는 아동 주위에 있는 사람들과의 관계를 의미한다고 본다.[99]

이외에도 많은 연구자들이 정신분석학적 주제를 다루었다. 레들(F. Redl)과 와인만(D. Wineman)은 증오심을 가지고 있는 아동은 비행적 자아(delinquent ego)를 가지게 되는데 이것은 부모의 애정결핍으로부터 온다고 주장했다. 비행성 자아란 이드의 욕구가 규제되지 않은 채 표현되도록 형성된 자아를 말한다. 그러므로 이런 아동들에게는 무조건적인 사랑을 베푸는 것이 중요하다고 하였다.[100]

(3) 정신분석학적 접근에 대한 평가

이러한 정신분석학적 설명은 현대의 정신의학계 및 범죄업무에 종사하는 사람들에게 많은 영향을 미쳤다. 그러나 정신분석학적 이론의 개념들이 너무 느슨하게 규정되어 있고 주관적이어서 검증이 불가능하다는 점[101]과 정신분석학적 치료에 대한 효과성에 대한 의문 등으로 범죄예방이나 범죄설명에 별 도움이 되질 않는다는 비판 등이 제기되고 있다.[102]

---

99) M. Rutter, *Maternal Deprivation Reassessed*, Harmondsworth: Penguin, 1981.
100) Fritz Redle & David Wineman, *Children Who Hate*, The Free Press, New York, 1951.
101) G. Trasler, *The Explanation of Criminality*, London: Routledge and Kegan Paul, 1967, p.36.

❷ 정신병질(psychopath)과 범죄

정신병질은 병적 사회성(sociopath), 반사회적 성격(antisocial personality)과 거의 동의어로 사용되며, 성격의 이상정도가 정상을 크게 벗어나 거의 병적인 상태에 있는 것을 의미하는 것으로 볼 수 있다.

(1) 정신심리상태와 범죄

정신병자란 용어는 반사회인(sociopath)이나 반사회적 성격(antisocial personality)과 동의어로 간주된다.[103] 이는 기본적으로 비사회화하고 행위양식이 반복적으로 사회와 갈등을 일으키는 사람들을 가리킨다. 이들은 개인 · 집단 · 사회적 가치에 성실하지 못하고, 대체로 이기적이고, 무정하고, 무책임하고, 충동적이고, 죄의식을 느낄 수 없고, 경험이나 형벌로도 배우는 것이 없고, 남을 헐뜯고, 자신들의 행위를 합리화시키는 경향이 있다.

정신병의 주요특성은 그들은 첫째로 자아의 인격구조가 기본적으로 손상되어 있고, 동시에 주변의 현실상황에 대한 판단이나 상호작용이 정상적으로 행해질 수 없다는 점이다. 즉 현실과 환상을 구별하는데 있어서 극단적인 어려움을 겪게 되어 현실과의 접촉을 상실한다. 이들은 환상, 환각, 망상, 의식혼탁 등을 경험한다. 둘째로, 이러한 정신 생활상의 장애로 인하여 자기 또는 타인에게 유해한 행동을 자행하기 쉽다는 점이다. 이들은 공격충동, 시기, 질투, 절취 등의 충동에 빠져 아무런 생각 없이 각종의 범죄행위 또는 이상행동을 자행한다. 그러나 모든 정신병자가 반드시 범죄자가 되는 것은 아니다.[104]

정신병의 종류에는 다양하고, 발작형식도 다양하다. 이는 크게 기질성(내인성)정신병과 기능성(심인성)정신병으로 나누어진다. 기질성정신병이란 뇌를 침해하는 각종 상해, 질병 또는 기관의 손상으로 일어나는 것을 말하며, 기능성정신병이란 뇌의 기질적 장애 없이 거의 순전히 심인성으로 일어나는 것을 말한다. 기능성정신병으로 대표

---

102) M. Rutter & H. Giller, *Juvenile Delinquency: Trends and Perspective*, Harmondsworth: Penguin, 1983.

103) American Psychiatric Association, *Diagnostic and Statistical Manual of Mental Disorders*, 2nd ed., Washington, D. C., 1968, p.41.

104) 신진규, 『범죄학 겸 형사정책』, 법문사, 1988, 206면.

적인 것으로는 정신분열증, 양극성장애, 망상증, 편집증 등이 있다.

정신분열증(schizophrenia)은 감정의 둔화, 외계와의 융화성 상실 등으로 특징 지워지는 정신병으로 정신병 인구 중에서 가장 많은 부분을 차지하고 있으며, 정신병으로 인한 범죄자 중에서도 가장 많이 발견되고 있다. 정신분열증과 범죄와의 상관관계에 대해서는 여전히 논쟁이 있다. 독일의 해프너(Häfner)와 뵈케르(Böker)는 중범죄에 대한 경찰기록조사를 통해 정신분열증 환자와 일반인의 범죄가능성에는 거의 차이가 없다는 결과를 얻었다. 이와 함께 정신분열증 환자들의 전형적인 유형은 대부분 남자이고, 만성 망상증상에 시달리며, 인격과 사회적응성은 부분적으로 정상이고, 배우자나 가까운 사람과의 관계는 긴장으로 가득 차있고, 폭력행위의 방향이 가까운 사람에게로 향하는 경향이 있다는 것을 밝혀냈다.[105] 이에 대해 영국의 테일러(Taylor)는 정신분열증과 범죄와의 관계에 대하여 상관관계가 있다고 주장한다. 그에 의하면 전체적인 숫자는 적지만 정신분열증은 폭력성향을 가져다주고, 폭력은 질병 초기보다는 수개월 내지 수년이 경과한 후에 더 잘 나타나며, 지속적인 질병상태환자보다는 재발이 반복되는 경우에 흔하며, 범행 시 주로 정신병적 상태에 있다는 것이다.[106]

양극성장애(bipolar disorder)란 간헐적으로 정상적인 기간을 가지면서 정력적이며 감성적인 정서의 한 극단에서 다른 극단으로 이동하며, 병적인 조증상태와 우울증상태가 일정한 간격을 두고 반복되거나, 동시에 나타나거나 또는 어느 한쪽으로만 치우치는 정신병이다. 조울증(manic-depressive psychosis)이라고도 한다. 월러치(J. S. Wulach)의 연구결과에 의하면 조증환자 100명을 조사한 결과 가벼운 인명침해와 재산범죄를 저지른 사람이 많았다고 한다.[107]

울 상태에서는 주로 절도, 가족 살인, 동정심을 이유로 한 살인을 행하며, 상당수가 자살을 기도한다. 흥미로운 것은 자살을 시도할 때는 실패율이 높으면서 살인을 할 때는 성공률이 높다는 것이다.[108]

망상증(paranoia)은 다른 사람들의 동기에 대한 부당한 의심과 의혹이 중요한 요소

---

105) H. H fner & B ker, "Mentally Disordered Violent Offender", *Social Psychiatry* 8, 1973, pp.220~229.

106) P. Taylor, "Schizophrenia and Violence in Abnormal Offenders", *Delinquency and The Criminal Justice System*, 1982.

107) J. S. Wulach, "Mania and Crime : a study of 100 manic defendants", *Bulletin of the AAPL* 11, 1983, pp.69~75.

108) R. Cavan, *Criminology*, 3rd ed., 1962, p.227.

인 행동유형을 고수하는 것이다. 박해망상을 가진 사람을 편집증이라고 부르는데, 편집증은 망상증에서도 범죄와 가장 많은 관련이 있는 것으로 범죄학 상 매우 위험시되고 있다.

정신신경증(psychoneuroses)은 뇌나 기타 기관에 어떤 병리적 장애가 발생하여 나타나는 현상이 아니라 심리적 장애 때문에 정신생활이나 신체생활에 상당한 장애가 일어나는 것을 말한다.[109] 정신신경증은 주로 내심의 욕구를 너무 과도하게 억제하는 데서 초래되기 때문에 심한 경우를 제외하고는 원칙적으로 범죄 등 반사회적 행위와는 관계가 적다. 정신의학자 굿매처(M. Guttmacher)에 의하면 모든 범죄자에 대하여 그 정신 상태를 엄격히 조사한다면 그 중 최소한 10%는 정신신경증원인의 범죄자라고 한다.[110]

⑵ 충동과 범죄

최근에는 충동성에 초점을 맞춘 연구가 이루어지고 있다. 이들 연구들은 비행과 관련된 중요한 인격형상으로 충동성을 꼽고 있다. 윌슨(J. Wilson)과 헌스타인(R. Herrnstein)에 따르면, 사람들은 '양심'이라는 내적 억제력에 의해 제어되지 못하면 누구나 범죄로 나아가게 되며, 그 내적 억제력은 유아기에 그 부모의 교육에 의하여 기본적으로 형성된다는 것이다. 그들은 '충동'을 긴 안목이 아닌 짧은 안목으로만 생각하는 것이라고 하며, 이것이야말로 범죄의 개인적 요인 중 가장 중요한 것이라고 한다. 범죄를 저질러서 얻을 수 있는 것이 바로 눈앞의 이익이라면, 범죄에의 충동을 억제함으로써 얻을 수 있는 이익은 먼 훗날의 것이라 할 수 있다.[111]

모파트(T. Moffott)도 '생애적 범죄인'론에서 범죄의 원인으로 충동성을 들고 있다. 그는 생애의 매 단계에서 한두 가지의 반사회적 행태를 보이는 사람들을 생애적 범죄인으로 표현하고 있다. 예를 들어, 4세 때엔 물어뜯거나 때리고, 10세엔 날치기와 무단결석, 16세엔 마약거래와 차량절도, 22세엔 강도와 강간, 30세엔 사기와 아동학대를 하는 경우이다. 모파트는 이런 행태들이 생모가 임신 중에 마약을 복용했다거나 영양부족 상태에 있었을 때, 출산시의 경미한 뇌손상, 애정결핍, 아동학대 등으로 인

109) 신진규, 앞의 책, 213면.
110) Manfred Guttmacher, *Psychiatry and the law*, 1952, p.395.
111) James Q. Wilson & Richard J. Herrnstein, *Crime and Human Nature*, New York: Simon & Schuster, 1985.

해 충동적 인격형성을 가져오기 때문인 것으로 보았다. 이들 경우에 있어선 부모들도 심리적으로 문제가 있는 경우가 많으며, 그러한 부모들의 양육에 의해 아이들이 더 비행에 빠져든다고 한다. 그런 아이들은 행태제어능력에 문제를 갖고 있으며, 앞날의 결과도 생각하지 않기 때문에 불법적 · 반사회적 행동으로 나아가게 되는 것이라 한다. 이러한 이론은 카스피(Caspi)와 모파트의 연구 결과에 의해 지지되었는데, 청소년들을 두 집단으로 나눠 비교 연구한 결과, 충동성과 부정적 감정이 범죄성향과 관계가 있음을 발견했다. 부정적 감정을 갖고 있는 청소년들은 일상생활에서도 두려움과 걱정을 많이 느끼고 있으며, 그런 감정은 충동성을 조절하기 어렵게 만들며, 급히 비행으로 나아가곤 한다는 것이다.112)

제3절 사회과정이론

범죄원인에 관한 사회학적 이론은 생물학적·심리학적 범죄이론과 마찬가지로, 크게 보면 실증주의적이고 결정론적인 범죄이론에 속하는 이론이지만, 생물학적·심리학적 범죄이론이 개인의 자질이나 속성에서 범죄의 원인을 찾았던 반면, 사회학적 범죄이론은 범죄의 원인으로 환경으로부터의 영향에 주목한 이론이다. 이러한 범죄원인에 관한 사회학적 이론은 사회과정이론과 사회구조이론으로 크게 대별된다. 사회과정이론은 개인이 처해있는 주위의 환경에 주목하여, 개인 상호간에 대면접촉과정, 가정, 친구관계, 소속한 집단의 특성 등 개인에게 가까이 있는 환경 등을 통하여 개인이 범죄자가 되어가는 과정을 집중적으로 다루는 이론으로 이를 사회심리학적 이론 또는 미시환경론이라고도 부른다.

이러한 사회과정이론의 대표적 이론으로서는 사회학습이론113), 통제이론, 낙인이론

112) Terrie E. Moffitt, "Life-Curse-Persistent and Adolescent-Limited Antisocial Behavior", *Psychological Review 100*, 1993, pp.674-701.

113) 사회학습이론을 학습이론으로 하고, 버지스와 에이커스의 차별적 접촉-강화이론을 사회학습이론으로

등이 있다. 사회학습이론에는 서덜랜드(E. Sutherland)의 차별적 접촉이론(Differential Association Theory)이 있으며, 이 이론을 발전시킨 그레이저(Daniel Graser)의 차별적 동일시 이론(Differential Identification Theory), 버지스(R. Burgess)와 에이커스(R.Akers)의 차별적 접촉-강화이론(Differential Association-Reinforcement Theory) 등이 있다. 물론 서덜랜드의 차별적 접촉이론의 이전에 초기학습이론이 없었던 것은 아니나, 대체로 사회학습이론을 설명함에 있어서는 위의 세 이론들이 주로 논의되고 있다. 통제이론에는 리스(A. J. Reiss)와 나이(F.Nye)의 개인 및 사회통제이론, 사이크스(G. Sykes)와 마짜(D. Matza)의 중화기술 및 표류이론, 허쉬(T. Hirshi)의 사회유대이론, 갓프레드슨(M. Gotfredson)과 허쉬의 자기통제이론 등이 있다. 그러나 이러한 통제이론들은 오늘날 통제이론의 대표자라고 할 수 있는 허쉬의 이론으로 대체되었다. 보통 그의 통제이론을 사회유대이론이라고 부르며, 오늘날 대부분의 범죄학자들이 통제이론이라고 말하는 것은 허쉬의 이론이다.

이하에서는 사회학습이론, 통제이론, 낙인이론 순으로 사회과정이론들의 내용을 살펴보기로 한다.

Ⅰ. 사회학습이론

❶ 가브리엘의 모방이론(theory of imitation)

범죄를 저지르는데 있어서 학습의 영향을 제기한 초기의 범죄학자로는 가브리엘 타르드(Gabriel Tarde)를 꼽을 수 있겠다. 그는 현대학습이론의 선구자로 평가받고 있으며, 1912년『형벌의 원리(Penal Philosophy)』라는 저서에서 사람들은 다른 사람을 모방함으로써 학습한다고 주장하여 모방이론을 정리하여 발표하였다. 그는 첫째, 모방의 양이 사람들 사이에서의 접촉이 얼마나 밀접한가에 따라 결정된다고 보았다. 모방이 사람들 간의 접촉이 적은 곳보다는 많은 곳에서 쉽게 발생한다는 것이다. 둘째로는 모방이 도시지역과 상류계층에서 농촌지역과 하류계층으로 흐르며, 새로운 유행이 기존의 유행을 대체한다고 하여 범죄도 다른 정상행위와 마찬가지로 학습 즉 모

명명하는 경우도 있다(박상기·손동권·이순래, 앞의 책, 146면 참조).

방의 결과라는 사실을 최초로 지적했다. 비록 그의 주장이 통계학상 확인되기는 어려운 것이었고, 범죄자가 범죄를 학습하는 과정에 대한 충분한 설명이 없었다는 문제점을 가지고 있었지만, 어느 정도 범죄에 대한 설명에 있어서는 일정한 역할을 하였다는 점에서 의미가 있다고 볼 수 있다.[114]

❷ 서덜랜드의 차별적 접촉이론(differential association theory)

비록 서덜랜드(E. H. Sutherland)가 타르드의 모방이론에 대하여 크게 인정하지는 않았지만, 그는 이 모방이론을 사용하였고, 그것을 설명하였고, 그것을 정제하였으며, 그것을 보다 유명하게 만들었다. 그의 이론은 모방 대신에 학습과 관련된 모든 보편적인 기제를 포함하여 보다 넓은 착안점에 기초하고 있었다.[115]

서덜랜드의 차별적 접촉이론은 사회학습이론의 가장 대표적인 이론의 하나이다. 일반적으로 미국의 가장 뛰어난 범죄학자로 거론되고 있는 서덜랜드는 그의 이론을 1939년에 『범죄학의 원리(Principles of Criminology)』라는 책으로 발표하였다.[116] 그 이론의 마지막 판은 1947년에 나왔고 서덜랜드는 1950년에 사망하였지만, 그의 오랜 동료학자였던 크레시(D. Cressey)가 그의 작업을 계속 이어나갔다. 크레시는 그의 스승의 노력을 설명하고 유명하게 하는데 대단히 성공했기 때문에 차별적 접촉이론은 범죄행위에 대한 가장 지속적인 설명이론의 하나로 남아 있다.

서덜랜드는 전문절도범죄와 화이트칼라 범죄에 대한 사회학적 연구를 처음으로 행한 범죄학자로서 화이트칼라 범죄, 전문절도범죄, 지능범죄에 관한 그의 연구는 범죄란 하위계층의 사람들의 무능의 결과라는 기존의 관념에 대하여 논쟁을 불러 일으켰다.[117] 즉 서덜랜드는 위의 연구결과들을 기초로 범죄가 하류계층 사람들의 무능의 결과로만 보지 않았으며, 대신 어떠한 문화에서도 일어날 수 있는 일탈적인 가치의 학습결과로 보았던 것이다. 행동을 배우는 것(학습하는 것)은 정치적 · 법적 과정이 아니고 사회화과정이라 한다. 범죄에 이바지 하는 기술과 동기는 전문적 범죄가치,

114) Gabriel Tarde, *Penal Philosophy*, trans. R. Howell, Boston:Little, Brown, 1912; 박상기·손동권·이순래, 앞의 책, 142-143면; Katherine S. Williams, op. cit., pp.247-248.
115) Katherine S. Williams, op. cit., pp.247-255.
116) Edwin H. Sutherland, *Principles of Criminology*, Philadelphia: Lippincott, 1939.
117) Edwin H. Sutherland, "White-Collar Criminality", *American Sociological Review 5*, 1940, pp.2-10.

태도, 그리고 정의와 범죄행위의 다른 패턴과의 접촉의 결과로서 학습된다는 것이다.

서덜랜드의 차별적 접촉이론은 법률을 위반해도 무방하다는 생각을 학습한 정도가 법률을 위반하면 안 된다는 생각을 학습한 정도보다 클 때에 그 사람은 범죄를 저지르게 된다는 것을 내용으로 하고 있다. 여기서 범죄관념의 학습정도는 접촉의 빈도, 접촉기간, 접촉의 우선순위, 접촉의 강도에 따라 다르다고 한다.

서덜랜드와 크레시가 설명하는 차별적 접촉의 기본원리를 보면 좀 더 자세히 보면 다음과 같다.

① 범죄행위는 학습되는 것이다.
② 범죄행위란 다른 사람과의 상호작용의 결과물로서 학습되는 것이다.
③ 범죄행위의 학습은 개인적으로 친밀한 집단 내에서 발생한다.
④ 범죄행위의 학습은 범죄의 동기, 충동, 합리화, 태도 등을 포함하는 범죄의 기술을 자기 것으로 만드는 것을 내용으로 한다.
⑤ 동기와 충동이 어느 방향으로 학습되느냐 하는 것은 법 규정을 우호적으로 생각하는지 또는 비우호적으로 생각하는지에 따라 좌우된다. 즉 개인을 둘러싼 주위 사람들이 법을 반드시 지켜야 하는 것으로 생각하느냐 아니면 법을 위반하여 무방한 것으로 생각하느냐에 따라 법에 대한 학습방향이 달라지는 것이다.
⑥ 사람들은 법을 위반하는 것에 대하여 비우호적 결과를 인식할 때보다 우호적 결과를 인식할 때 범죄자가 된다. 이것이 차별적 접촉의 원칙이다.
⑦ 차별적 접촉은 접촉의 빈도, 지속성, 강도에 따라 달라질 수 있다. 이러한 원리는 범죄행위와의 접촉이나 비범죄적 행위와의 접촉 모두에 해당한다.
⑧ 범죄적 그리고 비범죄적 패턴과 접촉함으로써 범죄적 행위를 학습하는 과정은 모든 다른 학습과정의 메커니즘과 동일하다.
⑨ 비록 범죄행위는 일반적 욕구와 가치를 표현하는 것이지만, 비범죄적 행위도 같은 욕구와 가치를 표현하기 때문에 그런 일반적 욕구와 가치로는 범죄를 비범죄적 행위와 차별적으로 설명할 수 없다.

이러한 서덜랜드의 차별적 접촉이론은 쇼(C. Shaw)와 맥케이(H. McKay)의 사회해체에 대한 연구결과를 토대로 하여 해체된 지역사회가 범죄의 온상이 되어가는 메커니즘을 규명한 이론으로 어찌하여 지역사회 간에 범죄율의 차이가 있으며, 왜 하필이면 어느 특정 개인이 범죄자가 되는가라는 명제에 대한 해답을 제시한 이론이다. 또한 이 이론은 소년범죄와 성인범죄, 조직범죄 등을 모두 설명할 수 있다는 점과 사회구조이론이 가진 문제점인 중류층의 범죄를 설명하는 데에도 효과적이라는 점에서, 미국의 범죄이론 중에서 가장 뛰어난 이론의 하나로 오늘날 사회적 요인을 범죄의 주요한 요소로 하는 입장을 이끈 영향력 있는 이론으로 평가받고 있다.

그러나 이 이론에 대해서는 차별적 접촉 등에 대한 개념이 모호하여 이론적 검증이 어렵고, 범죄에 대해 호의적인 감정을 가진다고 해서 반드시 범죄를 행하는 것이 아니며, 동일한 접촉의 환경 하에서도 현실적으로 사람들이 서로 다른 반응(차별적 반응)을 나타내고 있는 점, 범죄학습이 신문·영화 등 비개인적인 접촉수단으로부터도 큰 영향을 받는다는 점, 범죄는 후천적으로 학습될 수도 있으나 생물학적으로 타고날 수도 있다는 점 등을 간과했다는 것 등이 문제점으로 지적된다. 또한 인간을 지나치게 학습적인, 즉 피동적인 입장으로 평가하였다는 비판을 받기도 한다. 이러한 비판을 극복하기 위하여 나타난 이론이 '차별적 동일시 이론'과 '차별적 접촉-강화이론'이다.[118]

❸ 차별적 동일시 이론(differential identification theory)

글레이즈(D. Glaser)는 범죄를 학습하는 과정에서 직접적인 접촉보다는 누구와 자신을 동일시하느냐 하는 것 혹은 자기의 행동을 평가하는 준거집단의 성격 등이 더욱 중요하게 작용하는 것으로 보았다. 이를 차별적 동일시 이론이라고 하는데, 글레이즈는 차별적 동일시이론을 만들어 내기 위해 동일시 개념으로 상징적 상호작용자(symbolic interactionist)라는 개념을 차별적 접촉 이론에 결합시켰다.

글레이즈는 서덜랜드가 차별적 접촉이론에서 강조한 명제 중 접촉의 강도에 중점을 두었다. 사람이 어떤 가치를 학습하는 과정에서 핵심적인 역할을 하는 것은 자신을 상징적 상호작용자와 동일시하는 힘과 정도가 어느 정도인가 하는 것이라고 주장했다. 즉 사람들은 자신을 어떤 다른 사람, 즉 상징적 상호작용자와 동일시하는 정도가 강하면 강할수록 그 다른 사람의 가치를 받아들이기 쉽다는 것이다.

118) Katherine S. Williams, op. cit., pp.247−255.

그러므로 이 이론은 공인, 배우, 운동선수 같이 개인적으로 직접적인 접촉이 없는 사람으로부터도 어떤 가치를 학습할 수 있으며, 공간적으로 멀리 떨어져 있는 준거집단이나 준거인 까지도 학습의 대상으로 고려한다는 점에서 학습이론의 외연을 보다 탄력적이고 광범위하게 확장시킨 것으로 평가된다. TV나 영화의 범죄 집단 또는 범죄의 주인공을 모방하는 경우가 차별적 동일시의 좋은 예라 할 수 있다. 서덜랜드가 살았던 시대에는 미디어가 오늘날만큼 보급되지 않았기 때문에, 서덜랜드는 미디어도 학습의 원천이 될 수 있다는 것을 인정하지 않았지만, 만약 서덜랜드가 좀 더 오랫동안 살았다면 자신의 이론에 차별적 동일시라는 개념을 더한 글레이즈의 견해를 받아들였을 것이다.[119]

❹ 차별적 접촉-강화이론 (differential association – reinforcement theory)

버지스(E. Burgess)와 에이커스(R. Akers)가 발표한 차별적 접촉-강화이론은 ①차별적 접촉 ②정의 ③차별적 강화 ④모방이라는 네 가지 개념을 중심으로 학습메커니즘을 설명한다.

①차별적 접촉은 특정유형의 행동을 하는 사람들과의 직접적인 접촉과 상호작용뿐만 아니라, 간접적 접촉과 준거집단에 대한 동일시를 포함한다. 접촉은 빈도, 우선순위, 강도, 기간에 따라 영향력이 달라진다. ②정의란 주어진 행위에 대해 개인이 부여하는 의미와 태도이다. 범죄에 대해 우호적인 정의를 가질수록 그러한 행위를 할 가능성은 많아진다는 것이다. ③차별적 강화란 행위의 결과로 예상되거나 실제적으로 나타나는 보상과 처벌과의 균형을 의미한다. 어떤 시점에서 개인이 범죄를 저지를 것인지의 여부(그리고 장래에도 계속 범죄를 저지를 것인지의 여부)는 그러한 행위에 대한 과거와 현재, 그리고 예상된 미래의 보상과 처벌에 의해 영향을 받는다는 것이다. 접촉과 마찬가지로 강화의 양상도 크기, 빈도, 가능성이 클수록, 그 행동이 발생하고 반복될 가능성이 커진다. ④마지막으로 모방은 다른 사람의 행동을 관찰한 후에 그것과 유사하게 행동하는 것을 의미한다. 모방은 이전 행위의 지속이나 중단보다는 새로운 행위의 시도나 수행에서 중요한 역할을 하지만, 행위의 지속에도 어느 정도 영향을 미친다고 한다.

---

119) Daniel Glaser, "The differential association and criminological prediction", *Social Problem 8*, 1960, pp.6-14.

이상의 네 가지 중요한 사회학습의 변수들이 단독으로 또는 다른 요인들과 결합하여 일탈, 비행, 범죄와 강한 관계를 나타낸다는 것이다. 차별적 접촉-강화이론은 서덜랜드의 차별적 접촉이론보다는 범죄학에 큰 영향을 끼치지는 못하였지만, 차별적 접촉이론의 가장 대표적인 보완이론으로 평가받고 있다.[120)]

Ⅱ. 통제이론

통제이론(Control Theory)은 다른 범죄이론과는 다른 출발점을 가지고 있다. 다른 이론들이 왜 사람들은 범죄를 저지르는가를 탐구하는 반면, 통제이론은 왜 일반인들은 범죄를 저지르지 않는가를 탐구하는 이론이기 때문이다. 이 이론은 범죄를 향한 충동은 누구에게나 동일하게 있고, 사회 어디에서나 일정하게 있다고 가정한다. 그러므로 준법적인 사람들이 범죄를 저지르지 않는 이유는 자신을 통제할 수 있는 능력이 있기 때문이며, 범죄자들은 어떤 연유에 의해 통제력이 와해되어 범죄를 저지르게 된다는 것이다.[121)]

리스(A. Reiss)는 비행의 원인을 개인적 통제 및 사회적 통제의 실패에 기인하는 것으로 지적함으로써 범죄학에 통제의 개념을 처음으로 적용한 학자 중 한명이다. 그는 보호관찰 처분을 받은 11세에서17세 사이의 백인 남자소년 1,100명의 정신의학 보고서와 법정기록을 연구하였다. 리스는 자아(ego)와 초자아(superego)의 통제력이 미약한 소년들과 정신과 치료나 시설 내 처우를 권고 받은 소년들의 경우에 보호관찰이 취소되는 경향이 높다는 것을 발견하였다. 이것은 이 소년들이 개인적 통제에 실패한 것에 기인하기 때문인 것으로 보았다. 이러한 개인적 통제는 내면화를 통하여, 사회적 통제는 법적·비공식적 사회제재라는 외적 적용을 통해서 작용한다고 하였다.[122)]

나이(F. Nye)는 이 개념을 확장시켜 비행을 예방하는 사회적 통제를 직접통제, 간접

120) Piers Beirne & James Messerschmidt, *Criminology* (3rd ed.), Westview press, 2000, pp.175-178.

121) Stephen E. Brown, Finn-Aage Esbensen & Gilbert Geis, Criminology(4th ed.), Anderson Publishing Co., 2001, pp.343-344.

122) Albert J. Reiss, "Delinquency as the failure of personal and social controls", *American Sociological Review 16*, 1951, pp.196-207.

통제, 내적통제의 세 가지 범주로 분류하였다. 직접통제란 부모가 자녀의 잘못한 행동을 처벌하거나 위협하고, 순응적 행동에 대해서는 보상함으로써 통제하는 것을 말하고, 간접통제란 청소년이 긴밀한 관계를 맺고 있는 부모나 다른 사람들에게 자신의 고통과 실망을 줄 것이라는 것을 자각토록 함으로써 비행을 삼가도록 하는 통제를 말하며, 내적 통제란 청소년의 양심 혹은 죄의식에 의한 통제를 말한다. 나이는 직접통제가 공식적이거나 법적인 제재를 통해서 행사될 수 있음을 인정했지만, 가정에서의 비공식적 간접통제를 강조하였다.123)

중화기술(techniques of neutralization) 및 표류(drift)이론은 청소년 범죄에 관한 이론이다. 기존의 이론들이 비행소년을 일반소년들과 근본적으로 차이가 있는 것으로 전제하는데 대하여, 중화기술 및 표류이론은 비행소년과 일반소년들과 특별한 차이가 있는 것이 아니고, 비행소년도 대부분의 경우 다른 사람들과 마찬가지로 일상적이고 준법적인 행위를 하며, 특별한 경우에 한하여 위법적인 행위에 빠져든다는 것이다. 이렇게 특별한 경우에 위법적인 행위에 빠져드는 이유는 사회통제가 약화되었을 때에 소년들이 합법적인 규범이나 가치에도 전념하지 못하고, 그렇다고 위법적인 행위양식에도 몰입하지 않는 합법과 위법의 중간단계에서 표류(drift)하기 때문이라고 한다. 이러한 표류상태에 있는 소년들은 자기 눈앞에서 전개되는 상황을 어떻게 판단하는가에 따라 합법적인 행위를 할 수도 있고 비행을 저지를 수도 있다는 것이다.

사이크스(G. Sykes)와 맛차(D. Matza)는 청소년들이 사회통제가 약화되었을 때 합법과 위법의 가운데에서 표류하게 되는 요인으로 중화기술을 들고 있다. 중화기술에는 자기의 비행에 대한 책임을 외부적 요인으로 전가하려는 '책임의 부정', 자기의 비행으로 피해를 본 사람이 없다고 합리화하는 '가해의 부정', 피해자는 피해를 입어 마땅한 사람이라고 비행을 합리화하는 '피해자의 부정', 자기를 비난하는 사람을 비난함으로써 자기의 행위를 합리화하는 '비난자에 대한 비난', 사회의 일반적인 가치나 규범의 정당성을 인정하면서도 보다 더 높은 가치에 기반 하여 비행을 합리화하는 '상위가치에 대한 호소' 등이 있다.124)

허쉬(T. Hirshi)의 사회유대이론(social bond theory)은 비행은 사회에 대한 개인의 유대가 약하거나 깨졌을 때 일어난다는 일반명제로부터 출발한다. 이와 같은 유대를 구

123) Ivan F Nye, *Family Relationships and Delinquent Behavior*, Harper and Row, 1958.
124) Piers Beirne & James Messerschmidt, op. cit., pp.170-171.

성하는 요인으로는 네 가지 주요한 요인들이 있는데, 그것은 ①타인에 애착, ②관여, ③참여, ④신념이다. ①타인에 대한 애착은 우리가 타인에 대해 갖는 긴밀한 애정의 관계, 그들에 대한 존경, 그들과 동일시하는 정도를 의미하며, ②관여 또는 전념이란 법위반 혹은 일탈을 저지름으로써 상실할 수 있는 개인의 전통적인 교육 및 직업상의 노력을 통한 투자분을 말한다. ③참여란 공부, 가족과 함께 시간 보내기, 과외활동 등과 같은 통상적 활동에 열중하는 것을 말하며, ④신념이란 일반적이고 전통적인 가치와 규범에 대한 인정을 의미한다. 허쉬는 부모, 어른, 학교선생님, 친구들과의 관계에서 위의 요인들이 강할수록, 개인의 행동은 순응하도록 통제된다고 하였다. 반대로 이러한 요인들의 작용이 약할수록 법을 위반할 가능성이 커지는 것으로 보았다. 또한 이 네 가지 요인들은 상호간의 상관관계가 높기 때문에 어느 한 요인이 약화되면 다른 요인의 약화를 동반하기 쉽다고 보았다.[125]

이후 허쉬는 자신의 제자 갓프레든슨과 함께 1990년에 『범죄의 일반이론(A General Theory of Crime)』을 출판하면서 자기통제이론(self-control theory)을 제시하였다. 이 이론은 자기 통제력이 높은 사람은 평생을 살면서 범죄를 저지를 가능성이 낮은데 비하여, 자기 통제력이 낮은 사람을 범죄를 저지를 가능성이 높다고 설명한다. 낮은 자기 통제력의 근원은 비효과적이고 불완전한 사회화, 특히 잘못된 자녀양육에 있다고 한다. 학교나 다른 사회제도도 사회화에 기여하지만, 사회화가 이루어지는 가장 중요한 곳은 가정으로 보고, 어린 시절에 가정에서 형성되어 한 개인이 갖게 되는 자기 통제력의 양은 일생동안 안정된 상태를 유지한다고 한다.[126]

Ⅲ. 낙인이론

1960년대 이후에 대두하기 시작한 낙인이론은 여러 범죄원인이론 중 가장 독특한 견해이다. 기존의 결정주의에 입각한 이론들이 대부분 행위자를 피동적이고 수동적인 존재로 가정하였다면, 낙인이론들은 행위자의 주관적 사고과정을 중심으로 범죄현상을 설명하고 있기 때문이다. 낙인이론가들은 자아정체감(self-identity)을 범죄문제 악화

125) Travis Hirschi, *Causes of Delinquency*, University of California Press, 1969, p.27.
126) 민수홍, "자기통제이론과 범죄예방정책", 경기대학교 「사회과학논총」 제5집, 경기대학교, 2002, 54면.

의 중요한 요인으로 생각하였는데, 자아정체감이란 스스로 자기를 어떻게 생각하는가에 대한 문제이며, 이는 주위사람들과의 사회적 상호작용과정에서 형성되는 것으로 보았다. 즉 주위사람들이 범죄를 저지른 사람을 낙인하게 되면, 그 사람은 자아정체성을 부정적인 방향으로 형성하게 되고, 이후 행동은 부정적인 자아정체성에 따라 이루어진다는 것이다.127)

사회의 구성원이 법을 위반하게 되면, 국가는 그 범죄자를 체포하여 형사사법절차에 따라 처벌하는 것이 당연하다고 우리는 믿고 있다. 우리가 이것을 당연하게 생각하는 것은 국가가 범죄자를 직접 위하하는 수단을 사용하든, 범죄자를 갱생시키는 정책을 사용하든, 아니면 범죄자를 구금하여 격리시킴으로써 그 기간 동안은 사회의 일반시민에게 피해를 입히지 못하도록 하는 무력화전략을 사용하든 어떻든 간에, 국가의 개입은 범죄를 감소시킬 것이라는 믿음에 연유한다. 그러나 낙인이론을 지지하는 학자들은 이러한 논거에 강력히 반대한다. 국가의 개입은 범죄를 감소시키기보다는 오히려 법 위반자를 범죄자로 낙인 함으로써 국가가 중지시키고자 하는 바로 그 범죄행위를 더 심화시키는 결과를 초래하게 된다고 주장한다.

이렇게 낙인이론가들은 국가의 형사사법체계는 위법행위를 억제하는데 일정한 한계를 가지고 있을 뿐 아니라 오히려 사람들을 상습적인 누범자로 만드는데 기여하는 역할을 한다고 주장한다. 법 위반자를 형사사법체계로 끌어들이는 것은 사안을 더욱 나쁘게 하는 것이지 좋게 하는 것은 아니라는 것이다.

❶ 초기의 낙인이론

형사 사법적 개입이 범죄성을 더 키운다는 생각은 1960년대의 낙인이론가들에 의해 비로소 제기된 것은 아니었다. 고전주의 시대 이후 초기의 많은 범죄학자들도 범죄에 대한 사회적 반응의 가장 엄격한 형태라고 할 수 있는 교도소가 범죄를 양산하는 배경이 된다는 점에 주목하였다. 고전주의 범죄학자인 벤담은 교도소가 선을 가르치기 위해서 설립 되었다기보다는 보다 확실한 수단으로 악덕을 배우게 되는 학교라고 한탄했다.128) 1911년, 롬브로소는 초범자들이 처음에는 범죄에 대한 혐오와 주저

127) Frank P. Williams Ⅲ & Marilyn D. Mcshane, *Criminological Theory*(3rd ed), Prentice Hall, 1999, pp.136-151.
128) G. Hawkins, *The prison: Policy and practice*. Chicago: University of Chicago Press. 1976, p.57.

함을 가지고 범죄를 저질렀지만 교도소 생활로 사회적 지위가 떨어지고 저급한 범죄자들과 어울림으로써 상습적인 범죄자로 발전하게 되는 것을 보고는 교도소의 문제점에 대해서 목소리를 높여 비판하였다.[129] 또한 네덜란드의 마르크스주의 학자였던 봉거(W. Bonger)도 마찬가지의 문제점을 제기하였는데, 그는 단지 별로 중요하지 않은 경범죄를 저지른 젊은이를 교도소에 구금하는 것은 우리가 직업적인 범죄자를 양성하는 것과 같다고 하여 교도소 구금을 반대하였다.[130]

비록 이런 발언들이 후에 낙인이론가들의 보다 발전된 관점을 예견하기는 했지만, 타넨바움(F. Tannenbaum)은 아마 일반적 용어로 '국가의 개입이 악을 각색하기 때문에' 범죄를 야기한다는 원칙을 언명한 최초의 학자였을 것이다. 타넨바움은 거의 모든 사람들이 똑같이 법을 위반하겠지만 오직 소수의 법위반 소년들만 체포되는 것이라고 주장했다. 그리고 이러한 체포의 경우 다음과 같은 결과가 반드시 도출된다고 한다. 체포가 다른 소년들이 경험하지 못한 것을 갑자기 경험하게 만들기 때문에 그 소년들은 특별한 처우를 위해 선발되는 것과 같게 된다. 그 결과 그 소년들의 세계는 근본적으로 변화하게 된다. 사람들이 그들을 달리 취급하고, 그럼으로 해서 그 소년들은 자신의 정체성을 다시 생각하기 시작한다. 그들은 스스로를 체포되기 전과는 다른 사람이 되었다고 생각하게 된다. 이것은 특히 교도소 경험을 하게 되면 더욱 그렇다. 왜냐하면 초기의 결정되지 않은 범죄적 경향이 선배 범죄자가 제공하는 교육을 통하여 더욱 단단해지기 때문이다.[131] 그러므로 타넨바움은 우리가 어떤 소년을 형사사법체계로 밀어 넣는 첫 단계를 취하기 전에 주의 깊게 이 점을 잘 고려해야 한다고 주장했다.

1951년 레머트(Edwin Lemert)는 일탈을 일차적 일탈과 이차적 일탈의 두 가지 형태로 구분함으로써 이러한 관점을 보다 더 정식화하였다. 그는 일차적 일탈은 다양한 사회문화적·심리적 원인에 의해 발생하는 것이라고 주장했다. 일차적 일탈의 경우, 범죄자는 그 행동에 대해 일시적 탈선이라고 스스로를 합리화하려고 하며, 자신의 행동을 사회적으로 용인될 수 있는 행위로 보려고 한다. 일차적 일탈에 있어서는 법위

---

129) G. Lombroso-Ferrero, *Criminal man according to the classification of Cesare Lombroso*, Montclair, NJ: Patterson Smith, 1972, pp.110-111.

130) W. Bonger, *Criminality and Economic Conditions*, Bloomington: Indiana University Press (Original work published 1916), p.118.

131) F. Tannenbaum, *Crime and the community*, New York: Colombia University Press, 1938, pp.66-81.

반자들이 스스로를 이상한 사람으로 인식하지 않고, 자신의 생활도 비정상적으로 영위하지는 않는다.[132)]

반면 이차적 일탈은 최초 금지된 행위를 저지른데 대한 다른 사람들의 반응으로부터 촉진된다. 일차적 일탈 행위에 따른 사회적 반응이 점진적으로 강화됨에 따라, 범죄자는 '이름표 부착, 상표 부착, 판에 박기' 같은 사회적 반응을 통하여 낙인 되어 간다.[133)] 법위반자의 일상생활을 짓밟는 타인의 반응과 관심으로 인하여 법 위반자는 범죄자로 규정되면서 최초의 불법적 원인들은 점차 그 특성을 잃는다. 대부분의 경우, 법 위반자들은 자신을 비정상적인 성격을 가진 사람으로 받아들임으로써 그리고 자신의 인생과 자신의 정체성을 일탈이라는 사실 속에 구축함으로써 이 문제를 풀려고 한다. 따라서 법 위반자는 법에 대해 순응하지 않는 마음을 더욱더 가슴 깊이 파묻는다.

❷ 자기실현적 예언으로서의 낙인

사회적 반응이 불법을 야기할 수 있다는 논점은 타넨바움과 레머트에 의해 상당히 명쾌하게 설명되기는 하였지만, 낙인에 관한 이러한 관점은 1960년대 중반까지는 범죄학 연구 분야에서 폭넓은 주목을 끌지 못했고 독자적인 학파를 형성하지도 못했다.[134)] 낙인이론이 갑자기 널리 호응을 받게 된 것은 국가개입이 범죄문제를 해결하는 것이 아니고 오히려 범죄의 원인이 된다는 논리가 그럴듯하게 받아들여진 1960년대의 사회적 상황과 관련이 있다. 그러나 낙인이론이 힘을 얻게 된 데는 다른 상황도 중요하게 작용하였다. 그것은 사회적 작용이 범죄와 일탈의 중요한 요인이라고 한목소리로 강력하게 주장하였던 일단의 학자들, 그 중에서도 베커(H. Becker), 에릭손(K. Erikson), 킷수스(J. Kitsuse) 등 영향력 있는 학자들이 있었다는 점이다.

사회적 작용이 어떻게 더 많은 범죄를 불러일으키는가를 보여주기 위하여, 낙인이론가들은 머튼(R. Merton)의 '자기실현적 예언(self-fulfilling prophecy)'의 개념을 차용하였다. 머튼에게 있어서 자기실현적 예언이란 원래 있지도 않은 허위의 생각을 현실로

132) Edwin M. Lemert, *Social Pathology,* New York: McGraw-Hill, 1951, p.75.
133) ibid., pp.76-77.
134) S. Cole, "The Growth of scientific Knowledge: Theories of deviance as a case study", In L. A. Coser(Ed.), *The idea of social structure: Papers in honor of R. K. Merton,* New York: Harcourt Brace Jovanovich, 1975, pp.175-200.

만들게 하는 새로운 행동을 하게끔 하는 상황에 관한 잘못된 인식이다.

낙인이론가들은 머튼의 자기실현적 예언처럼 대부분의 법 위반자(offender)들이 범죄자(criminal)로 잘못 규정되고 있다고 주장한다. 이러한 주장을 하는데 있어서 그들은 위반자들이 법을 위반한 것이 아니라든지 형사사법 분야에 종사하는 공무원들이 위반자들의 생활에 개입할 근거를 가지고 있지 않다든지 하는 것을 함축하려는 의도를 가지지는 않았다. 대신 개념적으로 허위라는 것은 일단 범죄자라고 붙여진 낙인이 단지 법 위반행위에 대한 사회적 판단만을 제공하는 것이 아니라는 사실과 결부된다는 것이다. 그러한 것들은 공개적으로 위반자들의 도덕적 품성까지도 떨어뜨린다는 것이다.[135] 즉, 어떤 사람이 체포되고 형사 사법적 절차에 놓인다는 것은 사람들이 그 위반자의 불법행동을 나쁜 것으로 규정하는데 그치는 것이 아니라, 그 위반자는 범죄성을 가진 인간이고 그 결과 곧 또 다시 말썽을 일으킬 부류라는 것을 전제하는 것이다. 레머트가 주장했던 바와 같이, 사람의 성격과 장래의 행동에 관한 그런 예단은 잘못된 것일 경우가 많다. 최초의 범죄와 비행을 포함하여 많은 일차적 일탈이 근본적으로 성격이나 생활스타일에서 나오는 것이 아니기 때문에 일시적일 수 있으며 지속적이지 않을 수 있다고 한다.[136]

요컨대, 낙인이론가들은 우리 사회에서 범죄에 대한 낙인의 의미는 일반시민에게 위반자에 대한 그릇된 또는 일부만 타당한 선입견을 심어주게 된다고 주장한다. 더욱이 이러한 선입견은 결과적으로 사람들로 하여금 위반자에 대한 반응 형성에 영향을 주게 된다. 그릇된 관념을 가지고 범죄자를 유형화함으로써 일반시민들은 모든 위반자에 대하여 그들이 원래 품성이 나쁘고 다시 죄를 지을 것처럼 취급한다. 결국 자기 아이들을 이웃의 비행소년과 어울리지 못하게 하고 절도죄 판결을 받은 범죄자는 상점의 카운트 업무를 보지 못하게 하는 것이 더 안전하다고 생각하게 된다. 그러나 이같은 반응은 위반자로 하여금 사람들이 걱정하고 예상했던 바로 그 유형의 범죄자로 변화시키는 힘을 가지고 있다.

그러면 예언은 어떻게 실현되는가? 자기 생각대로 내버려둔다면 올바른 길을 갔을지도 모를 초범자들이 어떻게 상습적인 범죄자로 변해 가는가? 베커의 표현을 빌리자면, 범죄자의 낙인을 붙이는 것은 특별한 처우를 위해 한 사람을 골라내는 것이다.

135) H. Garfinkel, "Conditions of successful degradation ceremonies", *American Journal of Sociology, 61,* 1956, pp.420-424.

136) T. J. Scheff, *Being mentally ill.* Chicago: Aldine. 1966.

그러면 범죄자는 나머지 사람과는 다른 존재가 된다. 도덕적 인간으로 행동할 수 없고 행동하지도 않을, 그래서 다른 중요한 규범을 위반하게 될지도 모르는 존재가 되는 것이다. 그 결과 '범죄자'라는 것이 그 사람의 '지배적 신분(master status)' 또는 그 사람을 통제하는 공적 신분증이 되는 것이다. 사회적인 만남에 있어서 일반시민들은 위반자의 사회적 지위, 즉 배우자, 부모, 직장인으로서의 사회적 지위를 고려하지 않는다. 그들은 최우선적으로 그들이 범죄자로 상호작용한다는 사실에만 초점을 맞춘다.

이러한 일반적인 감시가 몇몇 위반자들을 두려워하게 하고 부끄럽게 하여 순응하게 만드는 것은 분명한 사실이다. 그러나 다른 위반자들에게는, 범죄적 특성에 대한 지속적 강조와 그에 따른 사회적 비난이 그들의 생활에 있어서 순응적 영향을 훼손시키는 예상하지 못하는 결과를 초래하여 결국 그들을 상습누범이 되게 만든다. 이렇게 계속해서 범죄자로 재단되면, 위반자는 순응자로서 또는 일반인으로서의 자아개념(self-concepts)을 잃어버리기 쉽다. 그리고 점점 다른 사람들이 성격이상자로 규정짓는 것을 내면화하기 쉽다. 이렇게 정체성이 변화함에 따라, 위반자의 자아 개념은 순응할 수 있는 힘을 잃는다. 결국 일관되게 자아 개념을 가지고 행동하라는 압력은 이제 위법을 요구하게 된다.

또한 범죄자로 낙인찍히는 사람은 이전의 앞선 사회적 관계로부터 단절을 당하게 된다. 범죄를 저지른 사람이라는 평판이 퍼지게 됨에 따라 전화를 달라고 하여도 전화가 오질 않고, 사회적 업무로 인한 초대도 더 이상 없게 되며, 친구들도 더 이상 만날 시간을 내어주지 않고, 친밀한 관계도 끝장난다. 사회적으로 버림받은 자에게 유일한 해결책은 같은 처지의 사람들과의 유대이다. 따라서 범죄자라는 낙인이 찍힌 위반자들은 상황적으로 다른 위반자들과 사귀도록 내몰리게 되며, 그로 인해 범죄적 하위문화 집단이 형성되는 것이다. 그러한 교류는 반사회적 가치를 더욱 강화시키기 쉬우며 서로 공동하여 범죄를 저지르도록 하기 쉽다.

낙인이론가에 의하면 전통적 사회와의 유대 단절은 국가개입에 의해 위반자들을 수용시설에 수용할 때 가장 쉽게 일어난다고 한다. 구금은 현재의 직장을 잃게 하며 적절한 가족관계를 훼손시킨다. 구금은 또한 위반자가 보다 질 나쁜 범죄자와 같이 접촉하도록 강제하는 상황에 놓이도록 강요한다. 타넨바움과 다른 초기의 범죄학자들이 지적한 바와 같이 결과적으로 범죄학습의 가능성이 있게 되는 것이다.

마지막으로, 공식적으로 범죄자로서의 낙인이 찍힌 위반자들은, 특히 교도소에 복역을 하였거나 전과자라는 신분을 가지게 되면, 취업기회를 제한받는다. 구금형 선고를 통하여 위반자들은 그들의 불법적 행동에 대하여 사회에 진 빚을 갚게 될 수 있지만, 언제든지 중도에 나쁜 길로 빠질 수 있는 성격을 가진 사람으로 규정되는 것을 피하기가 더 어렵다는 것을 알게 된다. 그러므로 고용주는 그들을 질이 안 좋은 위험한 사람으로 보게 되고 그들을 고용하거나 신뢰할 수 있는 자리에 두는 것을 꺼린다. 대부분의 경우 위반자들은 발전 전망이라고는 거의 없는 낮은 임금의 따분한 직업에 종사하게 될 것이다. 이런 상황에서 범죄란 오직 바보 같은 사람만 그것을 거부하게 되는, 보다 유익한 선택이고 매혹적인 것으로 변하게 된다.

요컨대, 낙인이론가들은 위반자들이 영원한 범죄자이며 범죄생활을 하도록 운명지어져 있다고 하는 그릇된 인식이 위반자들로 하여금 규범에 순응하기 어렵게 하고, 어쩔 수 없이 범죄를 저지르도록 하는 사회적 반응을 야기함으로써 바로 그 예언을 실현시키는 것이라고 주장한다. 이렇게 낙인과정은 불법행위에 빠져드는 것을 고착시키고 사소한 범죄에 빠져든 사람을 상습적 범죄자로 만드는 강력한 범죄 유발적 힘을 가진다. 더욱이 낙인과정의 효과는 예측할 수 없고 거의 관찰될 수 없기 때문에 특히 범죄의 위험한 원천이 된다. 실제 범죄율 증가에 대한 일반적 반응은 사회적 반응을 최소화하는 것이 아니라 보다 많은 사람을 체포하고 구금하는 것이다. 낙인적 관점에 의하면, 그런 강경한 정책들은 위반자들을 양산하여 그들이 범죄의 인생을 걷도록 만드는 자기실현적 과정에 복속시키는 것에만 성공할 것이기 때문에 궁극적으로 자기 실패를 가져올 것으로 본다.

❸ 낙인이론에 대한 평가

낙인이론이 사회적 반응이란 논쟁을 불러일으키는데 성공하고 이런 혁신적 관점이 이 이론을 유명하게 하였다는 데에 대해 이의를 제기할 범죄학자는 별로 없을 것이다. 그렇다 하더라도 낙인이론의 핵심적 명제가 심각한 비판적 분석으로부터 벗어날 수는 없었다. 이러한 평가는 낙인이론에서 가장 강력하게 주장되는 관점 중 몇 개의 관점은 조정될 필요가 있다는 것을 지적하며 또한 낙인의 전통을 설명하는 견해를 무시하는 것은 현명하지 못함을 지적한다.

비평의 한 갈래는 갈등범죄학자 또는 급진범죄학자로부터 나온다. 비록 그들은 범죄가 사회적으로 구성되는 것이고 낙인은 차별적으로 적용된다고 하는 것에는 동의하지만, 낙인이론가들이 그러한 것들을 충분히 분석하였다고 믿지는 않았다. 급진범죄학자들은 범죄적 낙인의 기원과 적용은 바로 자본주의 구조에 뿌리를 둔 불평등에 의해 근본적으로 영향을 받았다고 주장했다. 급진주의자들은 권력의 차이가 범죄를 결정하는데, 이러한 권력의 차이로 인해 빈곤층의 행동은 범죄로 규정되고 부유층의 행동은 범죄로 규정되지 않는다고 주장했다. 낙인이론가들은 정치적 이해관계와 사회적으로 불리한 조건이 사회적 반응에 영향을 미친다고 이해하기는 하였지만, 형사사법체계와 그 근저에 깔린 경제적 질서와의 관계에 대하여 명시하지는 않았었다. 테일러(Taylor), 월턴(Walton), 영(Young)이 말한바 대로, 낙인이론가들은 법이 만들어지고 집행되는 과정에서 든든한 버팀목이 되었던 권력과 세력의 적나라한 구조적 불평등을 그 기저에 두는데 실패하였다. 이렇게 그들은 일탈과 범죄가 권력과 제도라는 큰 사회적 구조에 의해 형성된다는 것에 대한 탐구까지는 가지 못하고 중도에 멈추었던 것이다.137)

낙인이론에 대한 또 다른 비판은 전통적 실증주의 방법을 선호하는 학자들에 의해 이루어졌다. 그들의 경험적 실험에 따르면, 낙인이론의 주된 명제들이 설득력을 잃는 것으로 나타난다. 이들은 낙인이론의 관점이 힘을 얻은 것은 그 이론의 경험적 적정성과는 별로 관련이 없고 오히려 당시의 시대적 상황과 맞물려 옹호적 메시지를 보냈던 여론에 기인한 것이었다고 비난했다. 결국 국가개입이 범죄성을 더 깊게 한다고 하는 주장을 지지할 수 있는 자료를 초기 낙인이론가 중 그 누구도 제출하지 못했다.

실증주의적 또는 경험 지향적 범죄학자들은 낙인이론의 두 가지 주요 명제를 압박하는 자료를 제시했다. 첫째, 그들은 위반자의 과거 기록, 법의 엄격성 같은 법적인 요소보다는 위반자의 인종, 계층, 성 같은 법 외적 요소가 형사 사법적 낙인을 규정하는데 있어서 훨씬 중요하다는 전제에 대하여 실험하였다. 낙인이론가들의 예상과는 달리, 위반자의 사회적 배경이 아닌 범죄의 심각성이 경찰과 법원에 의한 낙인의 가장 큰 결정요인임을 밝히는 연구결과가 반복해서 발표되었다.138) 비판자들은 결국 법

137) I. Taylor, P. Walton & J. Young, *The new criminology: For a social theory of deviance*, London: Routledge & Kegan Paul, 1973, pp.168-169.
138) R. J. Sampson, "Effects of socioeconomic context on official reaction to juvenile delinquency", *American Sociological Review 51*, 1986, pp.876-885.

외적인 변수들은 낙인에 아주 미약한 효과만을 발휘한다고 결론을 내렸다.

그러나 샘슨(R. Sampson)의 연구는 다양한 법 외적 변수들에 따라 공식적 반응이 영향을 받는다는 생각을 전면적으로 거부하는 비판자들의 주장이 다시 고려되어야 함을 강조한다. 관련 자료를 통해 가장 체계적인 실험을 수행했던 샘슨은 경찰이 청소년 통제에 있어서 '환경적(생태적) 편견(ecological bias)'을 가지고 있음을 발견했다. 심지어는 경찰이 법위반 행위의 심각성을 고려할 때조차도 부유한 동네보다는 가난한 동네의 청소년들을 보다 쉽게 체포한다는 것이 밝혀졌다. 이 같은 생태적 패턴에 대한 하나의 가능한 설명은 경찰자원이 하위계층이 거주하는 지역에 더욱 무게를 두고 집중된다는 것인데, 이것은 그 지역에서 만나는 사람들이 보다 밀접한 감시가 필요한, 충분히 질이 안 좋은 성격을 가지기 쉬운 사람이라는 것을 전제하는 것이다. 어떤 면에서 샘슨은 형사사법체계에서 차별적 선별의 원인이 되는 법 외적 환경에 대한 확실한 증거를 제공하였던 것이다.

낙인이론의 두 번째 주요한 명제는 형사사법을 통한 국가의 개입이 지속적 또는 상습적 범죄를 야기한다는 것이다. 그러나 이 명제는 타당성을 유지하기 어렵다. 비평가들이 지적하는 바와 같이, 많은 위반자들이 형사사법에 종사하는 공무원들의 주목을 받기 이전에 벌써 범죄에 깊이 관여되어 있기 때문이다.[139] 예를 들어, 10대의 청소년이 체포되고 소년법정에 소환되는 것이 상습적인 청소년 비행으로 연결되기보다는, 청소년들이 자라면서 보냈던 우범지역의 범죄 야기적인 요인들이 상습적인 청소년 비행에 더 연관된다는 것이다. 즉 위반자들이 범죄에 대해 형사제재를 받기 전부터 조직범죄, 정치적 부패, 아내 구타 같은 불법적인 행위를 널리 행하여 왔다는 것이다.

낙인의 뜻하지 않은 효과에 대한 실험은 다양한 해석을 낳았다. 그 중 하나의 해석은 형사 사법적 낙인은 아무런 효과를 나타내지 못한다는 해석이다.[140] 만일 이 같은 관점이 정확하다면, 그것은 (낙인이론가들이 주장했던 것만큼)국가의 개입이 범죄성을 더 깊게 하지도 않고 (처벌옹호론자들이 주장했던 것처럼)범죄를 억제하지도 않는다

139) M. Mankoff, "Societal reaction and career deviance: A Critical analysis", *Sociological Quarterly, 12.* 1971, pp. 204-218.

140) T. Hirschi, "Labeling theory and juvenile delinquency: An assessment of the evidence", In W. R. Fove (Ed.), *The labeling of deviance: Evaluating a perspective,* Beverly Hills, CA: Sage, 1975, p.198.

는 것을 의미하게 된다.141) 그 대신 그것은 범죄로 실험된 사람들이 상습적 위반자가 되고 구금 후 다시 죄를 짓게 되는 근본원인이 형사사법체계의 작용 때문이라기보다는 (전통적 범죄학자들이 주장했던 바와 같이)위반자들의 일상생활에서 그들에게 작용하는 사회적 힘 때문인 것으로 주장될 수 있다.

실제 낙인의 복잡성은 가정에서 자녀나 배우자를 학대한 자에 대하여 경찰의 강제적 체포가 있은 후 그것이 가정폭력에 어떻게 영향을 미쳤는가를 평가하는 최근의 실험적 연구결과에서도 보여 진다.142) 비록 그 결과와 해석이 여전히 확실하지는 않지만, 그 연구는 체포 또는 낙인의 충격은 가정폭력 행위자가 직업을 가졌느냐에 따라 차이가 난다는 것을 보여주고 있다. 직업을 가진 사람들은 체포 후에 재범을 덜 저지르기 쉬운데 그 이유는 아마 경제적 부와 순응에의 이해관계를 위협받기 때문일 것이다. 반대로 직업이 없고 그래서 전통적 사회와의 유대가 약한 가정폭력 행위자를 체포하는 것은 오히려 학대행위를 악화시킬 가능성이 있다.

낙인의 효과에 관한 다양한 연구결과에 대해서는 또 하나의 다른 해석도 가능한데, 그 이유는 낙인의 총체적 효과가 불명확하게 남기 때문일지도 모른다. 왜냐하면 학자들이 어떤 조건 하에서 형사사법체계와의 접촉이 범죄와의 관련을 증가시키는지 또는 감소시키는지를 아직 풀지 못했기 때문이다. 현재 연구는 아주 초보적인 방법으로 범죄적 낙인이라는 취약점이 사회 인구학적 특성, 범죄 상습성의 단계, 가족의 힘, 이웃의 상황 같은 요소들에 의해 얼마나 다양화될 수 있는지를 다루고 있다. 이 같은 경험적 논쟁이 해결될 때까지는 낙인의 효과에 관한 일반적인 설명은 시기상조인 감이 없지 않다.

요컨대, 낙인이론에 대한 비판들은 법 외적 변수들이 형사사법에 종사하는 공무원들의 임의적 의사결정에 큰 영향을 미친다든지, 사회적 반응이 상습적 범죄의 주요한 원인이 된다고 하는 대담한 주장들에 대해 이를 조정할 필요가 있다는 점을 제시했다. 그렇다 하더라도, 낙인이론이 낙인의 효과가 존재하기는 하지만 그 영향력이 매우 작은 낙인의 과정을 지적한 것뿐인 이론이라든지,143) 결코 거의 모든 비행의 측면

141) C. W. Thomas & D. M. Bishop, "The effect of formal and informal sanctions on deliquency: A Longitudinal comparison of labeling and deterrence theories", *Journal of Criminal Law and Criminology, 75.* 1984, pp.1222-1245.

142) L. W. Sherman, *Policing domestic violence: Experiments and dilemmas,* New York: The Free Press, 1992.

143) W. R. Gove, *The labeling of deviance: Evaluating a perspective*(2nd ed.), Beverly Hills,

을 예상하고 설명할 수 있는 이론은 아닌 것이라든지 하는 반대의 주장도 그릇될 수 있다. 샘슨 및 다른 학자들이 충고하는 바와 같이, 사회적 반응은 복잡한 과정이고 따라서 그것의 효과도 아직 완전히 밝혀지지 않았거나 경험적으로 확립된 것이 아니기 때문이다.

제5절 사회구조이론

Ⅰ. 사회해체이론

❶ 시카고학파와 범죄생태학

미국의 사회학은 19세기 말 시카고 대학에서 태동되었으며, 이들 학문의 분파를 흔히 시카고학파라고 한다. 시카고학파는 사회와 인간행동에 대해 다양한 관심을 갖고 있었으나, 그 중에서도 가장 뚜렷한 기틀을 마련한 학문분야는 사회생태학(social ecology) 분야이다. 사회생태학적 연구는 1920년대부터 1940년대에 이르기까지 시카고 지역을 모델로 하여 활발하게 진행되었다.

이러한 사회생태학은 생물학의 한 분과인 생태학으로부터 나온 것이다. 생태학이란 생명체의 구조와 질서는 유기체의 외부에 존재하는 모든 환경적 요인에 달려 있는 것으로 보고 이러한 유기체와 환경간의 관계를 연구하는 학문분야를 말한다. 즉 생태학은 지구상 생물계를 구성하고 있는 식물과 동물 상호간에 그리고 그들의 자연서식지와의 사이에 어떠한 관계가 있는가를 연구하는 학문인 것이다.

식물과 동물은 서로 복잡하게 얽혀 있는 공동체이며, 그 공동체가 존재하기 위하여 각 부분이 다른 부분에 의존하고 있는 형태를 띠고 있다. 이렇게 하나의 공동체를 이루고 있는 생물들이 서로 의존적 적응을 통하여 생존하는 상호관계를 생존망(web of

---

CA: Sage. 1980, p.268.

life)이라고 한다. 생물들의 이러한 의존적 상호관계 외에 자연서식지와 같은 외부의 환경도 생물의 생존에 중요한 역할을 하며 자연 서식지의 생물은 계속되는 서식지의 변화에 살아남기 위해 그에 적응하는 노력을 함으로써 생존할 수 있는데, 이를 자연의 동적 균형 상태라 한다. 어떤 생명체들은 생존을 위해 서로 공존하고 어떤 것들은 서로 투쟁한다. 시간이 경과함에 따라 서로 공존할 수 있는 것들만 살아남는다. 생태학자들은 이러한 생명공동체와 자연서식지가 어떻게 발달하고 변화하는지에 대해 연구한다. 예를 들어, 한 지역의 물리적 특성에 변화가 일어날 때, 혹은 새로운 형태의 생물이 나타날 때 무슨 일이 발생하는가에 대하여 연구를 하는 것이다. 생태학적 관점에 따르면 생물들의 상호의존적 특성 때문에 이러한 변화는 생명공동체 전체에 파급된다고 한다. 생태학자들은 이러한 과정을 침입(invasion), 지배(dominance), 그리고 계승(succession)이라는 용어로 설명하고 있다.144)

이러한 생태학적 관점은 인간 공동체에서도 거의 유사하게 나타난다고 볼 수 있다. 이러한 자연생태와 인간사회의 공통점에 착안하여 나온 것이 사회생태학이론이다. 사회생태학은 공간적 관점에서의 사회적 활동의 분포와 시간의 흐름에 따른 사회적 활동의 변화를 연구하는 학문분야로, 시카고학파는 다음 두 가지 기본적인 관점에 관한 연구를 주된 연구테마로 정하였다. 첫째는 사회적 활동의 공간적 분포와 시간적 흐름에 따른 변화가 어떻게 그 지역의 공동 목표의 실현을 촉진시키는지 아니면 와해시키는지에 관한 것이며, 둘째는 이러한 사회적 활동의 분포와 변화가 어떻게 사람들의 사회적 경험에 영향을 미치는가에 관한 것이다. 전자에 관한 연구는 공동체의 일탈율의 변화를 연구하는 거시적 차원의 연구이고, 후자는 미시적 차원의 연구라고 할 수 있다.

(1) 파크의 사회생태학

시카고학파의 이러한 사회생태학 연구는 파크(R. Park)의 연구로부터 시작되었다고 볼 수 있다. 파크는 자연에서의 식물의 분포와 사회에서의 인간의 조직화 사이에 유사점이 있음을 주장하였다.145) 파크는 생태학으로부터 자신의 주된 개념의 상당부분을 차용하여 채택하였다. 한 도시는 몇 가지 자연지역으로 구성되어 있는데, 그 각각

144) Amos Hawley, *Human Ecology: A Theory of Community Structure*, New York: Ronald Press, 1950.
145) Robert E. Park, *Human Communities*, Glencoe: The Free Press, 1952.

은 인종구성, 사회경제적 구성 및 물리적 환경이 뒤섞여 조화를 이루고 있다. 각 지역 내부에서 그리고 각 지역 간에 공생관계의 망이 작용하며 그 들 지역이 합해져서 도시라고 하는 거대 유기체로 나타난다. 즉 파크는 도시를 단순한 지리적 현상으로서가 아니라 거주하는 사람들의 공생적 상호관계로부터 생겨나는 유기적통일체를 갖고 있는 일종의 초유기체로 보았다. 이 초유기체 안에서 파크는 여러 유형의 사람들이 살고 있는 자연지역을 발견했다. 식물의 자연지역처럼 이러한 자연지역은 그들의 고유한 유기적 통일체를 갖고 있다. 중국인 거주지역(chinatown), 이탈리아인의 거주지역(little ltaly), 흑인 거주지역(black belt)과 같은 인종적 내지 민족적 공동체가 한 예이다. 다른 자연지역에는 특정한 수입 내지 직업집단에 속하는 사람들이 포함되어 있는데, 그러한 지역은 산업지역 내지 상업지역이다. 또 다른 지역은 철로, 강, 주요 고속도로 또는 사용되지 않는 공간에 의하여 도시의 나머지 부분과 물리적으로 차단되어 있다. 공생관계(예를 들면, 도살업자가 빵을 먹기 위해 제과업자가 필요하고 제과업자는 고기를 먹기 위해 도살업자를 필요로 하는 관계)는 하나의 자연지역 내의 사람들 사이에서뿐만 아니라 도시 내의 자연지역들 사이에서도 존재한다. 각 자연지역은 하나의 통일체로서의 도시생활에서 일정한 역할을 하고 있는 것이다.

파크가 식물생태학으로부터 끌어온 두 번째 기본개념은 어떤 지역에서의 자연의 균형이 변할 수 있는 과정과 관련되어 있다. 새로운 종(種)이 지역에 침입하고 그것을 지배하게 되어 다른 생명체를 쫓아내는 과정을 말한다. 예를 들면, 어떤 지역의 공터가 처음에는 키 큰 잡초들로 가득 채워져 있다가 후에 이 땅에 금잔화가, 그리고 그 후에는 소나무가 침입하여 번성하게 되는 것이다. 마침내 그 땅은 오우크-히코리 숲으로 고착될 것이다. 생태학자들은 이러한 과정을 침입, 지배 그리고 계승이라고 한다.

이러한 과정은 인간사회에서도 볼 수 있다. 미국의 역사는 유럽 사람들이 토착 원주민의 영토에 침입하여 지배하고 계승해가는 과정이다. 도시의 변화패턴은 자연과 균형을 이루면서 일어난다. 변화는 공간을 둘러싼 경제적 경쟁의 영향을 받으며, 도시의 환경은 침입(invasion), 지배(dominance), 계승(succession)의 과정에 의해서 영향을 받는다. 파크는 미국도시의 인간집단이 고정되어 있다기보다는 이주하고 있다고 보았다. 새로운 이주민이 가난한 지역에 들어오면 이전의 거주자들을 밀어내고 대체한다. 이전의 거주자들은 경제적 수준이 나아져서 더 좋은 거주 지역을 구할 수 있기 때문에 떠나기도 하지만 새로운 이주민들의 지배력이 증가함에 따라 그것을 피하기 위해 떠나기도 한다.

(2) 동심원이론

파크가 제시한 침입, 지배, 계승이라는 도시생태학의 관점은 동료학자인 버제스에 의해 더 깊이 연구되었는데, 버제스(E. Burgess)는 미국의 도시가 동심원 형태를 띠면서 밖으로 급격하게 팽창하는 경향을 보인다는 사실을 발견했다. 그는 동심원 내부의 지역을 중심에서 외곽의 순으로 중심상업지대, 변이지대, 노동자 주거지대, 중류층 주거지대, 통근자 주거지대의 다섯 개 지역으로 나누었다.[146)]

중심상업지대에는 중공업과 상업이 자리 잡고 있다. 변이지대(transitional zone)에서는 중심으로부터 공업과 상업의 영역침범이 일어나면서 최 빈곤층이나 새로운 이주자들이 거주하여 지속적으로 침입, 지배, 계승을 받는 과정 속에 있는 지대이다. 노동자주거지대는 비교적 단출한 주택과 아파트 지역인데, 변이지대에서 빠져나온 근로자와 그 가족들이 살고 있는 지대이다. 중류층 주거지대는 단독주택과 약간 고급아파트가 있는 지역이다. 마지막으로 통근자 주거지대는 도시의 경계를 넘어서는 교외지역과 위성도시가 있는 지역을 말한다.

이러한 다섯 개의 각 구역은 성장하면서 침입, 지배, 계승이라는 과정을 통하여 다음 구역의 영역으로 점차 확장된다. 즉 어느 도시에 급격한 인구유입이 시작되면 최초 이주민은 주로 변이지역에 정착하게 되고, 변이지역에 정착해 있던 원래의 거주민은 노동자주거지역으로, 노동자 주거지역의 주민들은 다시 중류층 주거지대와 교외지역으로 빠져나가게 되는 인구이동이 일어나게 된다는 것이다.

이러한 동심원 모양의 도시성장이라는 관념, 즉 동심원 가설은 현실적으로는 존재하지 않는 이상적 도시를 가정하였다는 점에서 비판을 받았다. 특정 도시의 성장은 자연물이든, 인공물이든 물리적 장벽에 의해 영향을 받게 되기 때문이다.[147)]

---

146) Ernest W. Burgess, "The Growth of The City: An Introduction to a Research Project", in Robert Park & R. D. Mckenzie(eds.), *The City*, Chicago: University of Chicago Press, 1967, pp.47-62.

147) E. Abbott, *The Tenements of Chicago, 1908-1938*, Chicago:University of Chicago Press, 1936; S. M. Robinson, *Can Delinquency Be Measured?*, New York : Columbia University Press, 1936.

(3) 사회해체이론

파크와 버제스의 도시생태학적 동심원 모델을 발전시켜 이를 범죄학이론으로 도입한 대표적인 이론이 사회해체이론이다. 사회해체이론은 쇼(C. Shaw)와 맥케이(H. Mckay)가 시카고와 미국의 다른 도시들의 청소년 비행에 대해 행하였던 광범위한 연구에 기초를 두고 있다. 쇼는 1929년에 출판한 『비행지역(Delinquency Areas)』에서 시카고지역에 대한 자신의 연구를 발표하였고, 1942년 맥케이와 공저로 『청소년비행과 도심지역(Juvenile Delinquency and Urban Areas)』에서 자신의 연구를 이어나갔다.

사회해체란 사회구성원의 기능적인 관계가 붕괴되고, 현존의 사회규범·행동기준이 영향력을 잃고 사람들의 반사회적 태도가 조장되고 사회구성원의 통합·공감이 결여된 상태를 말한다. 사회가 원활하게 조정되고 있는 과정을 사회조직화라고 하지만, 이에 상반되는 사회해체의 현상은 사회에 있는 학교·가족 등의 기능장애, 사회적 기대와 실현수단의 차이, 구성원의 목표·관심·욕구 등의 개별화, 자원의 결손 등이 증진 또는 악화됨에 따라 일어난다. 범죄의 발생, 소년의 비행화는 이 사회해체의 계기 또는 결과를 나타내는 것이다. 사회해체론은 실업, 빈곤, 불화, 가족 간의 갈등, 질병 등의 여러 요인에 의해서 사회해체가 조장된다고 하는 과정을 분명히 함과 동시에 이 여러 요인이 범죄·비행의 발생에 관련된 것을 설명하는 것이다.

사회해체의 가장 중요한 가설이 되는 것은 일탈이 주로 지역사회에 기초한 제도적 통제의 붕괴로 야기된 결과라는 것이다. 그런데 이들 지역사회에 기초한 제도의 해체는 대체로 급격한 산업화와 도시화에 기인한 바가 크다. 즉 도시화와 산업화로 인한 급격한 사회변동은 지역사회의 제도적 또는 비공식적 사회통제를 약화시키는 사회해체를 경험하게 되는데, 이러한 사회해체는 대체로 도시화가 성장함에 따라 동심원지역(concentric zone)을 따라서 일어나게 된다. 이러한 사회해체를 경험하는 지역에서는 비행적 전통과 가치관이 관습적 전통과 가치관을 대체하여 공식적 또는 비공식적 사회통제를 약화시켜서 일탈이 야기된다고 할 수 있다.

쇼와 맥케이의 연구는 도시성장을 분석함으로써 범죄와 비행의 분포상태는 물론 그와 같은 도시범죄의 분포이유를 규명하고자 하기 위한 것이었다.[148] 그들은 공식통

148) Clifford R. Shaw & Henry D. McKay, *Juvenile Delinquency and Urban Areas*, University of Chicago Press, Chicago, 1969.

계를 이용하여 비행을 측정하고 비행이 발생한 곳이 아니라 비행소년이 살고 있는 지역을 중심으로 분석하였다. 그들은 시카고를 사방 1마일을 한 지역으로 하여 140개 지역으로 나누고 각 지역 소년법원에 회부된 비행소년들의 거주지역을 표시하였다. 또한 시카고를 동심원 지대로 나누고 각 지역과 지대에 거주하는 비행소년의 비율을 계산하였다.

쇼와 맥케이의 연구결과는 공동체 문제가 도시의 중심부에 밀집되어 있다는 것을 보여주고 있다. 인구의 이동이 심하고 문화적 갈등이 상존하여 사회의 비공식적 통제력이 약화된 과도기적 지역 도시중심부에 가까울수록 비행소년의 거주율이 높았으며, 방사선 모양을 따라서 중심부에서 멀어질수록 비행소년의 거주율이 하락하는 것으로 나타났다.

도시의 상업 및 사업의 핵심지역과 인접한 지역을 주거지역으로부터 상업지역으로 변해가는 전이지역(zone in transiton)이라 하는데, 비행률이 가장 높은 곳이 바로 이 전이지역이었다. 이러한 전이지역은 유동인구가 많고, 평균소득이 낮고, 주거 상황이 열악하며, 임대입주자가 많은 곳으로, 결손 혹은 파탄가정, 사생아 비율이 높으며, 이민가족과 유색인종 등 이질적 인종들이 섞어 사는 지역이다. 이 지역은 높은 비행률 이외에 성인범죄, 약물중독, 알코올중독, 매춘, 정신병 등의 비율도 높은 것으로 나타났다.

그러나 이러한 것들은 이 지역 내의 주민들이 생물학적으로나 정신적으로 비정상적이기 때문은 아니며 도시화에 따른 사회해체의 결과로 이해되어야 한다는 것이다. 오히려 그들의 범죄와 비행은 단순히 비정상적 사회 환경에 대한 정상적 사람들의 대응결과일 뿐이라고 한다. 또한 이와 같은 환경 하에서 범죄와 비행의 문화는 다음 세대로까지 전승된다고 한다. 이러한 사회해체의 현상은 미국의 다른 도시에서도 유사한 결과로 나타났으며, 시카고 지역에 대한 후속연구에서도 비행지역은 오랫동안 지속되는 것으로 나타났다.

지역과는 별도로 인종적 요인도 고려했으나 이에 대해서는 의미있는 결과가 나타나지 않았다. 즉 도심지역 주민들의 높은 비행률은 그 지역 인구의 인종적·민족적 구성의 변화에도 불구하고 몇 백 년 동안 일정하게 유지되었던 것이다. 도심지역으로부터 멀어지는 만큼 비행률도 하락하는 일정한 패턴은 모든 인종과 민족에서 공통적으로 나타났다.[149] 심지어 인구의 변동이 있을 경우에도 동일지역의 범죄정도는 이전과 마찬가지 수준으로 집중되고 있었다.

이러한 사회해체론에 대해서는 사회해체의 개념의 모호성으로 인해 사회해체 시기의 특정이 곤란하다는 점과 사회해체기가 아닌 시기의 범죄발생에 대한 설명이 곤란하다는 점이 문제점으로 지적되고 있다.

Ⅱ. 아노미/긴장이론

❶ 뒤르켕의 아노미이론

아노미/긴장이론은 미국사회의 높은 범죄율과 도시의 빈민주거지역, 하위계층 및 소수집단의 범죄 집중현상의 연관성을 설명하는 이론이다. 이 이론은 사회학 창시자의 한 사람인 뒤르켕(Emil Durkheim, 1858~1971)의 연구에 크게 의지하고 있다. 뒤르켕은 1893년 『사회의 노동 분업(The Division of Labour in Society)』이란 저서를 통해 산업사회의 발달에 수반되는 사회변동의 과정을 설명하였다.

뒤르켕은 이 책에서 가장 원시적 형태의 사회를 '기계적 연대(mechanical solidarity)'를 가진 사회라고 하고, 보다 진보된 형태의 사회를 '유기적 연대(organic solidarity)'를 가진 사회라고 표현하면서 완전히 기계적이거나 완전히 유기적인 사회는 없으며, 사회는 발전 상태에 있으므로 양극단 사이 어딘가에 위치하고 있다고 하였다.

기계적 연대란 공동의 규범과 강한 집합의식을 가진 전통사회의 결속형태를 말하며, 기계적 연대를 가고 있는 사회는 구성원들끼리의 획일성이 높고, 동일한 가치관·생활양식을 가지고 있으며, 노동의 분업도 희박한 것을 특징으로 하고 있다고 한다. 이러한 획일적인 기계적 사회에서는 구성원들은 일정한 방식으로 행동하여야 하며 그 이외의 방식으로 행동하는 것은 자제되어야 한다. 그러나 인간집단은 본질적으로 다양성을 내포하고 있으므로 어느 사회의 규범이 특정방식으로 짜여진다면, 항상 일정한 사람들이 이러한 방식에서 벗어나 행동할 수밖에 없게 된다. 그러므로 범죄는 항상 존재하기 마련이고 이런 의미에서 범죄는 사회의 정상적 특징이라고 한다. 이것이 뒤르켕의 '범죄정상설(normality of crime)'이다.

---

149) Ibid., pp.162-163.

획일적이고 기계적 연대를 특징으로 하는 사회는 산업화와 함께 유기적 사회로 나아간다. 노동 분업이 보편화되면서 사회는 다양화·전문화되며 획일성은 무너져간다. 이런 유기적 사회에서는 사회의 다양한 부분을 규제하여야 하므로 법률의 중요성이 더욱더 커진다. 그러나 급속하게 근대화가 이루어지는 시기에는 규제가 불충분해질 가능성이 크다. 이 시기에는 변화에 맞는 새로운 규제가 효과적으로 발달하지 못하여 과거의 규제방식을 잘 대체하지 못하기 때문이다. 뒤르켕은 그런 시기를 무규범 상태에 빠지는 시기라 하고 이를 아노미라고 부른다.150)

아노미라는 개념은 뒤르켕의 저서 중 가장 널리 알려진 『자살론(Suicide, 1897)』에서 전개된 것이다. 뒤르켕은 여기서 자살을 다음의 네 가지로 구별하여 설명하고 있다. 첫째, 아노미적 자살은 급격한 사회변동으로 개인의 행위를 규정짓던 규범적 규제력이 약화되어 인간의 욕구를 억제 또는 인도해 주지 못할 때 생겨난다. 둘째, 이기적 자살은 사람들이 사회로부터 유리되어 자기의 욕망에 내맡겨질 때 실현된다. 셋째, 이타적 자살은 집단구성원의 성원인 개인의 집단결속력이 강할 때 집단의 존속을 위하여 하는 자살을 말한다. 넷째, 숙명적 자살은 사회의 과도한 규제력에 의해 개인이 자살하게 이르게 하는 것을 말한다.

여기서 아노미적 자살은 경기의 관점에서 보면 불경기뿐만 아니라 경기가 활황일 때도 많이 발생한다고 한다. 경기활황 시기에도 각종 규범에 대한 혼란이 붕괴될 수 있기 때문이다. 뒤르켕은 이렇게 아노미라는 용어를 높은 자살률을 조장하는 한 요인으로서 현대사회의 무규범 혹은 사회통제의 결핍상태를 표현하기 위해 사용했다. 그러므로 아노미란 급격한 사회변동으로 개인의 행위를 규정짓던 집단이나 사회의 규범이 무규범 상태나 조건으로 빠져드는 것이라고 개념 규정할 수 있으며, 사회와 관계되는 인간의 속성이 아니라 사회구조적 속성에 관계되는 것이다.151)

❷ 머튼의 긴장이론

머튼(R. Merton)은 뒤르켕의 아노미 개념과 일탈범죄는 정상적이라는 관점을 현대

150) Emile Durkheim, *The Division of Labor in Society*, translated by George Simpson, London:The Free Press of Glencoe, 1933.

151) Emile Durkheim, *Suicide*, translated by John A. Spaulding and George Simpson, New York: The Free Press, 1951.

산업사회, 특히 미국의 상황에 적용했다. 아노미이론은 머튼에 의해 체계화되었으며 머튼의 아노미이론을 특히 긴장이론(strain theory)이라고도 한다. 뒤르켕은 아노미라는 용어를 주로 자살현상을 설명하는데 사용하는 것으로 국한시켰으나, 머튼은 이를 확대하여 일탈행위의 일반이론으로 정립하였다.

1938년 머튼은 「사회구조와 아노미(Social Structure and Anomie)」라는 논문을 발표하였다. 그는 이 논문에서 사회는 사람들이 추구하는 목표를 만들어 냄으로써 특정 개인의 욕망을 유발하고 조장하며, 또한 사람들이 그러한 목표에 도달할 수 있는 수단도 규정한다고 하였다. 그는 사회적으로 승인된 목표(문화목표)와 이러한 목표에 도달하는데 필요한 제도화된 사회적 수단 사이에 균형이 유지되는 사회를 통합사회로 규정한 반면, 사회적으로 승인된 목표와 그 목표에 이르는 제도화된 수단 사이에 괴리가 존재할 때 통합사회는 무너지며 이때 나타나는 사회적 모순을 아노미라고 하였다.

머튼은 이러한 수단과 목표의 괴리 현상인 아노미현상을 미국사회의 범죄현상에 적용하여 설명하였던 것이다. 그는 미국 사회의 가장 두드러진 문화목표를 부를 통한 성공으로 보았다. 그러나 미국은 성공이라는 목표가 사회적으로 승인된 수단보다 더 강조되는 사회라는 것이다. 즉 미국에서는 계층에 의하여 지속되는 수단과 목표 사이의 괴리가 다른 산업사회보다 더 깊이 존재한다는 것이다. 부모, 대중매체, 학교 등에서는 누구에게나 다 성공의 기회가 열려 있는 것으로 가르침으로써(소위 아메리카 드림) 문화적 목표는 보편화되어 있는 반면, 경제적 기회는 사회계층에 따라 제한되어 있기 때문에 단지 소수의 사람들만이 문화적 열망을 성취하고 이에 만족할 수 있다는 것이다. 교육, 직업적 기회 등 사회적 성공의 수단이 제한된 계층에게는 목표와 수단의 간극이 커지게 되며, 이 경우 아노미 조건이 유발되어 분노와 좌절이라는 긴장을 초래하게 되고 결국 일탈적 또는 비합법적 수단에 의존하게 된다는 것이다.[152]

머튼은 이렇게 문화적 목표와 제도화된 수단이 통합되지 않아서 생겨나는 긴장에 대응하는 적응유형(modes of adaptation)을 다섯 가지로 나누어 설명하였다. 그 다섯 가지 유형은 순응, 혁신, 반역, 의례, 패배 형으로 나뉜다. 순응(conformity)은 문화적 목표와 제도화된 수단을 고수하는 유형이다. 혁신(innovation)은 문화적 목표는 내면화되어 있지만, 그것을 달성할 제도화된 수단에 전념하지 못하고 그 제도화된 수단을

152) Robert K. Merton, *Social Theory and Social Structure*, Glencoe: Free Press, 1968.

거부하는 유형이다. 반역(rebellion)은 문화적 목표와 이를 달성하는 제도화된 수단을 포기하며 기존의 문화적 목표와 제도적 수단을 모두 거부하면서 새로운 문화적 목표와 제도적 수단으로 대치하려는 유형이다. 반역형은 확신범・정치범・테러범과 결부되기 쉽다. 반역형은 사회의 목표를 거부할 뿐만 아니라 그들 자신이 원하는 목표로 그것을 대치하려고 하므로 집권자에게 위협적 존재이다. 의례(ritualism)는 문화적 목표는 포기하고 자신이 안목에 맞게 낮추면서 동시에 계속해서 제도적인 규범에는 순응하는 유형이다. 머튼은 중간계층 내에서 하류층에 속하는 사람들 및 관료들이 이 유형에 속하는 경우가 많다고 보았다. 패배(retreatism)는 사회의 문화적 목표와 수단을 모두 거부하는 것으로 스트레스에 적응하는 경우이다. 알콜중독이나 약물중독, 성매매자, 부랑자 중에 이러한 유형을 찾아볼 수 있다.

머튼은 여기서 가장 흔히 있는 유형은 순응형이고, 혁신형을 범죄자들의 전형적인 적응유형으로 보고 이에 관심을 집중했다. 머튼은 혁신형에 대한 유혹은 경제적 수준과 관계없이 모든 사람에게 있다고 보고 화이트칼라 범죄의 대다수가 발각이 되지 않는 등 공식통계의 신뢰성이 없다는 점을 인식하기는 했지만, 그래도 혁신형에 대한 유혹은 하류계층에서 가장 크게 작용하는 것으로 보았다.[153] 머튼의 이러한 관점은 광범위하게 확산되어 특히 하위문화의 비행에 변용 적용되었다.

머튼의 아노미/긴장이론은 일탈적 또는 비일탈적 행위를 유형화할 수 있는 가능성을 보여준 이론으로 특정 개인이 비행에 빠지는 이유보다는 문화적 목표를 달성하기 위한 합법적인 수단을 얻지 못한 하류계층 또는 인종집단에 의해 범죄가 행해진다는 사회구조적 문제를 제기하였다는 점에서 높은 평가를 받는다.[154]

그러나 머튼의 아노미/긴장이론은 오늘날의 다양한 사회에 있어서 일체적으로 공유되는 문화목표가 존재하는가 하는 점, 하위계층의 비행이나 범죄원인을 설명할 수는 있으나 중류층이나 상류층의 범죄원인을 설명하지는 못하는 점, 단순히 쾌락을 위한 청소년비행 및 폭력적인 범죄행위에 대한 설명을 할 수 없는 점, 대부분의 사람은 아노미 조건 하에서도 동조형인 반면 일부는 범죄자이며, 동조하지 못하는 사람 중에서도 일부는 혁신형인 반면, 일부는 혁명형인 점을 설명하지 못하는 점을 비판 받고 있다. 또한 이 이론은 미국사회에 국한될 뿐, 그 외의 사회에서는 적용이 곤란하며 대

153) Ibid., p.168.
154) Travis Hirshi, op. cit., p.125.

체로 남성범죄에 초점을 맞추고 있다는 지적도 받고 있다.

❸ 비행하위문화론(theory of delinquency subculture)

코헨(A. Cohen)은 1955년에 출판된 『비행소년: 갱의 문화(delinquent boys: the culture of the gang)』라는 저서를 통하여 비행의 대부분이 개개인에 의해 발생되기보다는 집단적으로 발생한다는 것과 대부분이 비공리적이고 악의적이며 부정적이라는 점을 주장했다.155)

코헨은 하류계층의 슬럼지역에 공식적으로 인지된 비행이 지나치게 많은 이유는 중산층의 가치나 규범을 중심으로 형성된 사회의 중심문화와 하류계층 출신 청소년들에게 익숙한 생활의 차이에서 발생하는 긴장이나 갈등을 해결하기 위하여 그들 특유의 비행하위문화가 형성된 데 있다고 보았다.156) 즉 그는 하류계층의 청소년 사이에서 비행하위문화가 형성되고 이러한 비행하위문화가 청소년비행의 원인이라고 보았던 것이다. 비행하위문화란 범죄 집단이나 비행 집단에서 공유되고 있는 특정한 신념·가치관에 의한 생각이나 행동양식으로 범죄나 비행행위가 당연시되는 문화를 말한다. 코헨은 이러한 하위계층의 남자 청소년들 사이에서 발견되는 비행 하위문화에 대하여 머튼의 이론을 적용했다. 즉 목표달성의 어려움이 비행을 유도하는 긴장으로 이어진다고 파악하였던 것이다.

그러나 그는 머튼의 아노미/긴장이론이 비공리적 비행을 설명할 수 없다는 점에 대해서는 비판하였다. 그에 따르면 하위계층의 청소년들이 긴장을 경험하기는 하지만 이들의 긴장은 머튼이 설명하는 긴장과는 다르다는 것이다. 이들은 학교생활이라는 중간계층을 중심으로 하는 제도에 접하면서 자신이 속한 하위계층의 가치가 다르다는 것을 인식하고 이에 대한 지위좌절로부터 긴장을 경험하게 된다는 것이다. 이러한 긴장과 관련하여 하류계층의 청소년들은 세 가지 형태의 적응유형을 보이는데 그것은 중류계층을 모델로 삼아 열심히 공부하는 모범생(college boy), 지역사회에서 사소한 시비나 일탈의 양상을 보이는 일종의 거리배회청소년(corner boy), 그리고 집단을 이루어 물건의 파괴, 소란행위, 폭력 등을 일삼는 비행소년(delinquent boy) 등으로 나

155) Albert K. Cohen, *Delinquent Boys: The Culture of The Gang*, The Free Press, New York, 1955.

156) Ibid., p.25.

뉜다는 것이다.[157] 그리고 비행소년 유형의 경우 많은 하위계층의 청소년들이 동시에 경험하게 되기 때문에 이들의 비행도 집단비행의 형태를 띠고 있다는 것이다 .

코헨의 비행하위문화론은 비행소년 연구와 범죄사회학에 상당한 공헌을 하였으며, 비행소년들의 자기존중(self-esteem)과 위화감(feelings of inadequacy) 등에 관한 연구는 사회학과 심리학의 간격을 메우려고 시도한 것으로 높이 평가되고 있다.

그러나 킷슈스(J. Kitsuse)와 다이어트릭(D. Dietrick) 등의 학자들은 코헨의 이론에 대하여 경험적 관점에서 현실적으로 많은 청소년 비행이 집단적 반응이라기보다는 개인적으로 저질러지며, 실제 중간계층의 청소년이 저지르는 비행도 많은데 이를 무시하고 있다고 비판하고 있다.[158]

❹ 차별기회와 비행하위문화

코헨의 이론이 발간된 직후, 클라워드(R. Cloward)와 올린(L. Ohlin)은 차별기회이론(differential opportunity theory)이라는 비행이론을 제시했다.[159] 그들의 이론은 한편으로는 머튼이 아노미/긴장이론에서 문화적 목표로 꼽은 경제적 성공과 코헨이 비행하위문화론에서 문화적 목표로 꼽은 중류계층으로의 상승을 모두 각각 독립된 문화적 목표의 하나로 설정함으로써 양 이론의 갈등을 봉합하려고 하였으며, 또 다른 한편으로는 쇼와 맥케이의 사회해체이론과 서덜랜드의 차별접촉이론을 통합하려고 하였던 이론이다.

클라워드와 올린은 적법한 기회가 제한된다고 하여 무조건 불법적 기회를 채택하는 것은 아니라고 주장한다. 청소년들 사이에 적법한 기회가 박탈되면 비행행위로 나아가게 되는 긴장이 형성되는 것은 분명하지만, 어떤 비행에 관련될지는 그가 접하는 환경에 따라 달라질 것이다. 그들은 소수인종이나 소수민족의 소년들, 특히 대도시 중심가의 하위계층 소년들이 적법한 교육 및 직업의 기회를 박탈당하기 쉽기 때문에 그들은 높은 비행률을 가질 수밖에 없다는 점을 전제하는 점에서는 쇼와 맥케이의 사회해체이론을 배경으로 하고 있고, 하지만 그러한 사회해체의 환경에 접해있는 하

157) Albert K. Cohen, *Deviance and Control*, Englewood Cliffs, N.J.,: Prentice-Hall, 1968, p.129.

158) J. I. Kitsuse & D. C. Dietrick, "Delinquent boys: a critique", *American Sociological Review 24*, pp.208-215.

159) Richard A. Cloward & Lloyd Ohlin, *Delinquency and opportunity: A Theory of Delinquent Gangs*, The Free Press, New York, 1960.

위계층 소년들이 어떤 불법적 기회에 접하는가에 따라 하위문화나 집단비행의 종류가 달라지며, 이러한 불법적 기회는 그들의 성장공간이 되는 이웃이나 도시지역의 사회조직에 의해 결정된다는 점에서는 서덜랜드의 차별접촉이론과 일맥상통하는 점이 있다.

클라워드와 올린은 세 가지 형태의 하위문화가 있다고 말했다. 또한 클라워드와 올린은 비행집단이 다양한 불법행위를 수행하기는 하지만, 그들 집단 주위에 있는 불법적 기회에 따라 다소 특성화된 비행 하위문화를 개발한다는 점을 강조했다.

첫 번째 특성화된 비행하위문화의 주요유형은 '범죄적 하위문화(criminal subculture)'이다. 이 유형은 범죄로 성공한 성인 범죄자를 자신의 미래상으로 인식하고 어려서부터 범죄조직에 관련된 잡일을 함으로써 범죄적 가치나 지식을 습득하게 된다는 것이다. 이 유형은 불법적 기회구조가 발달된 지역에서 많이 나타난다. 주로 절도, 공갈, 사기와 같은 재산범죄를 저지르는 소년 갱단이 여기에 속한다.

두 번째 비행 하위문화의 주요유형은 '갈등적 하위문화(conflict subculture)'이다. 주로 폭력적 갱단에서 나타나는 유형이다. 이러한 조직은 불법적 기회마저 거의 가질 수 없는 사회적으로 해체된 지역에서 주로 발견된다. 이러한 문화에서는 본받을 수 있는 성인역할모델 자체를 거의 찾을 수 없다. 청소년들은 성인들의 세계로부터 소외되고, 그들이 접하는 대부분의 성인은 허약한 존재로 파악된다. 그들은 그 속에서 만용적인 폭력을 통해 지위를 획득할 수밖에 없게 되는 것이다.

세 번째는 비행 하위문화의 주요유형은 '도피적(retreatist subculture) 하위문화'이다. 여기서는 주로 약물 및 알코올 중독에 초점이 맞추어진다. 머튼은 도피적 적응양식을 개인문제로 생각했지만, 클로워드와 오린은 도피적 하위문화가 형성되고 유지되는 것은 결국 거주지역의 상태와 밀접한 연관이 있다고 보았다. 여기서는 목표와 수단이 모두 포기된다. 클라워드와 올린은 도피자 집단이 발견되는 주민유형을 특정하지 않았지만, 도피자들을 '이중적 실패(double failure)'로 묘사했다.

제2장 범죄정책

제1절 처벌을 통한 억제정책

Ⅰ. 개설

처벌을 통한 범죄억제는 범죄학에서의 '처벌을 통한 억제이론'에 근거한 범죄대책이다. 처벌을 통한 억제이론은 형법 및 형벌체계 등에 바탕을 두는 이론으로 18세기 이후 세계 각국의 형사정책에 미친 영향이 지대하였다.[1)]

처벌을 통한 억제이론에서는 국가의 형사사법기관이 중요한 역할을 하게 된다. 경찰로 대표되는 법집행기관은 범법자를 신속하고 확실하게 체포하며, 검찰과 법원은 엄격한 구형과 판결을 하며, 교정기관은 엄격한 형벌집행을 하게 된다.

하지만 형사사법기관의 이러한 역할수행은 하나의 수단에 불과하며, 궁극적 목적은 이러한 역할수행을 통하여 일반시민과 범죄자를 위하한다는데 있다. 일반시민에 대한 위하의 효과를 일반억제효과, 범죄자에 대한 위하의 효과를 특별억제효과라고 한다. 그러나 일반억제효과와 특별억제효과는 관념적 구분일 뿐 현실적으로 처벌을 통한 범죄억제정책은 일반억제효과와 특별억제효과를 동시에 발생시킨다. 즉 신속하고 확실한 체포 및 엄격한 처벌은 범죄자를 대상으로 하지만, 그것은 동시에 일반인을 상대로 한 일반억제효과를 발생시키는 것이다. 아무튼 범죄자를 신속하고 확실히 체포하고, 엄격하게 처벌함으로써 범죄억제의 효과가 극대화될 수 있다는 것이 처벌을 통한 억제정책의 핵심적 명제이다.

엄격한 처벌을 통한 범죄억제의 기본관념은 근대 형사법체계가 성립된 이후 그 주류적 위치를 뺏긴 적이 없었다. 1930년대에서 1960년대까지 미국 등에서 한동안 사회복귀모델에 의해 후퇴한 적은 있으나, 이러한 사회복귀모델이 실패한 것으로 보는 연구결과가 많이 나타나자, 1970년대 이후 다시 미국사회에서 주목을 받아 보다 엄격한 처벌의 위협이 더 큰 억제효과를 산출한다는 믿음 하에 미국에서의 모든 강경 형사사법정책의 주요한 논거가 되었다.[2)] 처벌을 통한 억제이론에 근거한 주요한 형사정책

1) 기광도, "법위반에 대한 처벌의 억제효과분석", 「형사정책」 16권 제2호, 2004, 9면.
2) Freda Adler, Gerhard O. W. Mueller & William S. Laufer, *Criminal Justice*, Mcgraw-Hill Inc., 1994, p.401.

으로는 사형의 부활, 가석방과 부정기형의 폐지, 교도소 수용자를 위한 선시제도 및 형기감축제도의 폐지 또는 제한, 양형지침과 강제적 양형을 통한 사법적 양형재량의 축소, 약물 및 폭력범죄에 대한 장기 구금형, 상습범에 대한 삼진 종신형, 소년범을 형사법원에 직접 기소, 전통적 보호관찰에 비하여 범법자를 사회 내에서 더욱 통제하는 가택구금과 같은 보다 엄격한 중간적 제재 등이 있다.[3]

이러한 형사정책은 범죄인을 주된 대상으로 하는 특별억제효과에 중점을 둔 정책이므로 재범억제영역의 전략이라고 할 수 있으나, 이러한 강력한 형사정책의 집행이 일반인들에게 알려져 일반인들에게 위하의 효과를 발휘하여, 일반인들의 범죄적 경향성을 억제하는데 기여하게 되면, 일반억제적 효과를 지향한 정책으로도 볼 수 있다. 결국 억제이론에 근거한 형사정책들은 일반억제적 효과와 특별억제적 효과를 동시에 지향하는 정책들이라 할 수 있다.

처벌을 통한 범죄억제이론에서 처벌의 확실성과 신속성을 높이는 전략은 주로 경찰수사 활동과 관련이 깊다. 범죄가 발생하게 되면, 범죄자를 신속하고 예외 없이 체포하여, 일반시민과 범죄자들에게 범죄를 범하면 반드시 처벌된다는 인식을 심어주는 전략이기 때문이다. 처벌의 확실성과 범죄율의 증감은 서로에게 영향을 미치는 요소가 된다. 처벌의 확실성이 높으면 범죄율을 낮출 수 있고, 처벌의 확실성이 덜하면 범죄율이 높을 수 있다. 그러나 역으로 생각하면 범죄율이 높으면 경찰 등 수사기관과 법원의 업무가 가중되어 처벌의 확실성을 담보하기 어렵게 되고, 범죄율이 낮으면 경찰 등 수사기관과 법원의 업무가 경감되어 보다 확실한 처벌이 가능하게 된다. 이렇게 처벌의 확실성과 범죄율의 증감 간에는 서로에게 영향을 미치는 반비례적 요소가 있는 것이다.

처벌을 통한 억제이론은 달리 사후적 범죄예방이라 하며, 범죄예방 측면에서는 간접적인 효과만을 기대할 수 있는 전략이다. 그러므로 진정한 의미의 범죄예방 전략으로 보기는 힘들 것이다. 이러한 처벌을 통한 억제의 효과에 대해서는 많은 논란이 있다. 경험적 연구에 의하면, 처벌의 확실성은 범죄억제에 긍정적 영향을 주는 것으로 밝혀지고 있으나, 처벌의 엄격성에 의한 범죄억제효과는 확실하지 않은 것으로 나타나고 있다.

---

3) Francis T. Cullen, "Assessing the Penal Harm Movement", *Journal of Research in Crime and Deliquency 32*, 1995, pp.338-358.

이러한 연구결과를 바탕으로 하여 억제이론에 대한 강력한 비판에도 불구하고, 강력범죄의 증가, 재범 증가 등의 범죄현상에 대하여 처벌을 강화함으로써 범죄에 대응하려는 경향은 여전히 강하게 남아있고 여론의 지지를 받고 있다. 전 세계적으로 과거 어느 때보다 교정시설에 수용된 재소자가 늘어났고, 미국에서의 부정기형제도의 폐지나 강제적 정기형의 강조, 보호관찰부 가석방의 폐지논란 또는 최근에 입법화된 삼진법 등이 이를 말해준다. 이러한 형사정책의 복고화는 지금까지 우리가 시도해 온 다양한 유형의 교정이나 형사정책이 사실상 범죄문제의 해결에 효율적이지 못했기 때문으로 볼 수 있다.[4]

Ⅱ. 강경한 입법

❶ 위험한 상습범에 대한 강경입법

입법적으로 위험한 상습범에 대한 강경한 형사제재의 방식에는 보안형벌 성격을 띤 무거운 형벌을 규정하는 일원적 방식과 형벌 외에 보안처분을 규정하는 이원적 방식이 있다. 국가별로 보면 현재 위험한 상습범에 대하여 형벌 이외에 보안처분을 규정하는 전형적인 이원주의를 취하고 있는 나라로는 우리 입법에 지대한 영향을 끼쳐온 독일을 위시한 스위스, 오스트리아 등 독일어권 국가들이 대표적인 경우이며 대부분의 유럽 국가도 이원주의를 취하고 있다.[5] 그러나 미국에서는 유럽과는 달리 상습누범의 범죄에 대한 제재로서 처음부터 형벌기간을 연장하는 방법으로 형벌을 가중하였으며 보안처분은 고려하지 않았다. 즉 형벌일원주의에 의한 부정기형을 취하는 것이다.

미국은 여타 유럽 국가들과는 달리 처음부터 보호감호를 실험해 본 적도 시행해 본 적도 없다. 형벌일원주의에 따라 단지 장기화된 부정기의 자유형을 부과하고 가석방위원회의 결정에 따라 석방한다.

---

4) 이윤호, 『형사정책』, 박문각, 1999, 665-666면.

5) 우리나라도 이러한 입법례에 따라 형법 이외에 사회보호법에서 보호감호를 규정하여 이원주의를 취하고 있었으나, 이중처벌·과잉처벌이라는 여론에 따라 2005년 6월 29일 사회보호법을 폐지하였고, 대신 보호감호 대상범죄 중 특정강력범죄가중처벌법의 적용을 받지 않는 형법상 강간죄 등을 특정강력범죄가중처벌법에 포함시키는 한편 상습절도의 경우 특정범죄가중처벌법을 개정해 양형을 강화하였다.

미국에서도 이러한 법률들을 합리적으로 정형화하여 진정으로 위험한 범죄인을 제대로 파악하려는 개혁노력들이 있었지만 전체적으로 보아 성공했다고 보기 어렵다. 그 근거로 들 수 있는 것은 무엇보다도 법률에 의해 처벌받는 형벌이 매우 무겁다는 것이다. 이러한 형벌 가중을 통한 사회보안의 경향은 근래 들어 더욱 심화되고 있는데 증가하는 범죄율과 누범률에 비례하여 형벌도 더욱 더 무거워지고 있고 또는 그 반대일 수도 있는 악순환이 반복되고 있다고 할 수 있겠다. 그 대표적인 예가 캘리포니아의 삼진아웃법이다.

반면에 독일을 위시하여 이원주의를 취하고 있는 유럽 국가들의 경우 형벌은 대체로 가벼운 편이며 극소수의 매우 위험한 상습누범에 대해서만 엄격한 요건 하에 보안감호를 부과하여 보안처분은 '간판사기'라는 오명을 피해가고 있다. 보안감호의 구체적 집행은 사회보안을 목적으로 출발하였지만 실제로는 범죄인의 개선을 위해 많은 노력을 기울이고 있다.

이렇게 볼 때 법 형식적으로 형벌일원주의를 취하는지 형벌과 보안처분의 이원주의를 취하는지는 실제로 큰 의미를 지니는 것은 아니라고 생각된다. 즉 보호감호를 폐지하고 일원주의를 취한다고 해서 인권침해 요소가 사라지는 것도 아니고 보호감호제도가 있지만 남용한다면 당연히 간판사기라는 비판이 따르기 때문이다. 여기서는 미국의 강경입법정책이 어떻게 변화하여 왔으며, 오늘날의 상황은 어떠한지에 대해 보기로 한다.

미국의 경우 식민지 시절인 1769년 최초로 뉴욕 주에 상습범법(habitual offender laws)이 도입되어 위험한 상습범에 대한 입법적 대응을 하기 시작하였다. 당시에 이미 범죄인 중 소수는 특히 높은 비율로 범죄를 저지른다는 것을 알았고 범죄가 증가함에 따라 그 제재로서 무거운 형벌 규정을 두었다. 그 후 1920년 6개 주가 동시에 상습누범에 관한 규정을 도입하였으며, 1920년에서 1930년 사이에 33개 주가 상습누범에 대한 형벌가중법률을 도입하였다. 20세기 중반에는 상습누범에 대하여 한편으로는 다양한 형태의 부과요건들과 다른 한편으로는 예외적으로 무거운 제재를 특징으로 하는 규정들을 두었다. 상습누범에 대한 처벌은 주로 이전에 선고받은 횟수, 범행의 종류, 의무적 또는 임의적 형벌가중의 문제 그리고 부정기형 또는 정기형에 대한 차이에 따라 다양하게 나타났다. 한 예로 1954년 미국법연구소의 보고에 의하면 24개 주(7개 주는 세 번째 판결 후에, 17개 주는 네 번째 판결 후에)가 상습누범에 대해서 종신형을 규정하고 있었다.

그러나 높은 범죄율과 상습누범비율 때문에 목적했던 결과를 얻을 수 없게 되자 지속적인 법률 개선의 노력을 기울였다. 1960년대 이후 제안되거나 행해진 개혁시도는 한 가지 점에서 일치하고 있는데 그것은 바로 상습누범을 일반범죄인보다 좀 더 강하고 장기인 자유형을 부과하는 것이었다. 또 하나의 개혁은 정말 위험한 범죄인을 제대로 파악하려는 시도였다. 상습누범 인정의 요건으로 이전에 받은 형벌의 횟수와 중대성을 확장하거나 재범속도에 주목하여 재량의 범위를 축소하려고 시도하였다.

미국의 형사제재는 유럽 국가들에 비해 상당히 무거운 편이다. 1980년대 중반 약 10여개가 넘는 주들이 일정한 요건 하에 사회내 처우의 가능성 없이 의무적으로 종신형을 선고하도록 규정하고 있다. 이에 필요한 전과에 관한 요건은 중범죄로 인한 하나의 전과에서부터 폭력으로 인한 3회의 중범죄까지 다양하다. 7개 주는 가석방에 대한 가능성과 함께 의무적으로 종신형을 선고하도록 하고 있는데, 이때 중범죄로 인한 1회에서 3회까지의 이전의 유죄판결을 요건으로 하고 있다. 2개 주는 상습누범에게 사회내 처우의 가능성 없이 임의적으로 종신형을 선고하도록 규정하고 있고, 10개 주는 사회내 처우의 가능성과 함께 규정하고 있다. 31개 주는 법관이 상습누범에 관한 규정들을 적용할 때 재량을 주고 있지 않다. 34개 주는 상습범법을 적용하는데 강제적으로 형량이 높아진 최소형벌 또는 최대형벌을 규정하고 있으며 소위 무력화(incapacitation)사상으로 표현하고 있다. 10개 주는 상습누범을 처벌하는 모든 규정이 통상적인 형벌범위와 모두 다르며 5개 주는 위험한 상습누범에 대해서 보호관찰을 위한 형의 연기를 인정하고 있지 않다.

8개 주는 행위자의 전과가 있는 경우에 정확하게 정하여진 양의 형벌을 가중할 수 있는 가능성을 두거나 가중하도록 의무조항을 두고 있다. 또 다른 8개 주는 통상의 양형에서 상습누범에 대한 형벌을 의무적으로 가중하는 것에 더하여 의무적으로 가중된 최소형벌 상습범법을 보유하고 있다. 근래에 위험한 상습범에 관한 법률을 개정한 30여개가 넘는 주에서는 일반적으로 강한 형법정책의 분위기 하에서 엄한 형사제재로의 뚜렷한 경향으로 가고 있다.

❷ 삼진 아웃법

이러한 강경한 입법정책의 대표적인 경우가 캘리포니아 주에서 시행되고 있는 삼진 아웃법이다. 삼진아웃법이 제정된 발단은 킴버 레이놀즈(Kimber Reynolds)사건이었다. 당시 18세 소녀였던 킴버 레이놀즈는 1992년 6월 29일 캘리포니아 고향에서 그녀의 손지갑을 강탈하려 했던 조 데이비스(Joe Davis)에게 총격을 당한다. 이 범인은 이미 다양한 종류의 폭력성 범죄로 여러 번 유죄판결을 받은 바 있으며 불과 2개월 전 보호관찰을 조건으로 석방되었었다. 피살자의 아버지 마이크 레이놀즈(Mike Reynolds)는 이것을 문제 삼아 누범자를 처벌하기 위한 법률을 만들었는데 그는 이 법률의 이름을 모든 미국인이 알고 있는 야구용어로 '삼진 아웃(Three strikes and you are out)'라고 하였다. 이 법률 초안은 어떤 범죄인이 두 번째로 형벌을 선고받으면 그 두 번째 범행에 선고된 형의 두 배를 부과하고 세 번째 범행에 대해서는 부정기의 종신자유형을 선고하도록 규정하고 있다.

마이크 레이놀즈는 먼저 자신의 제안을 관철시키려고 노력하였으나 별 성과가 없었다. 1993년 4월 두 명의 의원이 의회에서 발의하였으나 거부되었다. 유권자 운동을 통해 자신의 제안을 관철시키려는 시도도 충분히 서명을 받아내지 못해 좌절되었다.6) 그러나 1993년 10월 그를 지지하게 되는 엄청난 일이 발생하였다. 당시 12세였던 폴리 클라스(Polly Klaas)가 그녀 부모의 집에서 약취당한 후 얼마 지나지 않아 살해된 채로 발견되었던 것이다. 범행을 자백한 리차드 알렌 데이비스(Richard Allen Davis)는 누범이었다. 그는 다른 범죄들에 대한 전과도 많았지만 약취로 인한 전과가 두 번이나 있었다. 그의 마지막 형벌은 약취, 상해, 강도로 인한 16년의 자유형이었고 그 중 반절만이 집행된 후 석방되었었다. 이 범행에 대해 대중은 크게 분노하였고 이로 인해 재차 새로이 발의된 삼진아웃법률은 인정을 받게 되었다. 이 법이 제정될 수 있었던 이면에는 선거의 영향도 있었다. 이미 알려진 범죄증가추세는 선거전에 있어 중요한 역할을 하였고 누구도 범죄에 대해 유화적인 입장을 취하려 하지 않았다. 1994년 3월 삼진아웃법률은 의결되었고 곧 바로 발효되었다. 이리하여 캘리포니아 형법 제667조 (b)항에서 (j)항까지 위 내용이 삽입되게 되었다.

마이크 레이놀즈는 여기서 만족하지 않았다. 그는 유권자 운동을 통해 그 법률을

6) Vitiello, "Three Strikes and the Romero Case: The Supreme Court Restores Democracy", *30 Loy. L.A. L. Rev.*, 1997, p.1654 이하.

주(州)헌법에 규정되게 함으로써 쉽게 개정되거나 약화되는 것을 방지하려 하였다. 11월 8일 캘리포니아 선거인의 72%는 삼진아웃에 관한 규정인 '제안(proposition) 184'에 동의하였고 그 결과 이 내용은 캘리포니아 주(州)헌법의 일부가 되었다. 그리하여 이제 이 규정을 개정하거나 폐지하려면 총회뿐만 아니라 상원의 2/3의 찬성으로만 가능하게 되었다.

이러한 결과는 다른 주에도 많은 영향을 미쳤는데, 캘리포니아의 삼진아웃법 제정 이후 23개 주(州)가 좀 더 강한 처벌을 하기 위해 스스로 삼진아웃법을 모델로 삼은 법률을 공포하거나 이미 존재하던 법률을 보완하였다. 그러나 캘리포니아의 규정들은 양형의 엄격성과 법관의 재량을 인정하지 않는다는 점에서 다른 주의 규정들과 비교할 때 가장 강경한 입장을 취하고 있다. 캘리포니아의 삼진은 모든 종류의 세 번째 범죄에 적용되므로 이러한 종류의 법률 중에 가장 극단적이라 할 수 있다.

삼진아웃규정은 처음부터 심한 논란에 휩싸였다. 가장 자주 제기되는 반대의 논거는 이 법률은 감옥수형자를 증가시킬 것이고 캘리포니아 주는 이 비용을 감당하지 못할 것이라는 점이다. 따라서 삼진아웃법 반대자들은 과연 가장 효과적인 해결책을 발견하기는 하였는가에 대한 문제를 제기한다.[7] 반면 삼진아웃법에 찬성하는 입장에서는 이 법률은 폭력성범죄를 감소시킬 것이라고 주장한다. 그러나 삼진아웃규정의 적용에 있어서 세 번째 범행이 폭력성 범죄인가의 여부는 중요하지 않기 때문에 이 법률은 많은 경우 폭력적 범죄가 아닌 경우에도 적용된다.

삼진아웃법에 대한 또 다른 비판은 감옥수형자의 노쇠화를 초래할 것이라는 문제이다. 캘리포니아 형법 제667조의 (c)(3)에 의하면, 이전의 (중)범죄 판결과 현재의 (중)범죄 판결 사이의 시간적 간격은 형벌의 선고에 영향을 미칠 수 없는 것으로 규정하고 있다. 따라서 어떤 성인이 젊었을 때 두 번의 폭력성범죄를 저지르고 많은 시간이 흐른 후 그가 나이가 들어 범죄를 저질렀다 하더라도 세 번째 스트라이크가 되어 종신형을 선고받게 되는 것이다. 노쇠한 수감자는 젊은 수감자보다 더 많은 비용이 든다고 한다. 또한 이미 잘 알려진 사실, 즉 나이가 들수록 특히 폭력성 범죄는 감소하는데, 폭력성 범죄를 억제하기 위해 노쇠한 사람을 수감한다는 것이 문제점으로 지적된다.

---

7) Sze, "A Tale of Three Strikes: Slogan Triumphs Over Substance as Our Bumper-Sticker Mentaly Comes Home to Roost", *28 Loyola L.A. L. Rev.*, 1995, p.1053.

또한 삼진아웃규정에 반대하는 사람들은 세 번째 범행이 폭력범죄가 아니어도 적용되므로 모든 종류의 범죄를 종신형으로 처벌할 수 있게 되어 지나치게 적정성을 잃은 형벌을 과하게 된다고 한다. 이러한 경우에 해당하는 가장 유명한 사건이 제리 윌리암스(Jerry Williams) 사건이다. 제리 윌리암스는 어린아이에게서 피자 한 조각을 훔쳤을 뿐이지만, 그는 이전에 마약소지죄, 상해죄, 절도죄, 자동차불법사용죄, 강도미수 등으로 모두 네 차례 처벌받은 적이 있었으므로 그의 범행은 경범죄로 분류되는 정도의 절도였음에도 불구하고 그의 전과들이 경범죄에서 중범죄까지 형성되어 있으므로 세 번째 스트라이크 판정을 받게 되었다.

삼진아웃규정은 원래 위하작용을 통해 장래의 범죄를 방지하는 데에 기여하는데 목적을 둔 것이지만 상황에 따라서는 반대로 작용하기도 하여 오히려 목적했던 위하작용을 방해하기도 한다는 것이 문제점으로 지적된다. 삼진아웃규정 이전의 법률 하에서는 이전의 범행이 얼마나 중대 하였는가 그리고 이전에 몇 회의 범죄를 저질렀는가에 따라 형벌량이 산정되었기 때문에 범죄인은 자신의 행위에 대하여 범죄위험성과 범죄빈도를 가장 낮게 낮추려는 유혹에 이끌렸었다. 그러나 이제는 범죄인의 행위가 폭력을 사용했는지 아닌지와 상관없이 모든 범죄인을 동일하게 취급하게 되므로 이러한 위하의 작용을 방해하게 된다.

또한 삼진아웃법을 비판하는 사람들은 모든 범죄에 적용될 수 있는 세 번째 스트라이크로 인한 종신형 선고는 미국헌법상 잔인하고 예외적인 형벌금지의 원칙에 반할 수 있다고 한다. 따라서 많은 법관들은 세 번째 스트라이크를 적용하기를 거부하며, 이전의 유죄판결을 삭제하거나 마지막 범죄를 경범죄로 낮추는 방법 등으로 법률을 피해가고자 한다. 삼진아웃법의 이러한 적정하지 못한 면들이 주민들에게 점점 더 알려지면서 배심원들도 피고인의 증명된 전과가 하나이거나 없는 것으로 간주하여 세 번째 스트라이크를 점점 더 자주 피해가고 있다고 한다.

캘리포니아 형법 제667조의 (d)(3)은 소년법원의 결정도 일정한 요건 하에서 유죄판결로 간주되도록 규정하고 있다. 이 규정과 관련하여 합헌성에 대한 의심의 목소리가 높다. 왜냐하면 소년들은 성인들에게 보장된 절차상의 권리들을 똑같이 가지고 있지 않기 때문이다. 여기에 법치국가적으로 보장된 권리침해의 가능성이 엿보인다는 것이다.

❸ 미국의 여성폭력방지법

1994년 미국 의회는 여성폭력방지법(VAWA : Violence Against Women Act)을 통과시켰다. 무엇보다도 이 법의 제정은 여성에 대한 폭력문제의 심각성을 연방정부차원에서 인식하고 대책마련에 나섰다는 점에서 의미가 있다. 여성폭력방지법은 여성폭력과 관련한 새로운 처벌규정을 만드는 한편 위반자에 대한 처벌을 강화하고 피해자에 대한 보상을 의무화하는 규정을 새로 만들었다. 이를 위해 여성폭력의 전과가 있는 사람이 또 다시 여성폭력을 저지를 경우 처음 받은 처벌의 최대 두 배에 해당하는 처벌에 처하도록 했으며, 가해자는 민·형사상 배상 이외에 재판비용, 치료비용 및 정신적 피해를 모두 포함하는 비용을 배상토록 하고 있다. 이와 함께 가정폭력 발생시 연락할 수 있는 긴급전화 확대를 위한 지원을 규정하고 경찰의 의무적인 체포를 강조하고 있다.

이러한 법이 제정된 배경에는 여성폭력에 대한 형사사법기관의 개입이 이러한 여성폭력을 예방하고 감소시킬 수 있다는 여러 연구결과가 있었기 때문이다. 스트라우스(M. Strauss)는 가정폭력이 사회문제로 인식되지 못하는 가장 중요한 원인으로 가정폭력을 범죄가 아닌 다른 어떤 것으로 받아들이는 사회인식에 있다고 주장했다.[8] 한편 1993년 미 법무부 통계국이 여성폭력의 실태에 대한 보고서를 발표하면서 가정폭력의 심각성이 언론에 대거 소개됐고, 사회적 관심을 끄는 중요한 계기로 작용했던 것이다.

여성폭력방지법은 일차적으로 범죄의 일반 예방, 즉 아직 여성에 대한 폭력을 저지르지 않은 남자들에 대한 억제효과를 목표로 한다. 하지만 이법의 주된 목표는 이미 아내를 비롯해 여성에 대해 폭력을 한번이라도 행사한 경험이 있는 남성들에 대한 범죄억제 효과를 거두는 것이다. 즉 여성폭력범죄자의 재범률을 줄이고자 하는 것이 여성폭력방지법의 핵심목표라고 할 수 있다. 물론 여성폭력방지법의 제정에 따라 형사사법기관의 적극적인 개입으로 여성에 대한 전반적인 폭력범죄 억제효과를 가질 수 있다. 장기적으로는 여성폭력방지법 제정을 통해 형사사법기관이 여성폭력에 적극적으로 대응, 여성폭력에 대해 전통적으로 관대한 사람들의 인식과 태도를 바꾸는 것이 여성폭력방지법제정의 또 다른 목적이라고 할 수 있다.

---

8) Murray A. Straus, *The Violent Home: A Study of Physical Aggression Between Husbands and Wives*, Beverly Hills, CA: Sage Publications, p.23.

여성폭력방지법은 무엇보다도 연방차원의 법 제정이란 점에서 중요한 의미를 갖는다. 미국 형사사법체계 특성상 형법의 적용은 주 정부 등 지방정부 차원에서 이뤄지기 때문이다. 따라서 연방차원에서 개입할 수 있는 연방범죄는 그리 많지 않다. 하지만 여성폭력은 지역에 관계없이 연방차원에서 균일하게 적용된다는 점에서 큰 의미를 지닌다. 다시 말해 다른 어떤 특성도 고려하지 않고, 미국 내에서는 동일하게 여성에 대한 폭력행위는 물론 여성에 대한 보호조치 위반행위를 처벌하고 있는 것이다. 또한 성폭력 등 여성 관련 모든 강력범죄에 대해 경찰, 검찰 등 형사사법기관이 적극적으로 대응할 것을 의무화하는 획기적인 성격을 지니고 있다.

❹ 신상공개제도

신상공개제도와 관련한 대표적인 입법으로는 미국의 메건(Megan)법을 들 수 있다. 이 법은 1994년 뉴저지에 살고 있던 메건 칸카(Megan Kanka)라는 7살 된 소녀가 이웃의 성범죄 전과자에게 성폭행을 당해 숨진 뒤, 그 부모들이 만약 범죄자가 성범죄의 전과가 있었다는 사실을 알았다면 자신의 딸과 같은 피해자는 생기지 않았을 것이라고 하면서 성범죄자의 전과사실을 공개하는 법률을 제정하도록 연방의회에 촉구하여 1996년 미연방의회를 통과하여 제정된 법이다. 메건법은 청소년대상 성범죄자의 신상등록 및 지역사회에서의 신상공개를 규율한 연방 법률과 주 법률의 총칭으로 연방 메건법은 주 정부에게 메건법을 제정하도록 촉구하는 성격의 법률로서, 각 주에서 메건법을 제정할 때의 최소기준만을 제시하고 있으며, 이러한 연방 메건법의 기준에 따라 1999년 현재 미국 전체 50개 주에서 다소 정형화된 '성범죄자의 등록 및 공개에 관한 법'을 시행하고 있다.[9)]

메건법은 미성년자를 상대로 한 성범죄자가 복역 후 석방되더라도 경찰이 그 거주지를 이웃사람들에게 알려주는 제도이다. 메건법이 적용되는 대상은 미성년자에게 돈을 주거나 유혹해 성관계를 맺거나 강간한 사람이다. 지방검사의 신청에 따라 법원이 출소한 성범죄자의 위험성 정도를 결정하고, 경찰은 이에 의거해 성범죄자의 사진과 함께 이름, 나이, 신체적 특징, 관련 범죄, 거주지 등을 상세히 등록한다. 경찰은 이들 자료를 해당자의 거주지 주민에게 알려 피해를 예방하도록 하고 해당자가 이사를 하

9) J.T. Walker et al., *The Influence of Sex Offender Registration and Notification Laws in the United States*, Little Rock, AR: Arkansas Crime Information Center, 2005.

더라도 관할 경찰은 계속 자료를 넘겨받아 이웃에 고지하도록 하고 있다.

메건법의 운영 형태는 주마다 약간씩 다르다. 뉴욕 주의 경우 10대 매춘 상대자의 사진과 명단을 아예 소책자로 만들어 주민들에게 나눠주고 있으며, 텍사스 주는 성범죄자의 집과 자동차에도 이를 표시하도록 하고 있다. 또한 등록 자료를 인터넷으로 공개하고 있는 주도 32개 주에 이르고 있다.

이러한 신상공개제도는 성범죄가 나날이 증가하고 흉포해지는 상황에 비추어 청소년대상 성범죄를 근절하기 위해서는 기존의 형사제재 수단만으로는 한계가 있다는 공감대 위에서 도입된 제도이다. 이 제도는 경찰의 성범죄자 관리를 용이하게 하고, 주민에게는 성범죄자가 어디에 살고 있는지를 알려주어 성범죄자들의 재범을 예방하여 지역사회를 보호하는데 초점을 두고 있다. 또한 신상공개제도는 외형적으로는 단지 사실상의 정보제공의 형태로 보이지만, 실질적인 내용은 당사자에게 사회적으로 낙인을 씌어서 정상적인 사회복귀를 봉쇄하는 치욕형적인 특징을 가진다. 이것은 일반인들의 경각심을 일으키게 하여 일반인들이 청소년대상 성범죄충동을 억제하도록 하는 효과를 가져 오게 된다. 즉 일반억제의 효과도 염두에 두고 있는 제도라 할 수 있다. 신상공개제도는 일반예방적인 기능만 가지고 있지, 범죄자의 교화 및 개선을 통한 재범방지라는 특별예방적 기능을 내포하고 있지는 않다. 또한 일반인은 신상공개를 두려워하지만, 일단 신상이 공개된 범죄자에게는 신상공개라는 수단이 이전 만큼 위하력을 보유하지 못할 것이다. 즉 특별억제의 효과는 일반억제의 효과보다는 적을 것이다.

이 제도가 어느 정도의 효과를 거두고 있는가에 대해서는 아직 속단하기 힘들다. 왜냐하면 법률이 제정된 지가 그리 오래되지 않았기 때문에 그 효과성을 검증할 만큼 충분한 자료가 아직 축적되지 않았기 때문이다.

III. 억제와 형사사법

❶ 경찰단계에서의 억제

(1) 경찰력 강화와 억제

경찰기관은 범죄를 직접 다루는 조직이므로 경찰력의 규모가 범죄의 억제에 얼마나 영향을 미치는가는 정책의 중요한 관심사이다. 경찰력(경찰예산 및 경찰인력) 강화는 범죄 수를 감소시키는가 아니면 범죄 수의 증가가 경찰력의 강화를 초래하는가? 경찰력과 범죄억제 사이의 관계에 대해서는 많은 논의가 이루어져 왔지만, 학자들의 연구결과는 일관적이지 않다.

에리히(I. Ehrlich) 와 마크(R. Mark)의 연구에 의하면, 경찰력의 증가는 범죄를 감소시키는 부의 관계를 가지는데 비해, 범죄의 증가는 경찰력을 증가시키는 정의 관계를 가진다고 보았으며, 경찰력과 범죄와의 관계는 상호 결정적이라고 규정하였다.[10] 윌슨(J. Wilson)과 볼랜드(B. Boland)의 경우도 미국의 35개 대도시의 1974년도 자료를 수집하여 분석한 결과, 강도 발생률은 강도 범죄의 체포율과 강한 부의 관계를 갖는다는 것과 체포율은 경찰력의 자원 및 적극적 활동에 비례한다는 것을 밝혀냈다. 따라서 경찰력을 강화시키고 경찰이 적극적으로 활동하면 범죄발생은 감소한다고 한다.[11] 그 후 샘슨(R. Sampson)과 코헨(J. Cohen)도 미국 10만 명 이상 171개 도시의 1980년 자료를 통하여 검증하였는데, 경찰의 적극적 활동은 다른 사회적 조건들이 통제되었을 때, 직접적으로 강도 범죄의 억제에 영향을 미친다는 것을 밝혀냈다. 따라서 이들은 경찰활동의 범죄억제효과를 인정하고, 경찰은 검문검색 등의 적극적인 전략을 통하여 범죄를 억제할 것을 주장하였다.[12]

경찰관 수의 큰 변화는 어떤 상황에서는 범죄율에 영향을 미칠 수 있다. 가끔 어떤 한 지역에 단기간에 경찰관을 투입하면 범죄가 감소할 수 있다. 그러나 이러한 정책은 현실적 한계 때문에 오랫동안 지속될 수는 없다. 어떤 지역에 경찰관의 숫자를 갑

---

10) I. Ehrich & R. Mark, "Fear of Deterrence", *The Journal of Legal Studies 6*, 1977, pp.293-316.

11) J. Q. Wilson & B. Boland, "The Effect of The Police on Crime", *Law & Society Review 12*, 1978, pp.367-390.

12) R. J. Sampson & J. Cohen, "Deterrent Effects of The Police on Crime: A Replication and Theoretical Extension", *Law & Society Review 22*, 1988, pp.164-189.

자기 늘리고, 제재를 강화하고, 체포의 위협을 높였을 때 비록 일정기간 후에 억제의 효과가 감소되기는 했지만 최초의 억제효과는 있는 것으로 나타났다. 또한 관련 연구는 경찰의 집중적 투입이 끝난 후에도 억제효과가 지속되는 것을 보여준다. 일반적으로 최초의 억제효과는 빨리 감소하지만, 기간을 한정하여 경찰력을 집중적으로 투입하고 경찰력이 이 지역에서 저 지역으로 순환된다고 가정하면 잔여의 억제효과는 대단히 효과적임을 보여준다.[13] 정복 경찰관이 별로 보이지 않을 때는 범죄율이 증가하는 원인이 될 수 있다. 미국의 몇몇 도시에서 정전이 일어나 경찰자원이 혹사당했을 때 폭동이 발생했던 적이 있었다. 1944년에 나치가 덴마크 경찰을 체포했을 때 강도, 절도의 비율이 체포된 자에게 엄격한 처벌이 선고되었음에도 불구하고 비약적으로 증가하였다.[14] 반면, 경찰파업을 경험했던 11개 도시에 대한 연구에서는 그 파업이 범죄율에 중대하게 영향을 미쳤다는 증거는 거의 없었다.[15]

이와 반대로 경찰력의 강화가 범죄억제에 효과가 있다는 연구에 대한 비판도 있다. 야콥(H. Jacob)과 리치(M. Rich)는 미국 10개 도시의 1948년부터 1978년까지 시계열 자료를 사용하여 경찰의 자원과 활동이 범죄율에 미치는 영향을 분석했는데, 단지 3개 도시만 범죄 체포율과 발생율의 관계가 부의 관계로 나타났고, 6개 도시에는 정의 관계를 보였다. 즉 경찰활동이 증가함에도 불구하고 범죄율은 오히려 높아진 것으로 나타났던 것이다.[16]

(2) 체포의 위험과 억제

정치가와 대중들은 일반적으로 경찰이 체포를 통하여 범죄를 억제한다고 생각한다. 1995년 미국에서 체포에 의해 해결된 범죄의 비율지수를 보더라도 범죄자가 체포될 가능성이 대단히 높은 것으로 평가되어 있다. 그러나 이러한 통계 수치로부터 곧바로

---

13) Lawrence W. Sherman, "Police Crackdowns: Initial and Residual Deterrence", in Michael Tony & Norval Morris(eds.), *Crime and Justice: A Review of Research*, Vol. 12, Chicago: University of Chicago Press, 1990, pp.1-48.
14) Johannes Andenaes, *Punishment and Deterrence*, Ann Arbor: University of Michigan Press, 1974.
15) Edwin H. Pfuhl, "Police Strikes and Conventional Crime: A Look at the Data", *Criminology* 21, 1983, pp.489-503.
16) H. Jacob & M. J. Rich, "The Effects of The Police on Crime: A Rejointer", *Law & Society Review 16*, 1981, pp.171-172.

체포를 통하여 범죄를 해결하는 비율이 높다고 결론 내릴 수는 없다. 왜냐하면 많은 범죄가 경찰에 의해 보고되지 않거나 기록되지 않기 때문이다. 또한 비록 재산범죄보다 폭력범죄의 체포비율이 더 높게 나타난다 하더라도 이러한 높은 체포비율이 바로 폭력범죄를 억제하는데 기여한다고 단정 지을 수도 없다. 왜냐하면 폭력범죄자들은 기질적으로 자주 폭력성을 표현하는 경우가 많고, 경찰이 접근하기 어려운 아주 사적인 영역에서 발생하기 때문에 폭력범죄에 대한 체포비율이 높다고 하여 이 범죄가 더 쉽게 억제되지는 않을 것이다. 반면 재물범죄는 대개 위험과 보상에 대한 고려를 하는 경우가 많기 때문에 경찰에 의해 해결되는 경우가 폭력범죄보다는 낮을 것이고 그럼으로 해서 재물범죄도 쉽게 억제하기 어려울 것이다.

그러면 경찰은 체포의 위험성을 높임으로서 범죄를 억제할 수 있을까? 몇몇 학자들의 연구에 의하면 범죄해결율과 범죄율 간의 반비례관계가 있다고 한다. 달리 말하면, 경찰이 범죄를 더 많이 해결하면 할수록 그런 종류의 범죄는 많이 줄어든다는 것이다. 그러나 또 다른 연구에 의하면 높은 범죄 해결률이 범죄를 감소시킨다는 일관된 증거는 없다고 한다. 이렇게 경찰에 의한 체포의 위험과 범죄의 억제 간에는 아직 일관된 경험적 연구결과가 나타나지 않고 있다.

❷ 재판단계에서의 억제

(1) 유죄판결과 억제

일반적으로 범죄율과 유죄판결의 위험 간에는 서로 반비례의 관계가 있는 것으로 주장된다. 즉 낮은 범죄율은 높은 선고형과 관련이 있다고 한다.[17] 경찰력 강화와 억제에서와 마찬가지로 여기서도 동시성의 문제가 나타난다. 즉 유죄판결을 받을 위험이 낮은 경우 범죄율이 증가할 수도 있지만, 높은 범죄율 또한 유죄판결률을 낮출 것이다. 범죄발생률이 높으면 검찰이 이를 모두 해결할 인력이 없기 때문에 모든 용의자를 재판정에 세우는 것이 어렵게 되고, 또한 선부른 준비 때문에 재판에서 진다면 유죄판결의 위험을 감소시킬 것이다. 또한 높은 범죄율은 법원의 업무를 경감시키기 위해 유죄거래에 의존하는 비율을 높일 것이다. 이것은 유죄탄원을 많이 생산할 것이

17) Alfred Blumstein, Jacqueline Cohen & Daniel Nagin, *Deterrence and Incapacitation: Estimating the Effects of Criminal Sanctions on Crime Rates*, Washington, D.C.: National Academy of Science, 1978.

고 중요한 책임에 관한 유죄판결이 거의 없게 할 것이다.

(2) 부정기형과 억제

현재 미국에서는 부정기형제도가 여전히 지배적인 선고제도로서 채택되고 있다. 현재 36개 주와 콜롬비아 자치구는 부정기형 제도를 채택하고 있다. 이렇게 다수의 주가 부정기형 제도를 채택하고 있는 것에 비하여 단지 14개 주만이 정기형을 주된 자유형의 선고제도로서 채택하고 있다.

정기형제도에 해당되는 대표적인 주가 서부의 캘리포니아 주이다. 일찍이 다른 미국의 주와 마찬가지로 캘리포니아 주도 1917년에 부정기형 제도를 도입하였고 1944년에는 완전히 부정기형이 지배하였다.[18] 형벌의 목적도 범죄자의 개선에 있었다. 그러나 1960년 후반부터 개선행형에 대해서 회의가 일기 시작했다. 그리고 1970년 초에 이르러 교화프로그램은 수형자의 재범에 별로 중요한 영향을 끼치지 못했다는 연구결과가 나왔다.[19] 그러다가 드디어 1976년 제정되고 1977년 1월에 시행된 '동일 판결법(the uniform and determinate sentencing act)'에 의하여 부정기형제도의 원칙은 포기되었다. 즉 초중범죄와 몇몇 특별사례를 제외하고는 오직 정기형 제도를 채택하였다. 이를 통해 캘리포니아 주는 가장 순수한 부정기형 제도에서 정기형 제도로 변경한 주로 평가된다.

정기형 선고제도 중에는 고정형 선고가 있는데, 고정형의 선고란 보호관찰부 가석방의 여지가 없는 정기형을 선고하는 것을 말한다. 1975년 매인(Maine) 주가 처음으로 부정기형 제도와 보호관찰제도를 폐지하였다. 그리고 1993년 이래로 적어도 24개 주에서 시행되고 있는 삼진아웃법도 3번째 중죄의 유죄자에게 가석방없는 무기형을 부과하는 것이기 때문에 일종의 고정형(definite sentence)에 해당한다. 이 제도의 목적은 중대한 누범자를 거리에서 추방하는데 있다. 대부분의 주는 폭력범죄자를 대상으로 규정하지만 일부 주에서는 모든 중죄에 적용된다. 캘리포니아 주는 후자에 속한다. 그 때문에 캘리포니아 주에서는 과잉처벌이라는 이유로 많은 상소재판이 계류 중에 있고 수정판결도 나오고 있다. 또한 미시간 주에서는 1978년에 650그램의 헤로인

18) Malcolm Davies, *Penological Esperanto and Sentencing Parochialism, A Comparative Study of the Search for Non-Prison Punishment*, Dartmouth, 1996, p.38.
19) M. Davis, "Determinate Sentencing Reform in California and its Impact on the Penal System", *British Journal of Criminology* Vol. 25, 1985, p.3.

또는 코카인을 소지, 제조, 판매하다가 체포된 자는 가석방 가능성이 없는 무기형이 강제적으로 선고되어야 한다는 소위 '650 무기형 법률(650 lifer law)'이 제정되기도 하였다.[20]

(3) 일부 집행유예제도

일부 집행유예제도란 상습적인 폭력, 음주운전 등의 교통사범, 환경사범, 공중위생 및 식품위생사범 등과 같이 장기자유형이나 집행유예를 선고하기 부적당한 범죄들에 대해서 단기자유형의 선고빈도를 높여 동 범죄들에 대한 일반예방적 효과를 달성하고 법질서의 효력을 강화하고자 하는 제도이다.

일부 집행유예제도는 불구속피고인에 대한 집행유예 선고 시 해당 범죄가 비교적 중한 범죄일 경우에는 최소한 30일의 형 집행을 받는다는 전제하에 나머지 형의 집행을 유예하는 것을 내용으로 하고 있다. 예컨대 법원이 자유형 10개월을 선고하면서 그 중 8개월만 집행을 유예하는 경우를 생각해 볼 수 있다. 이렇게 되면 피고인은 먼저 2개월의 실형을 살아야 하며 나머지 8개월은 그 집행이 끝나고 난 뒤에 비로소 집행유예 상태로 들어가게 된다.

지금까지는 집행유예가 선고되면 전혀 형을 살지 않아도 되기 때문에 집행유예는 곧 무죄방면과 같다는 식의 인식이 자리 잡고 있다는 점에서 일단 부분적으로 형을 집행하고 나머지에 대해서만 집행을 유예하는 제도는 상당히 새로운 제도임에 틀림없다. 그리고 형의 일부 집행유예제도는 일부만 형의 집행을 받고 조기에 석방된다는 점에서 가석방과 비슷한 점을 가지고 있다. 그러나 가석방은 조기석방의 여부와 시기가 처음부터 정해져 있는 것이 아니고 수형자의 수형성적을 바탕으로 행정기관에 의해 사후적으로 결정되어 진다는 점에서 조기석방여부와 시기가 처음부터 법원에 의해 결정되는 일부 집행유예제도와 차이를 가지고 있다.

우리나라와 달리 미국, 영국, 오스트리아 등을 포함한 여러 선진제국에서는 형의 일부 집행유예제도가 인정되고 있다. 미국에서는 현재 오하이오 주를 비롯한 14개 주에서 일부 집행유예제도인 충격보호관찰(shock probation)제도가 실시되고 있는데, 충격보호관찰이 선고되면 90일~120일에 해당하는 단기간의 실형이 먼저 집행되고 잔여

20) 그 후 이 법률은 심각한 반대여론에 부딪혀 1998년 선고형이 최소 20년으로 감축되는 것으로 개정되었다.

형기는 집행유예에 처해진다. 영국에서는 지난 1983년부터 일부 집행유예제도가 실시되고 있는데, 법원은 3월 이상 2년 이하의 징역형에 해당하는 범죄에 대해 일부 집행유예제도(partly suspended sentence)를 선고할 수 있다. 이때 즉시 집행되어야 할 형기는 적어도 28일 이상이어야 하나 전체 형기의 3/4 이상을 초과할 수 없도록 하고 있다. 그리고 잔여형기에 대한 유예기간은 따로 정해지는 것이 아니라 피고인이 즉시 집행되는 형기를 마치고 출소한 날로부터 전체 형기의 마지막 날까지가 유예기간이 된다. 오스트리아는 1987년 형법 개정을 통해 형의 일부 집행유예제도를 도입하였는데 오스트리아 형법 제43조 a는 3년까지의 자유형에 대해서 뿐만 아니라 벌금형에 대해서도 일부 집행유예제도를 인정하고 있다. 그 외 일부 집행유예제도를 인정하고 있는 나라로는 프랑스, 벨기에 등이 있다.

반면 독일은 형법 제56조 제4항에서 '형의 집행유예는 형의 일부에 제한될 수 없다'라고 규정하여 명문으로 형의 일부 집행유예를 부인하고 있다. 집행유예제도를 도입하게 되면 비교적 가벼운 죄를 범한 법 위반자에게도 구금경험을 주게 되므로 범죄 진압효과가 나타날 수 있게 된다.

❸ 시설구금과 억제

감금의 위험이 덜 할 때 범죄가 보다 일반적으로 될 것이기 때문에 범죄율은 구금의 위험과 반비례의 관계에 있다고 볼 수 있다. 그러나 관련 연구에 의하면 실제 구금기간과 범죄율 간에 확실한 반비례관계가 있는 것은 아니라고 한다. 또한 구금기간이 줄어들었다고 하여 범죄가 일관되게 증가하지도 않는다고 한다. 동시성의 문제도 명확하게 나타나지 않고 있다. 즉 구금이 범죄율에 효과를 미치는지 여부가 명확하지도 않고, 범죄율의 증가가 구금의 위험성에 영향을 주는지도 명확하지 않고, 양자가 모두 진실인지도 명확하지 않다.

1970년대 초반까지 미국의 사회내 처우제도에 흐른 이념은 범죄자의 재활과 치료였다. 그러나 1970~1980년대 들어와서 미국의 정치 분위기는 입법·행정·사법의 전 영역에서 '범죄에 대한 응보'와 '범죄자의 시설내수용과 엄격한 감독'을 중시하는 이른바 '범죄통제모형(crime control model)'이 강조되었다. 왜냐하면 재활모델은 비용이 너무 많이 들고 중범죄자에 대한 개선효과가 없는 것으로 보고되었기 때문이다.

따라서 1980년대에 들어서면서 비용을 줄이면서 처벌과 사회방위의 효과를 동시에 누릴 수 있는 행형모델로의 변경이 요청되었다. 즉 행형의 중점이 범죄자 개선에서 사회보호를 위한 처벌로 바뀐 것이다. 폭력범·누범의 시설내수용, 장기형, 판결 시 반드시 시설내수용 판결을 내려야 하는 필요적 실형(mandatory sentence), 보호관찰자·가석방자의 엄격한 감독 등으로 수용자 수, 수용기간, 보호관찰자 수가 모두 증가했다. 강도에게 사슬계구를 다시 사용하거나 교도소에서 TV, 운동기구, 대학교육과정을 없애버린 주도 나타났다. 이러한 응보적 범죄통제 정책이 범죄율을 감소시켰다고 긍정적으로 보는 견해도 있지만, 다른 변수의 영향이나 범죄연령집단에 남성수가 적은 점 등을 이유로 부정적으로 보는 견해도 있다.

행형의 중점이 범죄자 개선에서 사회보호를 위한 처벌로 바뀌면서 필연적으로 시설구금의 증가를 가져왔다. 미국의 '사법통계국(the Bureau of Justice Statistics; BJS)'은 매년 6월과 12월에 수용자의 통계를 조사하는데, 시설 내 수용률이 1940~1950년대에는 인구 10만 명 당 110명 정도로 유지되다가 갱생과 지역사회교정이 강조되던 1960년대 후반에 약간 줄었고, 이후 지난 8년간 미국의 범죄가 감소하는데도 수용자 수는 계속 늘고 있다. 수용률이 1972년에 인구 10만 명 당 98명에서 2000년에 476명으로 증가하였는데, 여기에는 주와 연방 교도소에 수용된 남성 1,276,053명과 여성 90,668명, 또 지방 구치소에 수용된 605,943명이 포함된다.[21] 수용자의 증가는 전국에 걸쳐 고르지 않고 지역에 따라 차이가 나는데, 증가율 상위 10개 주 가운데 애리조나(Arizona), 델라웨어(Delaware), 네바다(Nevada) 주를 제외한 7개 주가 남부에 위치한다. 미국에서 시설내 수용자가 증가하고 또한 상황이 비슷한 주에서 수용률에 차이가 나는 구체적인 이유는 다음과 같다.

첫째, 체포와 구금의 증가이다. 범죄문제에 지원된 기금의 영향으로 체포(arrest)와 구금(incarceration)이 늘어나면서 시설내 수용자가 늘었다. 예컨대, 1980년과 1994년의 통계를 비교하면, 체포 후 구금가능성이 마약위반(drug violation)은 5배, 무기범죄(weapons offense)는 4배, 절도(larceny-theft), 자동차절도(motor vehicle theft), 성폭행(sexual assault)은 2배 증가했다. 그리고 주교도소의 신입자 수는 42% 증가했는데, 여기에는 판결 후 바로 교도소에 수용된 경우와 보호관찰·가석방의 조건위반으로 다시 교도소에 수용된 경우가 포함된다.[22]

21) Bureau of Justice Statistics, *Bulletin*, August 2000.

둘째, 필요적 실형과 장기수용의 관행이다. 범죄에 대한 강경한 여론이 필요적 실형과 장기간 수용의 관행을 가져왔고, 이것이 수용자 수를 증가시켰다. 연방과 주정부는 지난 수십 년간 대부분의 범죄에서 형량을 높이는 법을 통과시켰고, 법원에서 보호관찰보다 장기의 징역형을 선고하는 비율이 높아졌다. 또 가석방위원회(parole board)의 첫 심사에서 석방되는 비율도 낮아졌다. 예컨대, 가석방자가 1990년에 주(州) 수용자 100명 당 37명에서 1996년에 31명으로 줄었고, 폭력범의 평균 수용기간은 1993년에 43개월에서 1997년에 49개월로 늘었다.[23)]

셋째, 교도소의 신축과 증축이다. 범죄자를 처벌하라는 여론에 힘입어 연방과 주의회가 비용이 비싼 교도소의 신축과 증축을 승인하여 건설되었고, 형사재판의 법관은 지역사회내의 보호관찰보다 신축·증축된 교도소내의 구금판결을 선호했다.[24)] 결국 교도소의 새로운 공간이 채워지면서 전체 수용자 수가 늘어났다. 교도소 건설 사업이 1990년대 전반부에는 연방과 주에 213개의 교도소를 지을 정도로 성장산업이 되었다.

교도소의 신축이 어떻게 전체 수용자 수를 증가시키는지 코네티컷(Connecticut) 주의 경우를 구체적으로 살펴보면 다음과 같다.[25)] 갱생과 지역사회교정을 중시했던 코네티컷 주의 경우, 수용률이 1981년에는 인구 10만 명 당 95명으로 전국 평균 135명보다 낮았다. 그러나 1980년대에 범죄에 대한 강경한 여론에 힘입어 입법자들이 '양형법(sentencing law)'을 강화하고, '가택구금(supervised home release)'을 폐지했으며, 필요적 실형을 제도화하면서 수용률이 증가하고 교도소가 과밀화되었다. 그러자 코네티컷 주는 경기가 상승하고 예산이 흑자였던 1987년에 13개 교도소를 신축하고 9개 교도소를 증축하여 수용자 수를 배가하는 10억 달러의 교도소건설프로그램을 발주하였다. 그러나 완성시기였던 1990년대 초기에는 경기가 후퇴하고 예산이 적자여서 급증한 교도소 운영비를 충당하기가 어려웠다. 이후 코네티컷 주 교도소에 신입자 유입이 지속되면서 1985~1997년 사이에 수용자 수는 5,790명에서 14,100명으로, 교정예산은

---

22) A. Beck, "Growth, Change, and Stability in the U. S. Prison Population, 1980-1995", *Corrections Management Quarterly 8*, January 1997, pp.10-11.
23) F. Butterfield, "Inmates Serving More Time, Justice Department Reports", *New York Times*, January 11,1999, A10.
24) J. D. Davey, *The Politics of Prison Expansion*, Westport, Conn: Praeger, 1998, p.84.
25) George F. Cole & Christopher E. Smith, *Criminal Justice in America*(3rd ed.), Wadsworth: Belmont, Calif., 2002, p.267.

9,250만 달러에서 41,700만 달러로 늘어났고, 수용률은 인구 10만 명 당 127명에서 387명으로 늘어나 북동부지역에서 가장 높아졌다. 마약범죄 이외에 공식적 범죄수가 증가하지 않았던 코네티컷 주가 연간 20%의 교도소 성장률을 기록하면서 수용률에서 다른 주를 앞질렀던 것이다.

시설구금이 증가한 네 번째 이유는 마약과의 전쟁 때문이다. 미국에서 1980년대 후반부터 되풀이되는 정치과제 중의 하나가 마약과의 투쟁이었다. 정제 코카인으로 지역사회가 황폐화되고 살인율이 증가하던 시기에 레이건 행정부(1981~1989)는 마약과의 전쟁을 선포하면서 연방의회에 마약 담당직원과 교도소 공간을 위한 기금확충을 요구했고, 연방의회는 1987년에 연방마약법 위반에 대해 엄격한 필요적 실형을 의무화하는 양형법을 제정했다. 이것이 다른 많은 주의 입법에 영향을 미쳤고, 부시 행정부(1989~1993)와 클린턴 행정부(1993~2001)에도 계속되었다. 그 영향으로 마약 범죄로 교도소에 수용된 자도 증가했다. 예컨대, 1980년에 주 교도소 수용판결 1,000건 당 마약범죄자가 19건이던 것이 1994년에는 80건으로 늘어났다. 1986년부터 1996년까지 교도소에 수용된 여성수도 마약범죄가 아닌 경우는 129% 늘었고, 마약범죄의 경우는 888%나 늘었다.[26] 1999년 현재 연방교도소 수형자의 약 60%, 주교도소 수형자의 약 21%가 마약 범죄로 수용되어 있다.[27]

시설구금이 증가한 다섯 번째 이유는 주(州)의 정치적 분위기이다. 인구, 사회, 경제 등에서 비슷한 성격을 가지는 주가 시설내 수용률에서 차이가 생기는 이유는 무엇인가? '어떤 주에서 범죄가 증가하면 시설내 수용자 수도 증가할 것'이란 일반적인 믿음은 잘못이다. 범죄율과 수용률의 상관관계는 검증되지 않는다. 비슷한 사회적 성격과 범죄율을 가지는 사우스다코타(South Dakota) 주와 노스다코타(North Dakota) 주에서 전자의 시설내 수용률은 1972년부터 1992년까지 300% 증가했고, 오늘날에는 후자의 3배나 된다.[28] 또 코네티컷 주 와 매사추세츠 주, 애리조나 주와 뉴멕시코 주, 미네소타 주와 위스콘신 주와 같이 인접한 유사 주에서 범죄율이 높은 주가 수용률이 낮은 경우도 있다. 오히려 1970년대 이후 주(州)의 정치 상황에 따라 주마다 시설내 수용률이 차이가 생겼던 것이다. 예컨대, 처벌을 강조하는 '법과 질서(law and order)

26) M. Mauer, C. Potler, & R. Wolf, *Gender and Justice: Women, Drugs and Sentencing Policy*, Washington, D.C.: The Sentencing Project, 1999.
27) Bureau of Justice Statistics, *Bulletin*, August 1999.
28) J. D. Davey, op.cit., p.27.

파' 주지사를 뽑은 7개 주는 범죄율과 상관없이 시설내 수용률이 급증했지만, 다른 주는 그렇지 않았다.[29)]

❹ 무능화전략[30)]

이러한 시설구금 위주의 정책의 근저에는 무능화전략이 깔려있다. 무능화 전략은 국외추방이나 사형집행과 같은 초기의 형벌에서도 볼 수 있었던 오래된 형벌관행이다. 무능화정책을 주장하는 흐름에는 두 가지가 있다.

먼저 생물학적 범죄이론에 따른 무능화 전략이 있다. 생물학적 범죄이론을 엄격히 따르게 되면, 범죄와 비행은 제어할 수 없는 불변적인 개인의 천성이기 때문에 형벌의 공포나 심리학적 상담이나 사회조건의 변화를 통하여 교정될 수 없는 것이 된다. 그러므로 이에 대한 정책적 대안은 오직 뇌의 기능이나 생화학적 기능을 수정하는 의료적·화학적 또는 외과적 절차를 가하거나, 장기간의 격리, 구금과 무력화를 통하여 범죄인을 엄격하게 통제하는 것이 될 것이다.

또한 결함 있는 유전자를 보유한 개인이 번식하는 것을 금지하는 선택적 번식 또는 거세정책을 도입함으로써 범죄적 결함이 유전적으로 전달되는 것을 막는 것이 될 것이다. 강제적 불임을 찬성하는 우생학 운동, 생물학적으로 열등한 범죄인들을 사회의 나머지로부터 격리시키는 선택적 번식과 대규모의 자치적인 범죄자 거주지 설립하자는 후튼의 주장, 1950년대부터 1970년대 사이에 소수의 폭력범에게 시행된 뇌수술 및 물리적·화학적 거세 등이 대표적인 사례이다.[31)] 이는 치료라는 개념보다는 범죄자를 무능화시킴으로써 이들로부터 사회를 보호하자는 전략으로 볼 수 있다. 이러한 생물학적 이론에 입각한 신체 침해적인 무능화 정책은 인간의 존엄성을 해칠 가능성이 매우 농후한 전략이므로 오늘날 전혀 지지받지 못하고 있다.

다음은 최근에 등장한 장기구금을 통한 무능화 전략이다. 장기구금 및 격리를 통한 무능화전략은 생물학적 이론에서도 주장되는 이론이지만, 최근에 등장한 장기구금을 통한 무능화 전략은 생물학적 이론에 기반 하기보다는, 하나의 형사강경정책으로서

---

29) Ibid., p.111.
30) 무능화전략은 기본적으로는 생물학적 이론에서 나온 전략이지만, 최근 논의되고 있는 무능화전략은 순수한 생물학적 이론에 기반 하기보다는 하나의 형사강경정책으로 주장되는 전략이다.
31) Kenneth Moyer, "What is the potential for biological violence control?", in C. R. Jeffery,(ed.), *Biology and Crime*, Sage, 1979, p.32.

범죄학자들에 의해 주장되어 현재 미국사회의 주요 형사정책으로 자리 잡고 있다. 이는 소수의 위험한 범죄자들이 사회의 다수 범죄를 범한다는 것을 전제하고 있다. 따라서 범죄를 방지하고 피해자를 보호하기 위해서는 이들 범죄성이 강한 사람들을 장기간 무능화 시켜야 한다는 주장이다.

이러한 주장의 선봉자는 윌슨(J. Wilson)이다. 그는 빈곤 등 사회적·경제적·심리적 범죄원인들이 사실상 변화 불가능한 사회조건이나 변수들이기 때문에 형사사법정책에 아무런 도움이 되지 못하며, 따라서 처벌과 무능화가 그 대안이어야 한다고 주장한다.[32] 그린우드(P. Greenwood)는 소수의 중누범자 등 특수범죄자가 다수의 범죄를 범한다는 사실에 착안하여 무능화를 이들 소수의 특수범죄 집단에게 적용한다면 효과적인 범죄감소전략이 될 수 있다고 하여 선별적 무능화 전략을 주장하였다.[33] 무능화 정책은 재범을 억제함으로써 범죄의 예방에 기여하고자 하는 전략이지만, 인권침해의 가능성이 매우 농후한 전략으로 볼 수 있다.

제2절 의료 및 심리치료

범죄자에 대한 의료 및 심리치료 정책은 기본적으로 범죄란 생물학적·심리적 결함이 있는 인간에 의해 저질러지는 것으로 보는데서 출발하는 전략으로 볼 수 있다. 이 정책은 범죄이론상 생물학적·심리학적 범죄이론에 기초하기 때문에, 처벌에 의한 범죄억제효과를 아주 미약한 것으로 평가하고, 인간에 내재한 기본적 결함을 치료하여야만 범죄를 예방할 수 있다고 주장하게 된다. 주로 의학·심리학에서 활발히 연구되고 있는 분야이다.

32) James Q. Wilson, *Thinking about Crime*, Basic Books, 1975, pp.53-55.
33) Peter Greenwood, *Selective Incapacitation*, Rand Corporation, 1982.

I. 생물학적 범죄자에 대한 통제

19세기 중반부터 시작하여 20세기 전반기까지 초기 실증주의자들이 제시하였던 명백한 정책적 방향은 범죄자 개인의 내부의 문제에 대한 것이었다. 이것은 초기 실증주의자들의 대부분이 의학 분야나 법학분야 또는 양 분야를 모두 전공한 사람들이었다는 점을 감안하면 별로 놀라운 일도 아니다. 초기 실증주의자들도 고전주의 범죄학자들과 마찬가지로 범죄행동의 설명에 범죄자 개인적인 측면을 강조하였다. 범죄의 원인을 개인의 내부적 문제로 돌리는 그들의 관점은 여러 정책들에 반영되었다. 그러나 초기실증주의자들의 그러한 학문적 관점들이 정책에 반영되었던 것에 대해 그것이 단지 실증주의자들의 관점 그 자체의 영향 때문이었다고만 보는 것은 그러한 관점과 정책들에 대한 완전한 이해라고 보기 어려울 것이다. 왜냐하면 당시 실증주의자들의 연구는 그 시대의 풍조에 의해 영향을 받았기 때문이다. 초기 실증주의자들에게 있어서 당시의 시대적 풍조는 빅토리아풍이 강하게 나는 다위니즘(Darwinism)이었다.

다윈의 사상이 당시의 시대적 풍조에 얼마나 많은 영향을 미쳤는가에 대해서는 여기서의 간단한 설명으로 이해될 수 있는 것은 아니지만, 한마디로 다윈의 혁명적인 논제는 모든 시대를 통틀어서 가장 심오한 이론들 중의 하나로 평가될 수 있을 것이다. 그것은 과학에 혁명적이고도 새로운 지식을 불어넣었을 뿐만 아니라, 많은 다른 분야의 철학과 정책에도 영향을 미쳤다. 또한 다윈의 사상은 대단히 많은 주목을 받고 명성을 얻었기 때문에 학문세계의 전 분야에 걸쳐서 학자들은 다윈의 세계관을 자신의 저작 속에 조화시키지 않을 수 없었다.[34] 호프스타터(R. Hofstadter)에 따르면, 다윈의 영향력은 천문학자인 코페르니쿠스의 업적이나, 영국의 수학자이자 물리학자인 뉴턴, 그리고 오스트리아 심리학자인 프로이드의 영향력에 비교할만한 것이었다. 그 결과, 서구 사회의 모든 부분이 다윈의 이러한 혁명적 체계에 사로잡히게 되었다.

비록 '생존을 위한 투쟁(struggle for survival)'이나 '적자생존(survival of the fittest)'같은 다윈 이론에 대한 사회적 의미에 관해서는 많은 토론과 논쟁이 있었지만, 사회진화론자(social Darwinist)들은 그 이론의 정책적 함의가 정치적으로는 보수적이라는 데는 일반적으로 동의하였다. 그러므로 그들은 사회적 변화를 위하여 정부가 주도하는 어떠한 정책들도 만일 그게 실행이 된다면 실제로는 자연에 대한 간섭이 될 것이라

34) R. Hofstadter, *Social Darwinism in American thought,* Boston: Beacon, 1955, p.3.

고 주장하였다. 최상의 방법은 최소의 관여라는 것이다. '자연이 자신의 길을 가도록 내버려 두라(Let nature take its course)'라는 문구가 사회진화론자들에 의해 자주 인용되었다. 그것은 사회적 변화를 가속하는 것이 결코 바람직한 것은 아니라는 명백한 메시지를 던져 주었다. 예를 들어 동등한 처우를 위해 입안된 정책들은 강력한 반대에 부딪혔다. 사회복지 정책들은 단지 (도태되어야 할) 태만하고, 게으르고, 어리석고, 부도덕한 사람들의 생존에만 도움을 주게 할 뿐이고, 반면 개인적·국가적인 경제발전은 느리게 할 것이라고 주장되었다. 열심히 일하고, 저축하고, 도덕적으로 엄격한 것이 개인과 집단의 사회적·경제적 행운을 가져올 해결책으로 보고, 이러한 덕성들이 사회진화론자들에 의해 요구되었다.

그러나 우리가 주목해야 할 것은 이러한 사회진화론자들의 주장의 아이러니이다. 19세기 후반과 20세기 초반 사이에 국가 지도자 중 대다수는 사회변화를 주도하는 국가의 정책들이 국가의 생존을 위협할 것이라는 이유 때문에 이에 반대했지만, 실제 지도자들 대부분은 국가의 경제를 급진적으로 변화시키고, 투기·혁신·모험 등을 통하여 우리의 자연자원들은 약탈했던 바로 그 사람들 이었던 것이다. 그들은 또한 새로운 경제 제도, 새로운 형태의 조직 그리고 새로운 기술을 도입했던 사람들이기도 하였다.[35]

그들은 자신의 이해관계에 맞는 변화들은 받아들여졌지만, 이해타산이 덜 맞거나 맞지 않는 것은 받아들이지 않았다. 범죄를 억제하거나 제거하려는 범죄통제에 관한 정책도 '과학적으로 이치에 맞는(scientifically justified)'형태, 즉 다윈주의를 원용하는 형태로 받아들여졌다. 따라서 범죄에 대한 통제의 형태는 도덕과 청렴이라는 빅토리아 시대의 최고의 덕성과 함께 유전학 운동의 형태로 나타났다.[36] 불행히도 과학적으로 이치에 맞는 정책들은 실제로는 선택적인 학대와 방치를 가져왔던 정책들이었다.

범죄통제정책을 입안하기 위해 사회진화론이 원용될 때와 발맞추어 범죄학적 관점에 관한 중요한 논제들이 나타났다. 첫 번째로는, 롬브로소와 그의 학파에서 나온 생래적 범죄 유전설이 그것이다. 특히 가로팔로(R. Garofalo)의 특정 범죄자에 대한 제거정책의 주장은 무력화전략에 강세를 둔 형벌철학을 낳았다. 롬브로소학파가 그러한 정책들을 강조하는 것은 범죄자들이 생물학적으로 결정된 형질에 의해 사회에 해악

---

35) ibid., p.9.
36) D. J. Pivar, *Purity crusade: Sexual morality and social control, 1868-1900,* Westport, CT: Greenwood, 1973.

을 저지르는 것을 막기 위해 사회로부터 범죄자를 제거하려는 데에 명백한 목적이 있었다. 생물학적 원인이 운명이고, 범죄와 비행이 개인의 천성이라면, 그래서 범죄자는 형벌의 공포에 의하여 억제되지도 않고 심리학적 상담이나 사회조건의 변화를 통하여 교정될 수도 없다면, 범죄자는 오직 영구적인 격리 및 구금을 통한 무력화 정책으로 범죄인을 엄격히 통제하여야 한다고 주장하였던 것이다. 유죄판결 받은 범죄자들을 집단 수용소에 수용하는 것만이 사회적으로 법위반자들에게 대처하는 책임있고 충분한 대응책이라고 생각하였던 것이다. 이러한 주장은 1939년 후튼(E. Hooton)에 의해서도 주장되었는데, 그는『범죄와 인간』이란 책에서, 생물학적으로 열등한 유전적인 범죄자들은 제거시키거나 범죄자들만이 거주하는 대규모 자치 지역을 만들어 사회로부터 완전하게 격리시켜야 한다고 주장하였다.[37] 다만 후튼은 그들을 인도적으로 다루어야 하며, 제한된 지역 안에서 약간의 자유와 직업의 기회를 허용하여야 한다고 하였다.

범죄를 통제하는 두 번째 수단으로는 치료의 수단을 이용하는 것이었다. 여기서 치료의 수단이라는 것은 개인을 치료가 필요한 생물학적 대상으로 여기는 의학적 사유에 기초하는 것으로 극단적인 형태를 띠고 있는 것들이었다. 이러한 치료의 형태로 대표적인 것은 뇌나 생화학적 기능을 수정하는 의료적·화학적 또는 외과적 수술 및 범죄적 결함이 유전적으로 전달되는 것을 막기 위한 단종수술 등이다.[38] 이러한 주장을 한 대표적인 학자들로서는 고링(C. Goring), 고다드(Goddard) 등을 들 수 있다. 이들을 포함한 초기 범죄생물학자들은 열등한 사람이나 정신박약의 경우 단종수술 등을 행함으로써 후손 번식을 못하게 하여야 한다고 생각했으며,[39] 약물치료와 외과수술 같은 것에서 치료불능인 자의 죽음까지를 포함하는 공격적 형사사법정책을 주장하였던 것이다.

이러한 생물학적 범죄자에 대한 극단적인 치료정책이 미국의 몇몇 주에서 채택되면서 미국의 형벌 역사에 있어서 가장 억압적인 정책들이 나타나게 되었던 것이다. 이 정책들의 가장 나쁜 점은 유전학 연구와 소위 우생학운동에 의해 정당화 되었던

37) Earnest A. Hooton, *Criminal and the Man*, Cambridge: Harvard University Press, 1939, p.393.
38) Nicole Hahn Rafter, "Criminal anthropology in the United States", *Criminology* 30, 1992, pp.525-545.
39) Charles Goring, *The English Convict: A Statistical Study*, 1913, Patterson Smith Reprint, Montclair, NJ: Patterson Smith, 1972.

것이었다.[40)]

20세기 초반, 과학으로서의 우생학 연구는 간단하고 복잡한 인간행동 특징에 의해 나타나는 현상들을 설명할 수 있다고 주장하였다. 그래서 그것은 생물학적 결정주의를 강화하였고, 임금인상과 근로조건을 위한 투쟁 같은 19세기 후반 미국에서 일어나는 많은 사회적 문제들이 외국인들의 유전적 열등성에 기인하는 것으로 보았다. 예를 들어 1886년 시카고에서 발생한 헤이마켓 폭발사건과 폭동은 열등한 외국인에 의해 야기된 것으로 생각되었다. 이러한 생각은 거대 기업가와 뉴욕타임스 같은 신문에 의해 더 발전되었다. 당시 뉴욕타임스는 노동시위를 외국인 쓰레기들, 맥주냄새가 나는 독일인, 무식한 보헤미안, 거친 폴란드인, 과격한(극단적인) 러시아인들에 의해 이루어지는 것으로 기사를 작성하였다.[41)]

카네기 같은 선도적인 기업가와 하버드 같은 선도적인 교육기관의 지원으로 우생학 연구를 위한 센터들이 연이어 설립되었다. 그리고 국가의 '인종(혈통)'을 연구하기 위한 노력이 시작되었다. 따라서 많은 주에서 우생학자들의 주장이 담긴 법안들이 통과되었다. 예를 들어 1911년과 1930년 사이에, 30개가 넘는 주에서 유전적으로 결정되는 것으로 생각되는 행동 형질에 대한 단종수술을 시행하도록 하는 법을 제정하였다.[42)] 그러한 법안들은 범죄행위, 알코올 중독, 남색, 수간, 정신박약, 강간성향 같은 행동들을 겨냥한 것이었다. 그 결과 한해 적어도 64,000명의 사람들이 단종수술을 받게 되었다. 또한 위의 주 중에서 많은 주가 악명 높은 전두엽 절제술을 포함한 뇌수술을 할 수 있도록 하는 법안을 통과시켰다. 이러한 수술을 받은 전체적인 사람 수는 현재 알려져 있지 않다.

비록 단종수술이나 뇌수술이 가장 잔인하고 압제적인 범죄통제 수단이기는 하였지만, 우생학운동의 영향을 받아 통과된 법률들은 단종수술이나 뇌수술만을 범죄통제의 수단으로 제한하지 않았다. 예를 들어 34개 주에서 서명된 혼혈법(miscegenation law)

---

40) J. Beckwith, "Social and political uses of genetics in the United States: Past and present", In F. H. Marsh & J. Katz (Eds.), *Biology, crime, and ethics: A Study of biological explanations for criminal behavior*, Cincinati, OH: Anderson, 1985.

41) J. Beckwith, "Social and political uses of genetics in the United States: Past and present", In F. H. Marsh & J. Katz (Eds.), *Biology, crime, and ethics: A Study of biological explanations for criminal behavior*, Cincinati, OH: Anderson, 1985, p.317.

42) J. Beckwith, "Social and political uses of genetics in the United States: Past and present", In F. H. Marsh & J. Katz (Eds.), *Biology, crime, and ethics: A Study of biological explanations for criminal behavior*, Cincinati, OH: Anderson, 1985, p.318.

은 흑인과 백인이 서로 결혼하는 것을 불법으로 규정했다. 또한 몇몇 주에서는 백인과 아시아인이 서로 결혼하는 것도 금지했다.[43] 이러한 법들은 1890년을 기준으로 하여 미국에 살고 있는 특정 국가의 국민 수의 비율에 따라, 이민법을 의회에서 통과시킬 때는 쿼터제로 이민자를 받을 것을 강력하게 요구했다. 1924년 미국의회는 국가의 혈통이 남부유럽과 동부 유럽 국가 출신 사람들의 유입에 의해서 약화되고 있다는 저명한 우생학자들의 증언을 들은 뒤, '1924년 이민제한법(the Immigration Restriction Act of 1924)'을 통과시켰다. 이 법은 생물학적으로 열등이라고 생각되는 민족들을 대상으로 한 것이 명백하였다. 따라서 이 법은 인종차별주의적인 법이었으며 1930년대와 1940년대 독일 나치의 우생정책에 선도적 역할을 한 법률이었다.

공격의 대상이 된 민족을 억압하기 위한 우생학적 정책들의 명백한 함의에도 불구하고, 단종수술과 뇌수술의 시행이 1970년대까지 미국에서 별 탈 없이 계속되었다. 1927년과 1972년 사이에 버지니아 주 한 곳에서 무려 8,000명이 넘는 사람들이 정신박약으로 확인되어 단종수술을 받았다.[44] 또한 캘리포니아에서도 20,000여 명이 단종수술을 받았다. 그러나 캇츠(J. Katz)와 아벨(F. Abel)이 지적하는 바와 같이, 단종을 위한 진짜 이유는 정신박약이 아니라 계층의 문제였다.[45] 그 중 가장 큰 이유는 극심한 빈곤이었다. 단종수술을 위한 증명서에는 그 대상자가 어디에서도 도움을 받을 수단이 없고, 보증을 설만한 지인이 없다는 것이 확인되어야 했다. 그러므로 극빈자가 아니고 보증을 설만한 사람이 있을 경우에는 정신박약이라 하더라도 단종수술의 대상이 되지 않았던 것이다. 이 이면에는 가난한 사람이 후손을 가진다는 것은 정신박약인 후손, 대물림하여 가난한 사람, 알코올 중독, 범죄자, 매춘부의 숫자를 증가시킬 것이라는 주장이 깔려 있었던 것이다.

정신이상 범죄자들에 대해서는 정신병원 수용정책도 시행되었다. 비록 1966년 미국 연방대법원이 뉴욕 주에서 정신병원에 수용된 정신이상 범죄자 967명의 환자에 대하여 정신병원수용에 적정절차가 결여되었다는 이유로, 일반 정신병원으로 이전시키도록 판결을 내려 그들을 일반병원으로 가도록 하기는 하였지만, 이들이 정신병원 및 일반병원에 수용된 기간은 평균 13년간이었다.[46] 이에 대해 모리스(N. Morris)와 호킨

43) W. B. Provine, "Geneticists and the biology of race crossing", *Science.* 1973.
44) J. Katz, & C. F. Abel, "The medicalization of repression: Eugenics and crime", *Contemporary Crises 8,* 1984, p.232.
45) J. Katz, & C. F. Abel, op. cit., p.233.

스(G. Hawkins)는 이런 정책들이 범죄의 위험성을 제거하는 것이라기보다는 사회적 부적응자, 퇴행적 행동을 보이는 사람만 격리시킬 뿐 정말 위험한 중요 범죄자들은 방치하는 지극히 혼란스럽고 정의에 반하는 결과를 낳음으로 해서 완전히 실패하게 되었다고 주장한다.47)

그러나 생물학적 이론가에 의한 이러한 정책에 대한 지지는 최근에도 주장되고 있다. 개인들의 화학적 또는 생리학적 구조의 변형과 개인들의 범죄행동을 변경 또는 예방하기 위한 노력은 오늘날에도 이어지고 있는 것이다. 예를 들면 테일러(Taylor)는 유전학적으로 범죄성향이 있다고 진단된 사람은 실제로 범죄행위를 범했는가 여부를 불문하고 격리, 화학약품의 복용, 뇌수술 및 새 유전자 삽입을 통하여 생활에 간섭할 것을 주장하였다.48) 테일러는 또한 의심스러운 범죄유전자의 전달을 막기 위하여 불임과 낙태를 통하여 번식과정에 개입할 것을 제안한다. 로(D. Rowe)의 경우 강제적 유전자선택은 강력하게 거부했지만, 부모들이 유전적 상담과 다른 대안들을 평가한 후에 유전적으로 범죄성향이 있는 아이를 출산하기보다는 낙태시키는 것을 선택할 수 있도록 하는 자발적 우생학을 제안한다.49)

최근의 생물학 이론가들은 이러한 식이요법, 유전학적 상담 및 약물요법을 찬성하는 반면 후튼 등에 의하여 제안된 공격적 정책을 반대한다. 그들은 또한 생물학적 위험을 극복하기 위한 학교 또는 지역사회 프로그램을 추천하기도 한다.50) 범죄에 대한 생물학적 연구와 실험이 과학의 발전과 시대에 따라 바뀌면서 그에 기초하고 있는 정책과 실무도 변화하고 있는 것이다.

---

46) H. J. Steadman, "The Psychiatrist as a Conservative Agent of Social Control", *Social Problems* 20(2), 1972, pp.263-271.

47) Norval Morris & Gordon Hawkins, *The Honest Politician's Guide to Crime Control*, Chicago: University of Chicago Press, 1970, pp.185-192.

48) Lawrence Taylor, *Born to Crime: The Genetic Causes of Criminal Behavior*, Westport: Greenwood Press, 1984.

49) David C. Rowe, *Biology and Crime*, Los Angeles, Roxbury Publishing, 2002.

50) Pagani et al., "Does preschool help prevent delinquency in boys with a history of perinatal complications?", *Criminology* 36, 1998, pp.245-267.

II. 심리학적 치료

정신분석학을 포함한 심리학적 범죄이론에 기반을 둔 정책의 경우도 생물학적 범죄이론의 정책과 기본적으로 인간에 대한 같은 전제에서 출발한다고 볼 수 있다. 심리학적 범죄이론에 따르면, 범죄자는 자신의 책임으로 돌릴 수 없는 심리적 요인에 의하여 범죄를 저지르는 것이기 때문에 처벌을 받아서는 안 되고, 처벌은 오히려 비효과적일뿐더러 죄의식과 불안한 심리적 반응만을 증폭시킬 뿐이므로 범죄자에 대한 가장 효과적인 정책은 범죄자들의 근원적 정서장애에 대한 심리적 치료일 뿐이라고 주장한다.

범죄자의 범죄행동만을 보고 그 행동을 기준으로 범죄자를 처벌한다면, 이는 증상만을 다루는 것과 같아서 또 다른 범죄행동을 불러오게 되는 경우가 많으며, 문제를 근원적으로 해결하기 위해서는 정신의학적 치료에 의해 범죄자의 무의식 속에 숨어 있는 범죄행동의 원인을 발견하여야 한다는 것이다. 즉 범죄자의 무의식 속에 억압되어 있는 범죄행동의 동기를 의식의 표면 위로 불러오게 하는 치료법이 시행되어야 하며 이것이 바로 정신의학적 치료방법이라는 것이다. 이렇게 무의식 저변에 있는 범죄의 동기가 드러나게 되면 그것을 개인 별로 집중적이고 심층적인 치료를 하여 범죄 동기의 근원을 제거하는 것이다.

이러한 심리학적 범죄이론에 기반을 둔 개별화된 집중적이고도 심층적인 치료 정책과 관련 프로그램은 오래전부터 인정되어 왔다. 그 중 대표적인 프로그램 몇 개를 소개하면 다음과 같다.

범죄자 개인에 대하여 집중적이고 심층적인 심리치료를 수행했던 범죄자 처우 프로그램으로 현재 공식적으로 확인되는 최초의 프로그램은 디트로이트시의 웨인 카운티 진료소(Wayne County Clinic)에서 수행한 심리치료 프로그램이었다. 웨인 카운티 진료소는 비록 사설진료소이긴 하였지만, 소년법원으로부터 사건을 위탁받아 이 중 심리치료가 필요하다고 생각되었던 소년들을 선별하여 심리치료를 수행하였던 것이다. 이 프로그램은 1920년대부터 1940년대까지 운영되었으며, 심리학자와 정신과의사로 구성되어 범죄자에 대하여 종합적이고도 체계적인 심리치료를 수행하였던 프로그램이었다. 그러나 이 프로그램이 진행되었던 20여 년간 이 프로그램에 참여하여 심리치료를 받았던 소년범들의 재범률도 감소하지 않았고, 디트로이트시의 일반적인 범죄

발생률도 떨어지지 않았기 때문에 더 이상 프로그램이 수행되지 못하고 중단되게 되었다.[51)]

선구적인 범죄자 심리치료 프로그램의 두 번째 예로는, 1955년부터 1960년까지 약 5년 동안 캘리포니아 주에서 실시되었던 '집중상담기구의 운영에 대한 실험(Pilot Intensive Counseling Organization: PICO)' 프로젝트를 들 수 있다. 이 실험적 프로젝트는 캘리포니아 주의 소년원에 수용되어 있던 소년들을 대상으로 실시되었는데, 이 프로젝트는 먼저 소년원에 수용되어 있던 소년들을 심리 상담을 통해 변화의 가능성이 있는 소년과 변화의 가능성이 없는 소년으로 분류하였다. 그 다음 수용된 모든 소년들을 치료집단이나 통제집단에 무작위로 집어넣은 후, 치료집단에 속한 소년범들에 대해서는 심리학자, 정신과의사 및 사회복지사에 의한 개별적, 집중적 심리치료를 받게 하였고, 통제집단에 속한 소년범들에 대해서는 특별한 심리치료 없이 단순히 통상적인 수용소 프로그램에 참여하게 했다. 치료집단에 대한 심리치료는 2년간 계속되었고, 소년범들은 석방된 후 3년간의 추적조사를 받았다. 그러나 추적조사의 결과는 치료집단에 속했던 소년들과 통제집단에 속했던 소년들 간에 재범률에서 별 차이가 없었던 것으로 나타났다.[52)]

마지막 예로 1960년대의 대표적 심리치료 프로그램으로는 캘리포니아 주 소년국(California Youth Authority)에서 실시하였던 '지역사회 처우프로젝트(Community Treatment Project: CTP)'를 들 수 있다. 이 프로그램은 1961년부터 1969년까지 실시되었는데, 지역사회 내에서 비행소년에 대한 집중적인 개별상담과 가석방 후 집중적 감독을 내용으로 하고 있다. 이 프로젝트는 성격이론의 하나인 대인성숙 수준이론(Interpersonal Maturity Level: I-level)을 적용한 프로그램이었는데, I-수준 이론이란 정상적 아동발달에 있어서 성격완성의 순서는 대인성숙 수준에 따라 가장 미숙한 단계로부터 가장 성숙한 단계까지 7개의 연속적 단계가 있다고 가정하는 이론이다.[53)] 이 이론에 따르면, 비행소년들은 2단계의 '반사회적 공격' 유형에서부터 신경성 행동

---

51) Don C. Gibbons & Marvin D. Krohn, *Delinquent Behavior*(4th ed.), Englewood Cliffs, NJ: Prentice Hall, 1986.

52) Stuart Adams, "The PICO Project", in Norman Johnston, Leonard Savitz, & Marvin E. Wolfgang(ed.), *The Sociology of Punishment and Correction*(2nd ed.), New York: Wiley, 1970, pp.548-561.

53) Marguerite A. Warren, "The Case for Differential Treatment of Delinquents", in Harwin L. Voss(ed.), *Society, Delinquency and Delinquent Behavior*, Boston: Little, Brown, 1970, p.422.

(neurotic acting-out)유형, 4단계의 '문화적 동일화(cultural identifier)' 유형의 범위 사이에 있는 것으로 분류된다. 이 프로그램은 소년범들을 I-수준 유형에 따라 진단하고, 각 수준에 맞는 학업지도와 개별적 심리치료, 집단적 상담에 이르는 치료를 실시하였다.

지역사회 처우 프로젝트도 치료집단과 실험집단으로 나뉘어 진행되었는데, 치료집단은 보호관찰 및 가석방 처분을 받은 소년범들 중에서 무작위로 차출하여 위 I-수준 유형에 따라 심리치료를 하였으며, 통제집단의 소년범들은 소년원에 8개월간 위탁된 다음 석방되어 통상의 사회 내 청소년 가석방 감독만을 받았다. 프로젝트 기간 중에 지역사회 처우 프로젝트의 효과를 검증하기 위하여 400명 이상의 청소년들을 조사하였다.

그러나 조사결과에 의하면 이 프로젝트가 그 목표를 달성했다는 증거가 나타나지 않았다. 치료집단의 소년들이 통제집단의 소년들보다 가석방규칙을 위반하여 가석방이 취소되는 경우는 적었지만, 치료집단의 소년들이 통제집단의 소년들보다 새로운 범죄를 3배 더 많이 기록한 것으로 나타났기 때문이다.

이러한 결과에 대해서는 몇 가지 해석이 가능한데, 우선 치료집단의 소년들이 통제집단의 소년들보다 새로운 범죄를 저지른 비율이 3배가 더 많은 것으로 나타난 것은 치료집단의 소년들이 상담원들과 더 빈번하게 접촉하였고 보다 집중적이고 개별적인 관심을 받았기 때문에 그들의 비행행위가 통제집단의 소년들의 비행행위보다 눈에 더 잘 띄었기 때문이라고 해석될 수 있다. 즉 치료가 범죄를 더 조장했다기보다 상담자가 청소년의 위반행위를 더 잘 알게 되고 기록하게 되면서 차이가 생겼을 가능성이 크다는 것이다. 또한 치료집단의 소년들보다 통제집단의 소년들의 가석방 취소율이 더 높은 것도 통제집단의 소년들이 가석방을 취소할만한 범죄를 더 많이 저질렀다기보다는 상담원들이 그들이 접하는 치료집단의 소년들에 대하여 가석방을 취소하는 데에 소극적이었기 때문으로 볼 수 있다. 그들은 이 프로젝트가 성공하기를 원했고 가석방조건의 위반을 이유로 청소년을 소년원으로 돌려보내는 것을 주저했을 것이다. 프로그램이 종료된 이후에 새로운 범죄를 저질러 다시 체포된 비율에 있어서 두 집단 간에 차이가 없었다는 것이 그것을 증명한다.[54)]

이상과 같이 심리치료 프로그램의 선구적인 예를 몇 개 살펴보았지만, 심리치료에

54) Gibbons & Krohn, op. cit.

대한 효과를 정확히 나타내었던 프로그램은 없었다. 그럼에도 불구하고 현재 심리치료에 일차적으로 의존하는 프로그램들이 형사사법 및 소년사법체계에 광범위하게 채택되고 있는 것은 위와 같은 선구적인 프로그램의 노력의 결과일 것이다. 현재 성인범죄자나 비행청소년 시설에는 성격장애와 감정조절 이론에 명시적 또는 묵시적 기반을 둔 개별상담 프로그램들이 대부분 운영되고 있다. 그러나 아직 그러한 프로그램의 일반적 효과에 대해서는 아직 충분히 증명된 결과가 나오고 있지 않은 실정이다.

III. 사전 예방적 차원에서의 치료

생물학적·심리학적 이론에 기한 범죄대책은 주로 범죄가 발생한 이후의 범죄자를 대상으로 하고 있는 정책으로 볼 수 있지만, 생물학적·심리학적 이론을 굳이 범죄를 저지른 범죄자만을 대상으로 하는 이론으로 볼 것은 아니다. 오히려 범죄발생 이전의 일반인을 대상으로 범죄적 관점에서 사전 예방적 차원에서의 전략도 필요할 것이다. 생물학적·심리학적 관점에서 문제가 있는 개인을 상대로 한 식이요법, 유전학적 상담 및 약물요법, 심리상담 등은 사전 예방적 차원에서의 범죄적 경향성 억제 전략으로 볼 수 있다. 이러한 결과 미국에서는 수많은 약물남용 클리닉, 정신건강 협회 등이 생겨나게 되었다. 그래서 교사나 사업주, 법원, 복지기관 등에서는 이런 치료를 필요로 하는 사람들을 클리닉 같은 시설 등에 보내고 있다. 이러한 조치들은 문제가 더 커지기 전에 치료를 하면 이로 인한 범죄 등을 사전에 예방할 수 있을 것이라는 관념을 전제로 하고 있는 것이다 .

이런 사전 예방적 차원에서 시도된 심리학적 치료 프로그램의 사례로 가장 잘 알려지고 철저히 평가된 대표적인 사례로는, 미국 뉴저지 주에서 실시된 케임브리지-서머빌 청소년 연구(Cambridge-Somerville Youth Study, 1937-1945) 프로그램이 있다. 이 실험은 비행경향이 있거나 다루기 힘든 소년들을 대상으로 하여 집중적 개별상담을 실시한 비행예방 프로젝트였다.[55] 이 프로젝트의 대상자는 650명의 소년으로, 이 중 절반은 교사, 경찰, 기타 주위 사람들에 의해 비행경향이 있거나 불량스럽거나 대인관계에 문제가 있는 소년으로 평가된 소년들이고, 나머지 절반의 소년들은 특별한 문

---

55) James Q. Wilson, op. cit., p.170.

제가 없는 보통소년들이었다. 이들 대상 소년들에 대해서는 가정과 학교에서의 생활에 대한 여러 가지 추가적 정보수집이 이루어졌고, 또한 의료적 진단과 성격검사가 실시되었다. 프로젝트는 무작위 할당을 통하여 소년들 중 절반은 '치료집단'에 나머지 절반은 '통제집단'에 넣고, 사후측정을 통해 심리학적 치료의 효과를 보기로 하였다.

치료집단에 속한 소년들에 대해서는 심리상담사들의 집중적인 개별상담이 있었다. 뿐만 아니라 심리상담사들은 가족관계에 대한 상담을 포함하여 소년들의 성격적 문제 및 정서 또는 정신적 문제에 대한 심리치료도 병행하였다. 또한 학교성적 향상을 돕기도 하고, 소년들을 사회봉사활동에 참여하도록 하는 등 소년의 친구와도 같은 역할을 수행해 나갔다. 그러나 이 프로젝트에서는 심리상담가들이 소년들의 개인적 문제에만 관심을 가져야 하고 그 외 소년들의 가족, 학교, 경제적 문제에 직접 개입하지 말도록 하였다. 이러한 실험집단의 소년들과는 달리 통제집단의 소년들에게는 아무런 조치를 취하지 않고 그대로 내 버려두었다.

그러나 이 프로젝트가 종료된 후 추적 조사한 결과에 의하면 실험집단과 통제집단 사이에 의미 있는 차이점이 발견되지 않았다. 학교성적도 비슷하게 나왔고 비행 횟수도 비슷했다.

10년 뒤 이들이 어른이 된 후 조사한 바에 의해서도 양 집단 간에 범죄율이 거의 비슷한 것으로 나타났다.[56] 이들에 대한 추적조사는 그 뒤 약 30여 년에 걸쳐서 이루어졌는데, 1970년대 말 이루어진 조사의 결과도 양 집단 간에 특별한 차이를 보기 어려웠던 것으로 나왔다.[57] 프로젝트 수행 당시 치료소년집단에 속했던 자들이 비록 그 프로그램에 참가했던 것에 대해 좋은 기억을 가지고 있고, 당시의 심리상담가들이 보여준 헌신적이고도 우정 어린 태도에 그리움을 가지고 있기는 하였지만, 이 집단에 속했던 자들의 범죄율과 사회 퇴행적 행동의 비율은 통제집단에 속한 자들과 별 차이점을 나타내지 못했고, 오히려 그 비율이 통제집단 보다 약간 더 높은 것으로 나타났다.

그러나 이렇게 프로젝트의 결과가 실망스럽게 나타난 이유가 그 프로젝트 자체에

---

56) William McCord & Joan McCord, *Origins of Crime: A New Evaluation of the Cambridge Sommerville Youth Study*, New York: Colombia University, 1959.

57) Joan McCord, "A thirty year follow up of treatment effects", *American Psychologist* 33, 1978, pp.284-289,

문제가 있었다거나 심리적 치료의 효과가 별로 없음을 나타내는 것인지 아니면 이 프로젝트를 수행할 당시의 시대적 상황에 기인하는 것인지에 대해서는 판단하기가 매우 어렵다. 왜냐하면 이 프로젝트가 수행될 당시에는 세계 제2차 대전 중이었기 때문이다. 원래 이 프로젝트가 수립될 당시에는 이 프로젝트의 수행기간이 10년으로 계획되었지만, 중간에 세계 제2차 대전이 발발하는 바람에 수행기간을 다 채우지 못하고 종결하였으며, 프로젝트 진행 중에 심리상담가와 실험대상 소년들이 군대에 징집되어 가는 경우가 많았기 때문에 연속적이고도 일관된 수행이 어려웠던 것이다. 그러므로 이 프로젝트가 당시의 시대적 상황으로 인하여 그 효과를 나타내지 못한 것인지 아니면 정말 심리적 치료의 효과가 없는 것인지에 대해서는 여전히 의문점으로 남아 있는 것이다. 룬트만(R. Lundman)은 만일 그 당시의 시대적 상황만 아니었다면 이 프로젝트가 효과적인 것으로 판명되었을 수도 있다고 하여 이 프로젝트의 효과성에 대해서는 여전히 신뢰를 두고 있다.[58]

그 외에 사전 예방적 프로그램으로는 뉴욕에서 시도된 뉴욕 청소년 상담 프로젝트(New York Youth Consultation Service Project)를 들 수 있다. 이 프로젝트는 1955년부터 1960년까지 수행된 프로젝트로 소수민족 및 저소득층의 자녀들이 다니는 여자직업고등학교의 여학생 400여명을 대상으로 하였다. 이 프로젝트는 매년 1학년 중에서 불량스럽거나 성적이 나쁜 학생들을 무작위로 뽑아서 이 프로그램에 참여하게 하였다. 실험집단에 속한 학생들은 수업 중에 인증된 민간상담기관에 가서 개별상담과 단체상담을 받게 하고, 통제집단에 속한 학생들은 아무런 조치 없이 평소대로 학교생활을 하게 하였다.[59] 그 후 학년 말과 졸업 무렵에 실험집단과 통제집단에 대해 조사를 하였는데, 실험집단에 속한 학생들이 학교징계는 덜 받은 것으로 나왔지만, 그 외 비행문제를 포함한 다른 모든 문제에 있어서는 상담치료의 효과가 나타났다고 할 만한 유의미한 결과는 나오지 않았다.

그 외 케임브리지-서머힐 청소년연구의 원리와 실무를 본떠서 만들어진 후속 프로젝트들이 몇몇 더 있었지만 이들 프로젝트들이 수행한 심리상담 치료들이 비행을 예방하거나 감소시키는 데에 특히 효과적이지는 않은 것으로 드러났다. 이러한 결과가 프로젝트의 수행과정에서의 기간의 적절성 및 방법의 일관성의 문제에 기인하는 것

58) Richard J. Lundman, *Prevention and Control of Juvenile Deliquency*(2nd ed.), New York: Oxford University Press, 1993.

59) ibid., p.51.

인지 아니면 진정 심리상담 이란 것이 비행에 대한 효과적인 치료로 보기 어려운 것인지는 아직까지 밝혀지지 않고 있다.

제3절 범행기회 억제 정책

Ⅰ. 개설

범행기회억제정책은 잠재적 범죄자가 어떤 범죄에의 결정단계까지 나아가거나, 상황에 따라 범죄를 저지를 수 있게 된 때, 그 범죄 실행의 현장 환경이 범죄를 실행할 수 없게끔 또는 대단히 어렵게끔 하여 범죄를 예방하려는 정책으로 볼 수 있다. 잠재적 범죄자가 누구인지를 사전에 파악한다는 것이 매우 어려운 일이기도 하지만, 이 영역에서는 잠재적 범죄자가 누구인지를 파악할 필요가 없다. 여기서는 오직 기회만이 문제가 된다. 다른 범죄정책들이 사람의 범죄성을 억제하는 정책들인 반면, 범행기회 억제정책들은 철저하게 '기회'의 관점에서 범죄를 예방하고자 하는 정책이다.

범행기회 억제정책은 합리적 선택이론과 피해자이론(일상활동이론 및 생활스타일이론 등)에 근거한 범죄예방정책으로서, 다른 정책들에 비해 순수한 사전 범죄예방적 정책이라는 점에서 차이가 있다. 이 정책에 대한 대표적인 모델로는 상황적 범죄예방모델(situational crime prevention model)이 있고, 상황적 범죄예방모델의 핵심적 전략으로 환경설계를 통한 범죄예방 전략이 있다.

Ⅱ. 상황적 범죄예방

상황적 범죄예방은 범죄자를 고정된 성향을 가진 존재자로 보지 않고, 오히려 가변적인 상황적 요인(situational factor), 즉 범죄환경과 기회조건에 따라 행동하는 역동적인 존재자로 본다. 따라서 상황적 범죄예방에서는 범죄기회가 주어지면 누구든지 저지를 수 있는 것으로 보고 있다. 즉 정상적인 모든 개인을 잠재적 범죄자로 파악하고 있다. 그러므로 상황적 범죄예방에서는 범죄자의 사회·인구학적 배경과 더불어 범죄자의 순간적인 동기와 의도, 분위기와 감정, 범죄기회에 대한 인지와 그 기회를 만들고 이용할 능력, 범죄행위의 위험에 대한 판단 등이 범죄예방 전략을 짜는데 중요한 요인으로 고려된다.60)

그 결과 상황적 범죄예방전략에서는 범죄발생양상의 분석(상세한 범죄조건, 범죄수법 등), 범죄자의 의사결정과정, 상황적 범죄예방프로그램 및 예방장치의 제시 등이 주요 연구대상이 된다. 상황적 범죄예방전략은 먼저 정밀한 범죄분석을 바탕으로 한다. 범죄의 동기, 범죄조건, 범죄기회, 범죄의 결과 등의 범죄에 대한 구체적인 '범죄분석(crime analysis)'을 통하여 범죄예방에 관한 구체적인 정보를 확보하는 것이다. 이러한 분석을 바탕으로 구체적 상황에서 구체적인 범죄예방활동을 할 수 있는 것이다. 예를 들면, 범죄유형별로도 범죄를 유발하는 조건은 매우 다를 것이다. 폭력범죄, 재산범죄, 경제범죄, 교통범죄 등의 경우, 범죄자의 사회·인구학적 성향, 범죄발생양상(시간 및 공간), 범죄수법 등에서 차이가 있을 것이다. 이러한 구체적인 범죄조건의 차이는 상황적 범죄예방활동의 기초 자료가 된다. 또한 범죄발생의 지역적 분포, 시간과 공간적 변동에 대한 구체적이고 상세한 범죄발생양상에 대한 분석도 요구된다. 이와 같이 범죄현상에 대한 거시적인 분석이 아니라, 구체적이고 미시적인 범죄발생양상을 분석하는 것이 실제적인 범죄예방에 기여할 수 있다는 것이다.61)

클라크(R. Clarke)는 이러한 상황적 범죄예방프로그램으로 목표물 보호강화(target hardening), 출입자 신원확인(entry/exit screenings), 목표물 제거(target removal), 재산등록(identifying property), 접근통제(access control), 범죄유발요인의 제거(removing

60) Steven P. Lab, *Crime Prevention: Approaches, Practices and Evaluation*(3rd ed.), Anderson Publishing Co., 1997, pp.79-82.

61) R. V. Clarke, *Situational Crime Prevention*, Harrow & Heston Publishers, 1992, pp.10-21.

inducements), 범죄촉진요인의 통제(controlling facilitators), 시민감시(natural surveillance), 수칙제정(rule setting) 등을 제시하고 있다. 상황적 범죄예방에서는 위와 같은 활동이 범죄의 근본적인 원인을 개선하지는 못하더라도, 범죄욕구의 억제 및 상황적 기회를 제거하여 범죄예방에 기여한다고 주장한다.[62)]

범행기회구조를 변경시키는 이러한 전략은 잠재적 범죄자뿐만 아니라, 피해자 또는 제3자에게도 적용될 수 있는 것으로 본다. 피해예방교육, 청소년 보호활동, 범죄유발 위험환경에 놓이는 종사자들에 대한 교육 및 보호활동 등이 그것이다. 여기서 경찰과 관련된 활동으로서는 방범진단, 정복경찰관의 순찰빈도 강화를 포함하는 각종 위험방지작용, 범죄예방홍보활동, 보안점검, 범죄대상물의 보호강화, 재물등록 등이 있을 수 있다. 이 중 목표물 강화전략과 자기방어 전략에 관하여 좀 더 자세히 살펴보면 다음과 같다.

범행기회를 감소시키는 하나의 방법으로서 범죄자가 어떤 재물에 대한 범행을 수행하는 것을 보다 어렵게 하는 것이 목표물보호강화(target hardening)이다. 이러한 방법에는 출입문에 대한 자물쇠의 시정장치를 강화한다든지, 방범창을 설치한다든지, 경비견을 구입한다든지, 경보장치를 단다든지, 조명등을 밝게 한다든지 하는 것들이 포함된다. 그러나 이러한 수단들은 방범시설이 잘 된 건물에서는 절도 및 강도의 기회를 감소시키겠지만, 이미 범행을 하기로 마음을 먹은 절도범이나 강도범들은 대상을 옮겨서 이러한 목표물보호강화가 덜 된 건물을 대상으로 절도나 강도행위를 할 것이다.

목표물보호강화의 좋은 예로서는 1980년대 뉴욕의 은행들에서 은행 강도를 막기 위하여 방탄유리를 설치하기 시작한 것이었다. 방탄유리는 은행 출납창구에 설치되었는데, 이것은 은행 강도가 들어와 돈을 달라고 위협하여도 창구직원이 이 위협에 겁을 먹지 않고 경보장치의 단추를 누를 수 있도록 하기 위해서였다. 경찰에 따르면, 1983년 초 무렵에는 뉴욕 시에서 반 이상의 은행이 이 시설을 설치하였는데, 이 시설의 설치로 은행 강도가 1979년 848건에서 1982년 447건으로 줄어드는데 일부 기여하였다고 한다. 이러한 방탄유리 보호 창을 설치한 은행은 방탄유리 보호 창을 설치하지 않은 은행에 비하여 강도 발생 건수가 4분의 1로 줄어들었던 것이다.[63)]

62) Loc. cit.
63) Leonard Buder, "Sharp Drop in Bank Robberies Cited by New York City Police", *New York Times*, January 30, 1983, p.22.

목표물보호강화의 또 다른 방법은 절도범이 훔쳐갈 수 있는 가정의 고가치 물건들을 안전한 곳으로 옮겨놓는 것이다. 최근에 투자가치가 있는 고가치의 금, 은, 보석, 예술품을 보관하고 있는 가정이 많은데 이러한 고가품의 물건들을 많은 사람들이 은행 등의 안전한 대여금고 속에 두는 경향이 있다. 미국의 몇몇 도시에서는 은행들이 보관하기 어려운 물건들을 안전하게 따로 보관해 줌으로써 고객의 요구를 충족시켜주는 사적인 보관회사(private depository)들이 생겨나 번창하고 있다. 그러나 사적인 보관회사들은 강도를 당할 위험을 감소시킨다는 점에서는 안전하기는 하지만, 귀중품의 소유자에게는 불편하고 비용이 많이 비싼 흠이 있다. 그리고 어떤 면에서는 사적인 보관회사를 이용하는 사람들은 절도범이나 강도범의 목표대상을 단지 자기 집으로부터 방범시설이 덜 된 이웃집으로 옮겨놓은 것인지도 모른다. 왜냐하면 모든 사람들이 사적인 보관회사를 이용한다면, 사소한 절도범의 경우 범죄를 포기하게 되겠지만, 그렇지 않은 절도범이나 강도범의 경우 그 사적인 보관회사 자체를 털려고 하거나 아니면 그 곳에 귀중품을 맡기러 가는 사람들을 노려 범행을 할 것이기 때문이다.

목표물보호강화 수단들은 원래는 컴퓨터 범죄를 막기 위한 방법으로 제안된 것이었다. 컴퓨터에 내장된 정보에 대한 허가 없는 접근을 막기 위한 전통적인 안전장치에는 비밀번호나 기타 전자적인 잠금장치 등이 포함되었지만, 이러한 것들은 해커들이나 정보에 접근하기 위행 비밀번호를 풀거나 훔치는 노련한 컴퓨터 운용자들 때문에 무력화되었다. 컴퓨터에 침투하기 더 어렵게 하는 또 다른 방법에는 암호화하는 방법이 있다. 이것은 정보에 접근하더라도 그 정보에 대하여 해석을 할 수 없도록 정보를 코드로 해석하도록 하는 방법이다. 그러나 이러한 방법은 널리 사용되지는 않는다. 왜냐하면 컴퓨터 사용자가 컴퓨터 범죄의 가능성에 대해 무심한 경우가 많고 회사 내에서 사용하는데 있어서 정보를 코드화한 후 이를 풀어 사용하기에는 너무 비용이 많이 들기 때문이다. 그러므로 몇몇 회사에서는 덜 부담스러운 방법으로 컴퓨터 정보를 보호하는데, 이러한 방법에는 비밀번호를 추측하기 굉장히 어렵게 하여 놓거나 사용자가 컴퓨터에 접근하도록 허락하기 전에 다시 요청을 하도록 하는 시스템을 구축하고 있다.

몇몇 자기방어 수단들은 목표물보호강화 수단들과 대단히 유사하다. 왜냐하면 그것들은 목표물보호강화 수단들과 마찬가지로 범죄자가 대상자를 상대로 범죄를 성공적으로 수행하기 어렵게 하는 것을 목적으로 하기 때문이다. 미국에서 1960년대 도시

폭동과 범죄의 폭증 이후 총기판매가 급증한 것은 총기를 소유하게 되면 범죄로부터 피해를 당할 가능성이 줄어들거나 공격을 받았을 때나 강도를 당했을 때 보다 성공적으로 저항할 수 있으리라는 믿음에 근거하고 있다. 또한 사람들은 범죄로부터의 피해의 위험을 줄이기 위해 개를 구입하거나, 최류 가스를 몸에 지니고 다니거나 각종 호신술을 몸에 익힌다.

상황적 범죄예방에 관한 어느 연구에서 시애틀 거주자 표본 집단을 대상으로 적어도 인터뷰 시점으로부터 2년 안에 다음과 같은 범죄예방조치를 한 적이 있는지를 물었다. 즉 외출할 때 문을 잠그고, 불을 켜 둔 채로 외출을 한 적이 있는지, 외출을 할 때 이웃에게 집을 좀 봐 달라고 부탁을 한 적이 있는지, 특수 자물쇠나 경보기를 설치한 적이 있는지, 집에 개를 키우거나 총기를 두고 있는지, 블록 단위 경계 프로그램(Block Watch program)를 지지하는지 등에 관한 것이다. 연구결과는 이러한 조치들을 대부분 취한 사람들은 강도를 당한 경험이 거의 없는 것으로 나타났다. 그러나 이러한 사전 예방적 조치들도 시설파손행위나 물건을 훔치는 절도에 대해서는 별 효과가 없는 것으로 나타났다. 한 개인에 의해 취해진 안전장치들이 바로 옆집을 범죄의 위험에 노출되게 하지는 않았지만, 또한 다른 이웃들이 범죄로부터 피해를 당하는 것을 감소시키지도 않았다.64)

Ⅲ. 환경설계를 통한 범죄예방

이러한 상황적 범죄예방모델의 핵심적인 전략으로, ‘환경설계를 통한 범죄예방(crime prevention through environmental design, CPTED)’ 전략을 꼽을 수 있다. 환경설계를 통한 범죄예방(CPTED)의 역사는 1961년 제이콥(J. Jacob) 여사의 저서『미국 거대도시들의 삶과 죽음(The Life and Death of Great American Cities)』으로 거슬러 올라간다. 제이콥은 이 저서를 통하여 주거를 위한 구역의 독자성과 자연적 감시(natural surveillance)를 중요시함으로써 환경설계를 통한 범죄예방의 단초를 열었다.65)

64) Terance D. Miethe, "Citizen-Based Crime Control Activity and Victimization Risks: An Examination of Displacement and Free-Rider Effects", *Criminology* 29, 1991, pp.419-439.
65) http://en.wikipedia.org/wiki/Crime_prevention_through_environmental_design

뒤 이어 건축공학자 뉴만(O. Newman)이 1972년 '방어 공간(defensible space)'개념을 제시하면서 주택건축과정에서 범죄예방을 고려할 것을 주장하였다. 그는 공공주택의 건축에서 공동체의 익명성을 줄이고, 범죄자의 침입 및 도주로를 차단하며, 순찰 및 감시를 용이하게 하는 주택설계를 통하여 범죄를 예방할 것을 제시하였다.[66)]

그러나 환경설계를 통한 범죄예방이라는 용어를 창설하고 이러한 전략을 전 세계적으로 널리 알린 학자는 제프리(C. J. Jeffery)이다. 그는 자신의 저서 『환경설계를 통한 범죄예방(Crime Prevention Through Environment Design)』에서 동 개념을 제시하였는데, 환경설계를 통한 범죄예방은 물리적 설계, 주민참여, 경찰활동 등의 요소를 종합적으로 고려하여 주택 및 도시설계를 함으로써, 지역사회, 우범지역, 주택지역, 교육기관 등을 범죄로부터 보호하고, 범죄에 대한 두려움을 제거하려는 범죄예방프로그램이라고 할 수 있다.[67)]

이러한 범죄예방활동은 범죄발생을 유발하는 환경을 파악하고 이를 개선하여 범죄발생을 줄이려는 것이다. 예를 들면, 어두운 거리에 가로등 설치, 출입구 안전장치의 설치 등을 통하여 범죄발생이 용이한 환경을 개선하는 것이다.[68)] 그러나 어두운 거리에 가로등을 설치하여 더 밝게 한다고 하여 범죄가 더 감소되었다는 것을 증명하는 연구는 아직 거의 나오고 있지 않다.

---

66) http://en.wikipedia.org/wiki/Crime_prevention_through_environmental_design

67) C. R. Jeffery, *Crime Prevention Through Environmental Design*, Sage Publications Inc., 1977, pp.36-40.

68) National Crime Prevention Institute. *Understanding Crime Prevention*(2nd ed.), Butterworth Heinemann, 2001, pp.125-131.

제4절 사회구조 및 환경 개선 정책

Ⅰ. 개설

사회구조 및 환경개선 정책은 범죄의 원인을 거시적인 사회구조 및 사회 환경에 두면서, 이러한 사회구조 및 사회 환경의 개선을 통하여 범죄를 예방하자는 전략이다. 범죄학 이론에서의 사회해체이론, 아노미/긴장이론 등 사회구조이론이 이 전략의 이론적 근거가 된다. 모든 사회구조 이론의 궁극적인 정책적 함의는 사회 내의 범죄조장적인 경제적·정치적·사회적 환경을 개선하는 기본적인 변화들이 필요하다는 것이다.

예를 들어, 아노미 이론의 분명한 정책적 함의는 문화적 목표와 사회적으로 승인된 수단의 통합, 그리고 계층체계 내에서 기회의 재분배를 진작시키는 것이다. 정당한 기회에의 차단이 사람들을 범죄활동으로 이끈다면 이러한 범죄활동은 상대적으로 이러한 접근이 박탈된 집단들에 대하여 합법적 기회에 대한 접근을 좀 더 확대 제공하는 사회적 변화에 의해 차단될 수 있는 것이다. 사회내의 기회의 확대는 경제적 발전과 새로운 일자리의 창출로 달성될 수 있지만, 그러한 기회를 이용할 수 있는 능력과 기회를 이용하고자 하는 의지는 직업훈련 및 인식변화 프로그램에 의해 향상될 수 있는 것이다. 이러한 관점에서 사회해체이론, 아노미이론, 그리고 하위문화이론과 연관될 수 있는 여러 가지 개량적·통제적·예방적 정책들이 시행되었다.

대표적인 정책으로는 1930년대 시카고 프로젝트, 1950년대 보스턴 도심 프로젝트, 존슨 대통령에 의해 추진된 '빈곤과의 전쟁' 등을 꼽을 수 있다. 이들 프로그램들은 현재까지 미국에서의 유사한 프로그램들 즉, 직업 및 청소년에 대한 기회보장, 갱 프로그램 등에 영향을 주고 있다.[69)]

현대적 사회구조이론은 초기의 이론들과 달리 경제적 합법기회의 강화보다는 비경제적 제도들의 강화를 제안하고 있기도 하다. 매스너(S. Messner)와 로젠펠드(R.

---

69) James C. Hackler, "Boy, blisters, and behavior: The impact of a work program in an urban central area", *Journal of Research in Crime and Delinquency* 3, 1966, pp.155-164 ; Jack E. Bynum and William E. Thompson, *Juvenile Delinquency : A Sociological Approach*, Allyn and Bacon, 1992.

Rosenfeld)에 의하면, 미국의 아메리칸 드림이 개인의 경제적 성공을 지나치게 강조함으로써 지역사회의 집단적 소속감을 해치고 개인에게 이러한 경제적 성공을 위해 무엇이든지 할 수 있게끔 하여 범죄발생에 기여하였다고 하여, 경제적 합법기회의 강화보다는 비경제적 제도들을 강화해야 범죄를 줄일 수 있다고 한다. 따라서 작업장에서의 육아휴가, 변형근로제도, 직장 내 보육시설 등과 같은 친가족적 정책, 학업성취도와 미래의 경제적 전망 사이의 강력한 관련성을 약화시킴으로써 학교에서 성취를 맛보지 못한 학생들도 경제적 생존을 기대할 수 있도록 하는 것, 전국적 봉사 프로그램을 통하여 광범위한 사회적·시민적 참여를 만들어 내는 것 등을 구체적 프로그램으로 할 것을 주장하였다[70] 이러한 전반적인 사회구조 및 환경의 개선을 통하여 실업, 빈곤, 가정해체의 문제를 해결할 수 있게 되면, 개인의 범죄도 그만큼 줄어 들 것이라는 것이다.

Ⅱ. 시카고 지역 프로젝트

도시지역 생태학의 선구적 학파인 시카고학파는 시카고 지역에 대한 범죄 생태학적인 연구를 집중적으로 하면서 이 지역의 범죄발생률이 왜 다른 지역보다 높게 나타나는지에 대한 해답을 찾기 위해 노력하였다. 그 중 시카고학파의 일원인 쇼(C. Shaw)와 맥케이(H. McKay)는 자신들의 사회해체이론을 활용하여 범죄를 예방할 수 있는 방법을 만들어내는 데 많은 관심을 가졌다.

쇼와 맥케이는 급격한 인구이동으로 인하여 과거의 전통적인 사회관계는 와해되었지만 새로운 사회관계는 아직 형성되지 않은 틈새지역(interstitial area)에서의 사회해체로부터 청소년 비행이 발생한다고 생각하였기 때문에 개개의 비행에 대하여 대처하는 것보다는 전체적인 차원에서 비행의 문제에 대처하는 것이 훨씬 낫다고 보았으며,[71] 그러기 위해서는 특정 지역사회와 도시의 전 부문에서 삶의 조건을 변화시키려는 개발 프로그램에서 그 해답을 찾아야 한다고 생각했다. 이러한 개발 프로그램은

---

70) S. F. Messner & R. Rosenfeld, *Crime and the American Dream*, Wadsworth, 1994.
71) Clifford R. Shaw & Henry D. Mckay, *Juvenile Delinquency and Urban Areas*, University of Chicago Press, Chicago, 1969, p.145.

지역 내 비공식적인 사회조직인 주민조직체를 구성, 이들 조직체를 통한 지역사회의 통제를 활성화시키는 것을 내용으로 한다.

이에 따라 쇼와 맥케이는 1932년에 시카고 지역 프로젝트(Chicago Area Project : CAP)를 시작하게 되었는데, 그 계획에 의해 시카고 지역을 6개 구역으로 나누어 총 22개의 지역 센터가 설치되었다.[72] 이들 지역 센터에는 지역 주민들이 스태프로 고용되었다. 이들 센터들은 두 가지 중요한 임무를 수행하였는데, 하나는 경찰, 소년법원, 사회사업기관, 숙박업소, 정치조직, 교회, 학교, 노동조합, 기업체, 클럽 그리고 공동체 문제를 중점적으로 다루고 해결하는 그 밖의 단체 등과 협력하여 지역공동체의 자원을 조직하고 통합하는 것이고, 다른 하나는 오락, 여름캠핑과 체육 팀 운영, 스카우트 활동, 수공예점 운영 등 공동체 활동 프로젝트를 포함하는 다양한 프로그램을 후원하는 것이었다. 프로젝트는 이러한 활동을 통하여 주민들이 위생개선, 교통개선, 황폐화된 개인 및 공공물건의 복원 등 자신의 복지문제에 관심을 갖도록 하고, 지역갱단이 범죄가 아닌 대안적 행동에 참여하도록 유도하였다.

CAP는 1957년 쇼가 사망할 때까지 25년간 지속적으로 진행되었다. CAP가 그 지역의 청소년 비행에 어떤 영향을 미쳤는지에 관하여는 평가가 엇갈린다. 장기적 평가는 CAP가 부분적으로 성공을 거두었다고 지적하였지만, 지역에 따라 CAP의 성과가 다르게 나타났던 것으로 평가되었다. 강력한 CAP위원회가 있는 지역에서는 범죄율이 감소되었지만, 그렇지 않은 지역은 범죄가 감소되지 않았고 오히려 증가한 것으로 나타났던 것이다.[73] 또한 범죄율이 감소했던 지역도 범죄율 감소의 원인이 이 프로젝트의 실행에 기인하였는지 여부가 확실하게 나타나지 않았다. 따라서 CAP가 청소년 범죄를 막는데 실패했다는 결론을 내리는 견해도 있다.[74]

Ⅲ. 보스턴 도심계획

이 계획은 밀러(W. Miller)의 하층계급주요관심사이론[75]에 기초한 계획이었다. 이

72) Antony Sorrentino, "The Chicago Area Project After 25 Years", *Federal Probation*, June 1959, pp.40-45.
73) Herold Finestone, *Victims of Change*, Westport, CT: Greenwood Press, 1976.
74) Richard Lundman, op. cit., p.81.

계획은 도심에서의 길거리 갱들의 불법적 활동과 범죄를 예방하기 위하여 지역사회의 모든 노력을 통합하는 것을 주 내용으로 하고 있다. 이 계획은 비행소년이 있는 가정 또는 비행의 위기에 놓여 있는 가정에 대한 직접적인 사회사업적 원조, 지역공동체 프로그램 제공, 청소년에 대한 활동가 파견프로그램[76]으로 구성되었다. 이 프로젝트는 지역갱단들과 밀접한 친교를 맺은 뒤, 그 구성원들을 클럽으로 조직하여 체육활동 등 그들의 레크리에이션 활동을 증가시키고 그들에게 직업적·교육적 기회를 제공하여 시민조직체를 형성케 함으로써 공동체 문제를 다룰 때 필요적 협력을 배가시키고자 하는 것을 내용으로 하였다. 이와 같은 모든 활동들의 종국적인 목표는 비행의 발생을 줄이는 것이었다.

이 프로그램이 시행된 후 밀러는 그 결과를 3년여에 걸쳐 신중하게 평가하였다.[77] 밀러는 먼저 이 프로젝트가 청소년의 행동에 미치는 영향을 평가하기 위해 빈민노동자들이 작성한 일일 현장 보고서를 분석하였다. 그 현장보고서는 개개 청소년의 활동을 기술하고 있는데, 청소년들의 행동항목은 '도덕적' 또는 '비도덕적(비도적적이란 공동체에 의해 비난받기는 하지만 그것이 반드시 법의 위반에 해당하지는 않는 것을 의미한다)' 그리고 '합법적' 또는 '비합법적' 행동으로 분류되었다. 프로젝트 수행 기간 동안 비도덕적 행동과 도덕적 행동의 비율은 비교적 일정하게 유지되었으며, 불법적 행동은 프로젝트 수행 이전보다 약간 감소하였다. 그러나 주요 범죄의 경우 프로젝트 수행 이전보다 오히려 증가하는 양상을 보였다. 또한 개개의 청소년들의 비행으로 사건이 법정까지 간 경우를 프로젝트의 수행 이전, 수행 도중, 수행 이후로 나누어 분석하기도 하였는데, 실험집단과 통제집단 사이에 차이점이 거의 나타나지 않았다. 따라서 밀러는 그러한 프로젝트가 청소년들의 사소한 비행에는 영향을 미쳤으나, 주요범죄 및 법정에 기소될 정도의 범죄를 예방하는 데에는 큰 영향을 미치지 못한

---

75) 밀러는 미국 보스턴시의 우범지역에서 빈번히 발생하는 청소년 갱 문제를 해결하기 위한 방안을 연구하는 과정에서 경제적으로 빈곤한 하위계층이 주로 관심을 갖는 사항이 다른 계층과는 다르다는 점을 발견하여 이를 여섯 가지로 정리, 1958년 '갱 비행 환경으로서의 하위계층 문화' 라는 논문을 발표하였다(Water B. Miller, "lower class culture as a generating milieu of gang delinquency", *Journal of Social Issues* 14, 1958, pp.5-19).

76) 사회학, 인류학, 사회사업을 전공하는 대학원생들을 비행청소년들에게 파견하여 이들에게 전통적 역할모델을 제공하고 체육활동, 자원봉사자 서비스 등에 참여하도록 하여 비행청소년들이 비행에서 벗어나게 하기 위해 만든 프로그램을 말한다(Water B. Miller, "Inter institutional conflict as a major impediment to delinquency prevention", *Human Organization* 17, 1958, pp.20-23).

77) Walter B. Miller, "The Impact of a Total-Community Delinquency Control Project", *Social Problems 10,* 1962, pp.168-191.

것으로 결론지었다.

그러나 이 프로젝트의 경우 처음 계획 입안 시에는 다양한 내용들을 추진할 계획이었으나 이 계획의 목표, 이념, 그리고 전략을 둘러싼 지역공동체 기관들 사이의 갈등으로 인하여 실제 추진되어 시행된 것은 활동가 파견 프로그램뿐이었기 때문에 프로젝트의 성패를 결론짓기에는 매우 미흡한 부분이 있었다.

Ⅳ. 빈곤과의 전쟁

1960년대 미국 존슨(Lyndon Johnson) 대통령의 '위대한 사회(The Great Society)'건설이라는 구호와 함께 시행된 '빈곤과의 전쟁(War on Poverty)'은 범죄학 측면에서 보면 아노미/긴장이론에 근거한 바 크다 할 것이다. 1960년대 미국 범죄학을 지배하였던 아노미/긴장이론은 미국의 범죄에 대한 연방정책에 많은 영향을 미쳤다.

특히 클라워드(R. Cloward)와 올린(L. Olin)의 차별적 기회이론은 당시 미국 법무장관이었던 로버트 케네디에 의해 청소년 비행에 대한 새로운 연방정책으로 반영되어 1961년 '청소년비행예방과 통제법(The Juvenile Delinquency Prevention and Control Act)'이라는 입법으로 결실을 보았다. 이 법안은 클라워드와 올린의 저서 『비행과 기회(Delinquency and Opportunity: A Theory of Delinquent Gang)』에 기초하여 개발한 종합대책 프로그램 등을 내용으로 하고 있다.[78] 그 프로그램은 교육향상과 취업기회 창출, 하위계층 지역의 정비, 개인과 집단 및 가정에 서비스 제공 등을 포함하고 있다. 그 프로그램은 후에 그 적용대상이 확대되어 모든 하위계층 사람들을 포함하도록 하였고, 존슨 대통령의 빈곤과의 전쟁의 기초가 되었다. 빈곤과의 전쟁과 관련하여 시행된 대표적인 프로그램으로는 '뉴욕의 청소년 동기화 계획'과 '헤드 스타트(Head Start)운동'이 있다.

청소년 동기화 계획은 1960년대 뉴욕 동남부 지역에서 시행된 프로그램으로 하층계급 소년들이 일자리, 교육, 기술훈련을 통하여 합법적 성공수단을 획득하는 능력을 증대시킬 수 있도록 조직화하는 것을 목표로 한 프로그램이었다.[79] 이 계획의 또 다

78) Richard A. Cloward & Llyord E. Ohlin, *Delinquency and Opportunity : A Theory of Delinquent Gangs*, The Free Press, New York, 1960.

른 목표는 갱 구성원들을 범죄적 활동과 가치로부터 전통적 활동, 스포츠, 지역 봉사 활동에 참여하도록 하는 것이었다. 청소년 동기화계획은 1960년대 후반의 빈곤과의 전쟁에 의하여 시행된 지역공동체 프로그램의 원형으로 상당히 기여하였다.

헤드 스타트 운동은 아동들을 적절히 사회화 시키고 장래 그들이 범죄성을 가지지 않도록 하는 프로그램 중 가장 잘 알려진 프로그램의 하나일 것이다. 헤드 스타트 운동은 사회과정이론에 기반을 둔 프로그램이기는 하지만, 1960년대 존슨 대통령에 의해 시행된 빈곤과의 전쟁의 하나의 부분으로 시행되었기 때문에 여기서 설명하는 것이다. 헤드 스타트 프로그램은 입학 직전 아동을 대상으로 여름 2개월 동안 교육시키는 프로그램으로 이 프로그램은 모든 아동들을 대상으로 하고 있으며, 그들의 육체적·정신적 건강을 증진시키고 사회적·정서적 발달을 고양시키며, 자신의 이미지와 사람들 간의 관계에 대한 인식을 깨닫게 하도록 짜진 복합적인 교육 프로그램이었다. 여기에 참여하는 아동들은 그들의 학습과 인지적 능력을 향상시킬 수 있도록 하는 풍부한 교육적 환경을 제공받았다. 이러한 헤드 스타트 프로그램의 성과에 대해서는 상반되는 연구결과가 나오고 있지만 취학 전 아동 프로그램의 선구적 모델로 평가되고 있다.

그러나 이렇게 빈곤과의 전쟁에 의해 시행된 프로그램은 당시로는 많은 예산이라 할 수 있는 수십억 달러가 소요되었던 프로그램들이었기 때문에, 이 프로그램에서 제외된 사람들에 의해 일어난 광범위한 정치적 저항을 받게 되었다. 그 결과 이 프로그램은 닉슨 행정부가 들어서면서 결국 중단되었다.

이 프로그램이 범죄예방에 큰 성과를 거두지 못한 이유에 대해서는 여러 가지 논의가 있을 수 있겠지만, 무엇보다도 큰 이유는 그 프로그램에 반대하는 정치적 저항 때문에 프로그램이 장기적이고 지속적으로 시행되지 못하고 중단됨으로써 빈곤층을 위한 기회의 확대가 일어날 여건이 마련되지 못했다는 점일 것이다.

로즈(S. Rose)는 그의 저서 『빈자의 반란(The Betrayal of the Poor)』에서 이 프로그램의 실패 원인에 대하여 다음과 같이 해석하고 있다.[80] 빈곤과의 전쟁은 아노미/긴장이론을 기초로 하고 있는 것으로 사회구조적 제도변화를 통하여 범죄와 빈곤의 문제를 해결하고자 하였던 정책이었기 때문에, 개개인을 변화시키기 보다는 보다 큰 틀의

79) American Sociological Review, vol. 35, no. 3, June 1970, pp.602-603 참조.
80) Stephen M. Rose, *The Betrayal of the Poor: The Transformation of Community Action*, Schenkmann, Cambridge, Mass., 1972.

변화가 시작되도록 입안된 계획이었다는 것이다. 그러나 이렇게 입안된 프로그램들의 대부분이 복지부 공무원에 의해 시행되면서 심한 왜곡과정을 겪는 바람에 애초 기대했던 사회구조적 제도변화가 일어나지 못했다고 한다. 즉 복지부 공무원들이 실적 및 평가 등 그들의 관료적 이해관계 때문에 프로그램이 그 취지에 맞게 보다 근본적인 차원에서 집행되지 못하고 그것을 즉각적 대중적으로 집행되었다는 것이다. 따라서 로즈는 빈곤과의 전쟁이 기존 복지부 공무원들에 의해 변질됨으로써 본래의 목적을 상실하게 되었기 때문에 실패했다고 결론지었다.

제5절 개인의 사회화 과정에의 개입정책

Ⅰ. 개설

개인의 사회화 과정에의 개입 정책은 개인의 사회화과정에서의 어떤 환경이 개인에게 영향을 주어 개인이 범죄자로 빠져든다는 것을 전제로 하고 있다. 범죄학이론에서 사회과정이론에 속하는 사회학습이론, 사회유대이론 및 통제이론, 낙인이론 등이 그 근거가 되는 이론이다. 그러므로 이러한 이론에 기초한 전략들은 청소년들의 비행문제를 주로 다루게 된다. 사회과정이론들은 비행청소년들을 주 연구대상으로 하고 있고, 이들을 정상적으로 돌리기 위한 정책에 많은 관심을 쏟고 있으므로 사회과정이론도 주로 교정정책과 많이 연결되는 이론이다. 그러나 사회과정이론이 전적으로 비행청소년을 교정하는 것만을 연구대상의 범위로 한정짓는 것이 아님은 명백하다. 사전 예방적 차원에서 청소년들이 비행에 빠지지 않도록 하는데도 많은 관심을 기울이고 있는 이론으로 볼 수 있다.

청소년들이 비행에 빠지지 않도록 사회화과정에 개입하는 주요 정책·전략으로서는 '문제 있는 가정에 대한 조기개입 정책'과 '학교개입정책' 등이 있다. 가정에 대한 조기 개입정책이란 가정 내에서 발생하는 다양한 범죄를 사전에 예방하기 위해, 이러한 범죄발생 우려가 있는 가정을 직접 방문하여, 그 가정의 문제점을 범죄 예방적 관점에서 파악하고 해결하기 위한 정책을 말한다. 자기 통제력은 어려서 가정 내 사회화를 통해서 형성되기 때문에, 인생초기에 시행되고 가정에 긍정적 영향을 미치는 정책만이 범죄와 비행을 감소시킬 수 있다는 주장도 이러한 전략의 타당성을 뒷받침하고 있다.[81] 학교개입정책의 경우도 가정개입정책과 마찬가지로, 성장과정의 청소년들의 자기통제력 강화를 통한 범죄예방 전략으로 제시되는 정책이다. 또한 범죄가 학습의 결과라고 하는 사회학습이론에 따라 비행청소년이 접하는 주위의 인적 환경을 개선시켜 범죄를 예방하고자 하는 프로그램들도 시도되었다. 이를 나누어 구체적으로 살펴보면 다음과 같다.

Ⅱ. 사회학습이론에 기한 정책

사회과정이론들은 1950년대에 사회정책에 많은 영향을 미쳤다. 특히 그 중 학습이론은 범죄자를 어떻게 처우할 것인가에 대한 방향을 설정하는데 큰 영향을 미쳤다. 학습이론 등은 이미 범죄적 성향이 굳어져 교정하기 힘든 범죄자들보다는 아직 그 범죄성에 대한 교정이 가능한 비행 청소년들에 대해 집중되었다. 사회적 학습이론의 옹호론자들은 사람들의 범죄성이 학습에 의해 결정된다면 그러한 학습을 익히지 못하도록 함으로써 사람들의 범죄성을 줄일 수 있는 것으로 주장했던 것이다.

이러한 철학에 기반을 둔 프로그램들은 수많은 처우시설에서 수행되었는데, 가장 초기의 개척자적인 프로그램으로서 대표적인 프로그램으로는 뉴저지 주에서 시행된 하이필드 프로젝트와 유타 주에서 시행된 프로보 실험 그리고 로스앤젤레스에서 시행된 실버레이크 프로그램을 꼽을 수 있다. 이 프로그램들은 비행 청소년 남학생들을 대상으로 일정한 시설에 거주하게끔 하거나 거주는 하지 않더라도 일정한 의무적 모임을 가지게끔 하는 프로그램이었다. 일정한 시설에 거주하면서 또는 일정한 기간 의무적 모임을 가짐으로써 집단적인 상호작용 회합을 통하여 범죄 지향적 행동에 대한 비판적 가치를 익힘으로써 비범죄적인 행위를 강화하도록 하는 프로그램이었다. 이 프로그램들은 오늘날 거주식 프로그램이건 비거주식 프로그램이건 아동 및 성인들이

81) 민수홍, "자기통제이론과 범죄예방정책", 「사회과학논총」 제5집, 경기대학교, 2002, 65면.

약물 또는 비행적 행위를 거부할 수 있도록 하는 프로그램들을 보편화하는데 이바지 하였다.

❶ 하이필드 실험

하이필드 실험(Highfields Experiment)은 비행소년을 위한 대안적 처우 프로그램의 하나로, 주간에는 학교, 직장 등에서 일상적인 활동을 하고 밤에는 하이필드 거주 시설에 돌아와서 생활하도록 하는 프로그램이었다.

법원 판사들의 입장에서 보면, 하이필드 실험은 어떻게 보면 비행소년들을 더 나쁜 길로 빠져들게 할 수도 있는 기존의 시설수용 판결이나 사회에 대한 위험을 수반할 수 있는 단순한 보호관찰 결정 이외에 제3의 길을 열 수 있게 한 최초의 시도로 볼 수 있다. 판사들은 비행소년들이 하이필드 같은 특정시설에서 단기간 머물면서 이 프로그램을 경험해 보는 것에 동의하는 것을 조건으로 보호관찰을 명할 수 있게 되었기 때문이다.

하이필드 실험은 우선 비행소년들과 접촉하는 판사들과 사회복지사 기타 관계인들을 정하는데 주의를 기울였다. 또한 하이필드 실험은 하이필드 거주시설에 거주하게 되는 비행소년의 선정에도 상당한 주의를 기울였는데, 왜냐하면 이미 범죄적 성향이 굳어져 버린 비행소년의 경우 이 프로그램은 별 효과를 발휘하지 못할 것이라는 점 때문이었다. 따라서 아직 비행에 완전히 물들지도 않고 지나치게 정서적으로 혼란스러운 청소년들도 아닌 상당히 이성적인 십대 후반 비행소년들만을 하이필드 거주시설의 대상자로 선정하였다.

또한 하이필드 실험 프로젝트는 참여자간의 대면적인 관계를 중시하고 어떠한 통제적인 장치도 두지 않도록 설계되었고, 하이필드 거주시설 바깥에서 활동하는 주간생활의 환경도 비행소년의 갱생을 용이하게 할 수 있게끔 통제할 수 있도록 하였다. 그러므로 여기에 참여하는 비행소년들의 수가 대면적인 관계를 훼손하거나 통제를 해야만 할 만큼 많지 않도록 하였으며, 여기에서는 어떠한 교육 · 직업 프로그램이나 개인 상담 프로그램도 두지 않았다. 다만 여기서는 교도 동료집단 상호작용(Guided Group Interaction: GGI) 모임에 정규적으로 참여하는 프로그램만 두었다. 이 모임은 사회복지사 기타 관계인들에 의해 지도되면서 소년들이 가지고 있는 공통적인 문제를 토론하는 과정에서 비행이 나쁜 것으로 이를 거부하는 태도와 행동을 강화하도록 하는 동료집단 모임이었다. 하이필드 실험은 이렇게 친사회적인 동료집단을 체계적으로 활용한 최초의 사례였다.[82)]

이 프로그램이 성공하였는지에 대한 평가에 대해서는 다른 프로그램과 마찬가지로 다양한 변수들을 모두 고려하지 않았다는 비판들이 있기는 하지만, 결과적으로 보아서는 이 프로그램에 참여한 소년들은 대체로 준법행위에 대해서 보다 우호적인 태도로 바뀌었고 이렇게 태도가 많이 변화된 소년들은 이후에 비행을 거의 저지르지 않는 것으로 나타났다. 이 프로그램은 백인 비행청소년과 흑인 비행청소년을 구별하여 진행하였는데, 백인청소년보다는 흑인청소년이 더 개선되는 것으로 나타났다. 아무튼 하이필드 거주 소년들은 주립 소년원에 위탁된 비교집단의 소년들보다는 시설에 다시 수용되는 경우가 적었던 것으로 나타났다. 그러나 그 후 하이필드의 경험을 바탕으로 이와 유사한 프로그램들이 많이 진행되었지만, 특별히 성공적인 것으로 평가되는 프로젝트는 별로 나타나지 않았다. 그래서 하이필드 프로젝트의 성공이 과연 이 프로젝트의 객관적 장점 때문이었는지 아니면 하이필드 거주 소년들의 독특한 배경요소적인 변수 때문이었는지에 대해서는 확실하지 않은 점이 있다.

❷ 프로보와 실버레이크 실험

1960년대에도 사회과정이론에 근거한 집단적인 실험들이 몇몇 지역에서 진행되었는데, 그 중 가장 체계적이고 주의 깊게 평가된 프로젝트 중의 하나가 프로보 실험(Provo experiment)이다. 프로보 실험은 유타 주 프로보에서 엠페이(L. Empey)에 의해 수행되었는데, 이 실험은 그 동안 유타 주에서 심각한 비행을 저지른 비행소년들에게 통상 유타 주립 소년원 수용 판결이나 보호관찰 결정에 처하는 것에 대한 대안적 처우 프로그램으로 개발되었다.[83)]

이 프로그램은 심각한 비행을 저지른 소년들을 대상으로 진행되었지만, 살인이나 성범죄 또는 정신지체 소년들은 이 프로그램에서 제외되었다. 이 프로그램은 비거주

82) Ashley H. Weeks, *Youthful Offenders at Highfield*, Ann Arbor, University of Michigan Presss, 1958.

83) Lamar T. Empey & Maynard L. Erickson, *The Provo Experiment: Evaluating Community Control of Delinquency*, Lexington, MA: Lexington Books, 1972.

식 프로그램으로서, 비행소년들은 겨울동안은 학교에 다니거나 직장에 나가면서 의무적으로 집단모임에 참석하도록 하였고, 여름동안은 모든 소년들에게 직장에 다니게 하면서 의무적으로 집단모임에 참석하도록 하였다.

엠페이는 이 집단모임 프로그램에 하이필드의 GGI와 유사한 기술을 적용하였는데, 이는 범죄학에서 학습이론(차별교제이론)에 바탕을 둔 것이었다. 엠페이는 또래 동료소년들의 영향력이 중요하다는 것을 인식하였고 그들의 집단역학이 비행소년들을 효과적으로 변화시킬 것으로 보았던 것이다. 이들 집단모임은 성인 상담사들에 의해 지도되었는데, 이들의 지도에 의해 이 모임에 참여한 소년들 사이에는 친사회적·반비행적 문화가 형성될 수 있었다. 또한 이들 모임에 참여한 소년들은 자율적으로 행동기준과 규칙, 규칙위반에 대한 벌칙, 이 모임에서 나갈 시점을 결정할 수 있는 권한과 책임을 부여받았다.

이러한 프로보 실험에 참여하게 된 비행소년들은 주립 시설에 무작위로 맡겨진 소년들보다 석방 후 6개월 내의 재범률이 매우 낮았다. 주립 시설에 맡겨진 소년들의 경우 60%의 재범률을 보인 반면, 프로보 프로그램을 마친 소년들은 단지 16%의 재범률만 보였던 것이다. 4년 후의 조사에 따르더라도 프로보 프로그램을 마친 소년들의 재범률은 주립 시설에서 출소한 소년들에 비해 절반도 되지 않았다.

그러나 프로보 실험은 원래 판사들이 비행소년에 대하여 소년원 수용 또는 보호관찰 처분을 한 후에, 무작위로 일반적인 갱생프로그램에 보내거나 프로보 프로그램에 보내던 것을 전제로 시행된 프로그램이었는데, 이 프로그램의 긍정적 효과가 증명된 후 판사들이 의도적으로 프로보 프로젝트에 소년들을 보냈기 때문에 이 실험은 지속되지 못하였고, 또한 군(county) 공무원의 반대와 사적 기금이 바닥난 상태에서 공적 기금을 받지 못하였기 때문에 얼마하지 못하고 끝났다.

엠페이는 이후에 로스앤젤레스에서 프로보 실험을 재현하고자 시도하였는데 이것이 실버레이크 실험(Silverlake experiment)이다. 실버레이크 실험에서는 비행소년을 실버레이크 시설과 일반 경구금 시설에 무작위로 배치하였다. 그러나 이 프로젝트가 수행되면서 실버레이크 소년들과 이들이 출석하는 고등학교 담당자 간에 문제가 발생하였으며, 다른 어려움들도 생겨 실험이 원활하게 진행되지 못했다. 실버레이크 실험에서는 실버레이크 소년들의 재범률이 일반 경구금 시설에 수용된 소년들의 재범률과 거의 같은 것으로 나타났다.[84)]

❸ 평가

이러한 프로그램들은 관리만 잘 된다면, 사람들의 행동을 변화시키는데 매우 성공적일 수 있도록 짜여 진 프로그램들이라고 볼 수 있다. 이러한 프로그램의 성공을 위한 조건들은 매우 엄격하여야 한다. 원활한 의사소통과 책임성이 따라야 하고, 직원들은 잘 교육받은 전문가들로 구성되어야 하며, 모든 종사자들은 프로그램의 목적을 잘 인식하고 있어야 하며, 처우에 대한 지표평가가 명확해야 한다. 이 프로그램의 성공에 있어서 가장 어려운 문제 중 하나가 프로그램에 참여케 할 자를 누구로 정할 것이며, 그들을 얼마나 오랫동안 이 프로그램에 참여케 할 것인가에 대한 문제와 프로그램을 수행하는데 들어가는 비용을 어떻게 감당할 것인가에 대한 문제라고 할 수 있다. 이러한 문제점들이 원활하게 해결될 때 이러한 프로그램들은 성공할 수 있을 것이다.

Ⅲ. 조기개입 정책

❶ 사회적 발달모형

자기통제이론과 학습이론을 통합한 통합이론으로는 범죄발달이론이 있다. 범죄발달이론이란 아동 발달과정에서의 자기통제력 강화와 친사회적 행동이 준비되지 않으면, 일생동안 상습적인 범죄자가 될 가능성이 크다는 이론이다. 즉 범죄성은 아동의 성장과정에서 형성될 수 있다는 이론이다. 이 이론에 기초를 둔 프로그램 가운데 가장 널리 알려지고 정교하게 진행된 프로그램으로 대표적인 것이 호킨스(J. Hawkins)와 그의 동료들이 시애틀에서 시작한 사회적 발달모형(Social Development Model: 이하 SDM)이다.[85)]

이 프로그램은 아동의 성장기에 가족과 학교에 대한 강한 유대를 발전시켜서 친사

84) Richard J. Lundman, op. cit.
85) Joseph Weis & J.David Hawkins, *Reports of the National Juvenile Assessment Centers: Preventing Delinquency,* Washington. DC: U.S.Department of Justice, 1981.

회적 태도 및 행동을 학습하게 하고, 유년기 후반이나 청소년기 초반에 비행패턴을 학습하지 않도록 준비시키는 것에 목표를 두는 것으로, (자기통제이론에서 설명되는 바와 같은)가정과 학교에 대한 애착과 관여를 강화하는 것과 (학습이론에서 설명되는 바와 같은) 순응적 생각과 태도의 강화, 모방행동, 친사회적 태도와 기술 등을 학습하는 것을 결합시켜 추진한 프로그램이다.

SDM 프로젝트의 구체적 실험내용을 살펴보면 다음과 같다. 이 프로젝트는 먼저 시애틀에 있는 8개의 초등학교를 대상으로 1학년 입학생들을 '개입' 또는 '통제'반으로 나누어 무작위로 넣었다. 그 뒤 이 학생들이 4학년이 될 때까지 계속 두 집단에 학생들이 추가되었다. 처음 시작한 학생들이 5학년이 될 즈음에는 이 프로그램이 확장되어 18개 초등학교의 5학년 학생들 모두를 포함하게 되었다. '개입'반에 대하여는 교실과 가정 양 쪽 모두에서 개입이 이루어져 사회적 대인능력을 개발시키고, 바람직한 행동에 대한 보상을 제공하였다.

'개입'반의 교사들은 바람직한 행동을 보상하고, 교실소란을 통제하는 등 교실을 관리하는 기법, 학습목표와 학습수단을 명확히 나타내는 등 학생들과의 상호작용적 수업에 관한 기법, 학생들을 팀으로 구성하여 학습하게 하는 것 등에 관한 협력적 학습기법 등을 훈련받도록 하여 학생들이 학교에 강한 유대를 갖도록 하고, 다른 사람들과 상호 작용하는 사회적 적응력과 학업기술 등을 가르치도록 하였다. 이렇게 교육함으로 해서 아동들이 대인관계에서 발생하는 문제를 해결하는 방법과 거절하는 방법을 익히게 되면, 아동들은 자신들의 행동에 대한 사회적 영향력과 그 행동이 가져오는 결과를 인식하게 되고, 친구들에게도 순응하는 행동에 대한 좋은 영향을 미치게 될 것을 기대하였다.

또한 부모들 중 희망하는 사람에게는 아이를 올바르게 양육하는 방법에 대한 교육프로그램을 제공하였다. 이 프로그램은 부모들이 자녀들의 행동을 감독하는 방법, 자녀들에게 규범적 기대 가치를 심어주는 방법, 바람직한 행동을 더욱 긍정적으로 강화할 수 있도록 하는 방법, 바람직하지 않은 행동에 대한 일관성 있는 훈육 방법 등에 관하여 교육하는 것을 내용으로 한다. 또 이 교육프로그램은 부모들은 또한 가족과 함께하는 활동과 시간을 늘리는 등 긍정적 가정환경을 조성하고, 자녀의 교육에 대하여 교사와 협력하도록 권장한다. 이것은 자녀들을 올바르게 양육하는 방법에 대해서 서투른 부모들에게 기회를 제공할 뿐만 아니라, 자녀들을 올바르게 양육하고 있는 부모들에 대해서도 추가적인 지식과 방법을 제공하기 위한 것이라 할 수 있다.

이 프로그램은 실험대상자들이 5학년 때 개입집단과 통제집단 사이의 비교를 통해 평가하였고[86] 이들이 18살이 되었을 때 다시 평가하였다.[87] 조사에서는 사회적 적응 기술 여부, 친사회적 태도와 반사회적 태도, 가정과 학교에서의 애착 정도, 학업성적과 또래와의 상호작용 정도 등이 측정되었다. 또한 학교에서의 나쁜 행실과 징계 정도, 흡연·음주·마약사용 여부, 성행위 경험 여부 및 그 정도, 공식적 및 자기보고식의 비행뿐만 아니라, 교사의 지시적 훈육활동, 부모의 훈육 정도, 가족 참여도 측정되었다.

5학년 때의 조사결과를 보면, 음주를 시작한 경우는 개입집단이 20%, 통제집단은 27%로 개입집단이 통제집단보다 약간 낮았다. 나쁜 행실과 징계의 경우도 개입집단은 45%, 통제집단은 52%로 개입집단이 통제집단보다는 상대적으로 낮게 나타난다. 개입의 효과는 백인소녀들 사이에서 가장 크게 차이가 났으며, 백인소녀와 흑인소녀들 간에는 약간 작게 나타났고, 흑인소년들 사이에서는 차이가 거의 없었다. 학교에 대한 관여와 애착의 정도와 관련해서는 개입집단이 더 높은 점수를 보였지만, 표준화된 학업성취 검사성적은 통제집단이 더 좋게 나왔다.

18살 때의 조사결과를 보면, 개입집단이 통제집단보다 학업성적도 더 좋았고, 학교에 애착도 더 강하였다. 또한 자기보고에 의해 측정된 폭력적 비행(48.3% 대 59.7%), 폭음(15.4% 대 25.6%), 성적 활동(72.1% 대 83%), 다수의 성적 파트너(49.7% 대 61.5%) 등에서도 상당한 차이가 관찰되었다. 그러나 공식적 체포 및 법원에 기소된 비율은 별 차이가 없었으며, 자기보고에 의해 측정된 비폭력적 비행이나 음주, 흡연, 마약사용 등의 경우도 별 차이가 나타나지 않았다.

SDM의 개입 프로젝트는 갓프레드슨과 허쉬가 제시한 정책적 함의도 내포하고 있다. 즉 자기 통제력은 어려서 가정 내 사회화를 통해서 형성되기 때문에 범죄와 비행을 감소시키는 정책은 인생초기에 가정에 개입하는 정책만이 효과가 있을 것이라는

86) J. David Hawkins et al., "The Seattle Social Development Project: Effect of the first four years on protective factors and problem behaviors" in Joan McCord & Richard E. Tremblay(ed.), *Preventing Antisocial Behavior: Intervention From Birth Through Adolescence,* New York: Guilford Press, 1992, pp.139-161.

87) J.David Hawkins et al., "Preventing adolescent health-risk behaviors by strengthening protection during childhood", *Archives of Pediatric and Adolescent Medicine* 153, 1999, pp.226-234.

것이다. 자기통제이론에 따르면 자기통제란 즉각적 이익을 위한 비행 또는 범행을 억제하는 것이기 때문에 사회경제적 불평등을 줄이고 더 나은 주거환경을 제공하고 직업기술을 향상시키는 등 장기적 전망에 영향을 미치는 프로그램은 자기통제력 강화에는 효과가 없을 것으로 보며, 성인을 상대로 하여 갱생정책을 편다 하더라도 범죄자의 범죄성은 감소하지 않을 것으로 보았다. 그러나 자기통제이론은 가정에 대한 애착이 장래 행위를 결정하는 핵심적 요소로 본 반면, SDM은 반사회적 급우 및 성인들과의 상호작용도 비행과 약물남용에 빠져들게 하는데 영향을 미친다는 것을 전제로 하는 점에서 차이가 있다. 즉 아동기 가정에 대한 조기개입 이외에 그 후의 친사회적 또는 반사회적 행동에 대한 개입도 애착의 질을 결정한다는 것이다.

❷ 그 외 조기개입프로그램

(1) 뉴욕 주 엘마이라 지역의 가정방문프로그램

뉴욕 주 엘마이라(Elmira) 지역의 가정방문프로그램은 취약한 환경에 놓여 있는 첫 출산 여성을 돕기 위해서 입안된 프로그램이었다. 이 프로그램은 심리학자 데이비드 올즈(David Olds)가 이끄는 팀에 의해 1970년대 말에 시작되었는데, 이 프로그램의 정식 명칭인 '태아/ 영아 프로그램(the Prenatal Early Infancy Program)'에서도 알 수 있는 바와 같이 임신 중인 그리고 생후 2년까지의 영아를 두고 있는 여성들을 대상으로 하는 프로그램이었다. 특히 이 프로그램은 가난한 환경에서의 출산이 아동학대 및 경시의 위험을 높이는 것을 예방하기 위하여 고안된 것이다. 아동학대는 폭력범죄 중 가장 악랄하고 비극적인범죄라 할 수 있는데 그 이유는 아동학대가 장기적으로 심각한 후유증과 부정적인 결과를 낳기 때문이다. 심각한 학대를 당한 아동들은 청소년이나 성인이 되었을 때 폭력을 행사할 경향이 훨씬 높은 것으로 나타나고 있다. 엘마이라 프로그램은 이러한 폭력의 대물림을 막기 위해 시작된 것이다.

엘마이라(Elmira) 프로그램은 간호사들을 고용하여 임신 중인 여성 그리고 생후 2년이 안된 영아를 두고 있는 여성 중 취약한 환경에 놓인 여성을 2주에 한번 씩 가정방문을 하도록 하였다. 간호사들이 가정을 방문하여 보내는 시간은 대개 75분에서 90분 정도 되었으며, 간호사들은 가정방문을 하면서 이 프로그램에서 설계한 세부적인 지침에 따라 행동했다. 세부적인 지침에는 건강한 출산을 위해 흡연, 음주, 약물 사용

등을 하지 않도록 하는 등 임신부의 건강과 관련된 행동을 지원하는 것, 출산 영아가 건강하게 자랄 수 있도록 부모의 책임 있고 충분한 역할을 인식시키고 돕는 것, 부모들이 장래 그들의 전망을 발전시키도록 도움으로써 그 가정이 경제적으로 자립할 수 있도록 지원하는 것 등이 포함되었다.

이 프로그램은 약 400여명의 여성을 대상으로 실시되었는데, 이 여성들의 85%가 경제적 수입이 열악하거나, 미혼이었거나, 19세 이하의 어린 여성이었다. 또 이 프로그램에 참여한 여성의 80%가 백인여성들이었다.

프로그램이 진행되는 동안 실험집단과 통제집단 간에 큰 차이가 나타났다. 가정방문을 받은 어머니 집단의 영아가 생후 2년 동안 학대나 경시를 받은 경우가 4% 뿐이었던데 반해, 가정방문을 받지 않은 어머니 집단의 경우 영아학대나 경시 사례가 19%에 달하였다. 또한 가정방문을 받은 어머니 집단이 직장생활을 시작한 경우가 82% 정도 증가하였으며, 첫 번째 아이 출산 후 4년 이내 다시 임신을 한 경우도 43%나 줄었다. 뿐만 아니라 흡연 및 다이어트에 있어서도 효과가 나타났으며, 어린이들 역시 더 안전하고 활기찬 분위기에서 성장하였으며, 처벌을 받거나 응급치료 시설에 보내지는 횟수도 훨씬 적은 것으로 나타났으며, 사회적 지원이나 지역사회의 원조를 이용하는 경우도 높아진 것으로 나타났다.

이 프로그램에 대해서는 아이들이 15세가 되었을 때 다시 평가되었는데, 이 평가에 의하면 이 프로그램에 참여한 가정의 아이들은 그렇지 않은 집단의 아이들에 비해 흡연, 음주, 약물사용 뿐만 아니라, 비행에 빠지는 경우도 적은 것으로 평가되었다.[88)]

⑵ 볼티모어 시의 가정방문 프로그램

이 프로그램은 1980년대 초 존스 홉킨스 대학교(the Johns Hopkins University) 의과대학에서 메릴랜드 주 볼티모어 시에 거주하는 영아를 두고 있는 저소득층 흑인 여성들을 대상으로 실시된 것이었다. 이 프로그램은 뉴욕 주 엘마이라 프로그램과는 달리 간호사에 의한 방문이 아닌 대학을 졸업한 일반여성들을 고용하여 방문하도록 하였다. 가정방문도 출산 후 2년에 걸쳐 10차례 정도만 이루어졌으며, 한번 방문 시 약

88) David L. Olds et al., "Long-term Effect of Home Visitation on Maternal Life Course and Child Abuse and Neglect: Fifteen-year Follow-up of a Randomized Trial", *Journal of the American Medical Association*, Vol. 278, No.8, 1997, pp.637-643.

40-60분 정도만 체류한 프로그램이었다. 그럼에도 불구하고 이 프로그램이 진행되는 동안 그 프로그램에 참가된 가정의 아동의 경우 오직 1.5%만이 아동경시나 학대의 피해자가 된 것으로 추정되었고, 그렇지 않은 가정의 아동의 경우는 약 10%정도로 나타났다.[89)]

(3) 하와이의 '건강한 출발(Healthy Start)' 프로그램

하와이의 건강한 출발 프로그램(Healthy Start Program, 이하 HSP)도 다른 가정개입 프로그램과 마찬가지로 아동학대 및 경시를 예방하고 아동의 건강을 증진하고, 아동 출산에 있어서 어려운 환경에 놓인 가정을 돌보기 위하여 입안된 프로그램이다. 그러나 이 프로그램은 대체로 그간의 가정개입 프로그램이 일회성이거나 단기 프로그램으로서 실험적 성격을 갖고 있었고 재원이 고갈되면 해체되는 경향이 있었던데 반해, 1975년에 하와이의 가장 인구가 많은 오하우 섬의 한 지역에서 실시되어, 그 후 20년 동안 계속 진행되면서 1998년에는 주 전체 20여 곳에서 이 프로그램이 시행되고 있고, 미국과 국제사회에 많은 영향을 미쳐 이 프로그램을 적용하도록 한 공로가 있는 프로그램이다.

HSP는 일상적인 스트레스, 고립, 부모역할에 대한 인식의 부족으로 아동을 학대하거나 경시하기 쉬운 취약가정을 지원하는 것을 목표로 한다. 이 프로그램은 출산 직후의 영아를 두고 있는 가정을 방문하여 주위 환경의 취약요소를 감소시키고 아동학대와 경시를 예방하는데 초점을 맞추는데, 이러한 역할은 가정 방문자에 의해 진행된다. 방문자는 부모역할 상담에 많은 시간을 할애함과 동시에 주거 및 취업 알선에서부터 교통편 마련에 이르기까지 다양한 서비스를 제공하고 또한 부모지원활동, 임시아동보호, 마약남용이나 가정폭력에 대한 상담 등도 제공한다. 가정 방문자는 볼티모어 프로그램과 마찬가지로 준전문가에 의해 실시되었으며, 이 프로그램의 참여 여부는 본인의 결정에 따르도록 하고 있다. 또한 아동발달전문가들도 보다 복잡한 부모역할 수행이나 행동발달상의 문제들을 해결하는 데 개입하도록 함으로써 보다 복합적인 프로그램이 될 수 있도록 하였다.

이 프로그램에 대한 초기 내부 평가결과는 상당히 긍정적이었다. 1987년에서 1991

---

89) Janet B. Hardy & Rosalie Street, "Family Support of Clinic-based Preventive Health Care Services for Poor Children", *Journal of Pediatrics*, Vol.115, 1989, pp.927-931.

년 사이에 프로그램에 참가한 가정에서는 2%미만이 아동학대 혹은 경시 사례가 나타난 반면, 프로그램에 참가하지 않은 문제가정의 경우는 5% 이상이 나타났다. 약 4%의 가정은 이 프로그램에 참가하기 전에 이미 아동을 학대 혹은 경시한 경력을 안고 있었으나, 프로그램에 참가하는 동안 어느 가정에서도 아동학대나 경시는 물론, 이 프로그램이 존속하는 전 기간 동안 한 건의 가정 내 강력살인 사건도 발생하지 않았다.90)

이러한 긍정적 평가는 아동학대방지전국위원회(the National Community to Prevent Child Abuse)에서 실시된 연구에서 다시 입증되었다. 1년 후 아동학대 혹은 경시사례 건수를 비교하였을 때, 프로그램에 참가한 가정들의 건수는 참가하지 않은 가정의 절반에 그쳤으며 사례 역시 경미한 것으로 나타났다. 참가한 가정의 부모들 역시 일반적으로 부모역할을 잘 수행하여 자녀들과의 관계에 보다 많은 관심을 갖고 개입하였으며 처벌적 양육형태도 약화된 것을 나타났다.91)

(4) 페리 취학 전 프로그램

그 외 조기개입프로그램으로 주목할 만한 것은 미시간 주 입실랜티(Ypsilanti)시에서 주로 흑인 거주지역의 저소득층을 대상으로 한 '페리 취학 전 프로그램(the Perry Preschool Program)'을 들 수 있다. 이 프로그램은 경제적으로 열악한 상태에 놓여 있기 때문에 학교생활에 실패할 위험에 처한 가정의 아동들 중 123명을 대상으로 실시된 프로그램이었다. 이 프로그램은 가난한 가정의 3-4세 아동들을 대상으로 한 2년(일부아동은 1년)프로그램으로, 매일 2시간 반의 수업과 주 1회의 가정 방문, 방문 1회당 1시간 내지 1시간 30분 정도 머무는 것으로 되어 있었다. 이 프로그램은 어느 한 지역에서 같은 학교에 진학 예정인 아동들을 상대로 하였는데, 여기서 아동들을 취학 전 프로그램에 참여하게 하는 집단과 참여하지 않게 하는 집단으로 나누어 실험을 진행하였다. 그리고 이 아동들에 대한 사회적, 지적 발달에 대한 정기적인 평가를 하기 시작했다. 이러한 평가는 가장 어린 아동이 27세가 될 때까지 진행 되었으며

90) Ralph B. Earle, *Helping to Prevent Child Abuse and Future Consequences: Hawai'i Healthy Start.* Washington, D.C., National Institute of Justice, 1995.

91) Center on Child Abuse Prevention Research, *Intensive Home Visiting: A Randomized Trial, Follow-up and Risk Assessment Study of Hawai'i Healthy Start Program. Chicago,* National Committee to Prevent Child Abuse, 1996.

그 결과는 매우 긍정적인 것으로 나타났다. 체포 횟수 5회 이상을 기준으로 한 상습범죄자가 되는 경우가 참가하지 않았던 집단에 비해 1/5에 불과하였으며, 마약과 관련되어 체포된 경우 역시 1/4에 그친 것으로 나타났다.[92]

(5) 가족발달연구 프로그램

이 프로그램은 1970년대에 시라큐스 대학에서 시작된 가족발달연구 프로그램(the Syracuse University Family Development Research Program, 이하 SFDRP)인데, 아동과 가족의 역할, 가정방문을 통한 개인관계, 부모역할에 대한 교육, 개인 맞춤형 탁아보육 등을 지원·개선하기 위하여 입안된 것이다. 이 프로그램은 흑인가정, 편부모가정, 출산을 앞둔 또는 취학 전 아동을 둔 경제적으로 어려운 가정 등을 대상으로 하며, 이러한 가정의 아동들이 인지, 언어, 사회성, 육체, 감성, 영양 측면에서 제 기능을 발휘하도록 하며, 아동들이 긍정적인 사회적 관점을 가지도록 하고 성장 후 비행에 빠지지 않도록 하는데 목적을 두었다.

프로그램의 참여자들은 맞춤형 교육을 받고 매주 아동발달교육의 준전문가의 방문을 받아 이들로부터 도움을 받도록 하였다. 아동발달 교육 준전문가들은 어머니들이 자신의 영아들을 적절히 발달할 수 있도록 하는 여러 가지 기술들을 익히도록 도왔고, 참여자들을 서로 연결시키고, 각종 지원센터와의 연결도 도왔으며, 자녀들이 교육적 지식을 습득하는데 어머니의 관여가 활발하게 이루어지도록 하였다. 또한 이 프로그램에 참여하는 가정에 대해서는 5년 동안 고도의 훈련을 받은 스태프에 의해 운영되는 탁아기관에 아동들을 맡길 수 있도록 하였다.

이 프로그램에 대한 평가는 10년간의 장기적인 추적조사에 의한 자료들로 이루어졌는데, 그 평가에는 216명의 아동이 표본으로 선정되었으며, 실험집단과 통제집단에 각 108가구가 선정되었다. 평가결과는 이 프로그램에 참여한 집단의 아동들이 비행에 빠지는 경우가 적었으며, 학교에서의 역할도 향상된 것으로 나타났다. 또한 이 프로그램에 참여한 아동들은 보다 자신을 보다 긍정적으로 평가하였으며, 보다 높은 교육목표를 가졌다. 이 프로그램에 참여한 부모들도 자녀들의 성공에 크게 고무되었고, 가족간의 유대도 더 강화된 것으로 나타났다.

92) Lawrence Schweinhart, H. V. Barnes & David Weikart, *Significant Benefits: The High/Scope Perry Preschool Study Through Age 27*, Ypsilanti, Mich., High/Scope Press, 1993.

특히, 유치원에서 SFDRP에 참여한 집단의 아동들은 통제집단의 아동들에 비해 대단히 참여적이고, 열정적이었으며, 사회성도 있었고, 독립적이며, 모든 면에서 유연한 것으로 평가되었다. IQ지수에 있어서도 89를 넘긴 경우가 SFDRP에 참여한 집단의 아동들이 통제집단의 아동들보다 훨씬 많은 것으로 나타났다. SFDRP에 참여한 집단의 아동들의 이러한 긍정적 행동들은 초등학교 1학년 입학 후에도 계속 되었는데, 이것은 같은 친구들 사이에서의 행동이고, 어른들에 대한 행동은 긍정적인 행동과 부정적인 행동이 어른들의 억압적인 태도 등에 따라 달리 나타났다. 이들이 중학교 2학년에 되었을 때의 비행률을 보아도 실험집단과 통제집단 사이에 가장 큰 차이를 나타내었다. 비행기록의 경우, 두 집단 간의 비율은 22%대 6%로 프로그램에 참하가지 않았던 가정의 자녀들 비행이 약 네 배가량 높았다. 프로그램에 참가했던 가정의 자녀들 경우는, 비행행위의 건수도 많지 않았지만 그 행위도 경미한 것이었다.93)

❸ 평가

가정폭력 및 아동학대·경시의 문제점을 예방하기 위한 이러한 조기개입프로그램들은 한정된 재정적 뒷받침에도 불구하고 매우 긍정적인 효과를 보여주었지만, 대부분의 프로그램들이 시간이 경과함에 따라 그 효과가 반감되는 문제점을 가진 것으로 평가된다. 그 이유는 그 프로그램 자체가 유효적절하지 않아서라기보다는 이것이 국가적 수준에서 지속적으로 진행되지 못함으로써 항상 불안정하고 단기적이며, 실험적인 수준을 벗어나지 못했기 때문일 것이다. 또한 조기개입 프로그램이 성공하기 위해서는 그 프로그램의 효과적 우수성뿐만 아니라 사회 내에 존재하는 빈곤, 지역사회 해체 등 열악한 사회·경제적 환경이 개선되어야 하는데 실제 이 프로그램들의 교육적 전략에만 지나치게 의존함으로써 성공을 거두지 못한 점도 있는 것이다.

그러므로 가정방문을 포함한 조기개입 프로그램이 효과를 거두기 위해서는 국가적인 차원에서 장기간 안정적으로 시행되어야 하며, 종합적인 성격을 갖고 있어야 하는 것이다. 즉 단순히 부모역할 교육을 넘어서 취약한 가정여건에서 비롯되는 다양한 문

93) J. Ronald Lally, Peter L. Mangione & Alice S. Honig, "The Syracuse University Family Development Research Program: Long Range Impact of an Early Intervention with Low-Income Children and Their Families", in Douglas R. Powell(ed.), *Annual Advances in Applied Developmental Psychology* Vol. 3, Norwood, N.J., Ablex Publishing Corp., 1988, pp.79-104.

제들에 개입하는 것이 필요하다는 것이다. 최선의 가정지원 프로그램은 좁게는 자녀양육과 부모역할 교육에서부터 넓게는 의료, 소득, 주거 등을 포함한 전반적인 문제를 다루어야 할 것이다.

제6절 재범억제 정책

재범억제영역은 기 범죄를 저지른 자가 다시 재범하지 않도록 하는데 중점을 두는 영역이다. 이 영역에는 범죄자의 처벌을 통한 재범억제, 치료 및 갱생을 통한 사회복귀, 범죄자의 사회복귀후의 사후적 관리전략 등이 들어간다. 그러나 처벌을 통한 특별억제 정책 등은 앞서 설명한 바와 같으므로 여기서는 낙인이론과 관련한 비범죄화, 다이버전, 회복적 사법 등을 중심으로 살펴보고 그 외에 갱생을 통한 사회복귀 및 출소 후 사후관리에 관하여 보기로 한다.

Ⅰ. 비범죄화 정책

비범죄화란 종래 범죄로 취급하던 일정한 인간행태에 대하여 형사정책의 변화에 따라 일정한 형사제재규정을 폐지하거나 사실상 적용하지 않거나 또는 형사제재를 보다 가볍게 하려는 모든 시도를 말한다. 한편 일정한 인간행태를 여전히 범죄로 규정짓되, 단지 그 법률효과로서 종래 부과되던 형벌적 제재수단을 비형벌적 제재수단으로 전환하는 소위 '비형벌화'는 엄격한 의미에서 비범죄화와 구별된다고 볼 수 있다. 이러한 비범죄화 정책이 모두 낙인이론에 그 근거를 두는 것은 아니지만, 낙인이론의 대표적 정책으로 하나로 꼽을 수 있는 정책이다.

낙인이론가들은 형법의 지나친 간섭이 좋지 않은 형사정책적 문제점을 나타낸다고 주장한다. 그 동안 전통적인 형사사법 체계는 생명과 재산의 위협에 대한 통제뿐만 아니라, 약물사용 · 도박 · 음란영화 · 공공장소에서의 음주 등 피해자 없는 범죄의 영역, 그리고 무단결석이나 난잡한 성행위 등 청소년의 단순한 비행의 영역까지도 통제해왔다. 이러한 행동들의 도덕성에 관해서는 논란의 여지가 있는 것으로 학자들도 인정하지만, 그러한 행동들에 대해 통제의 수단으로 형법을 사용한다는 것은 비용이 많이 들고, 비효율적이며, 범죄를 야기하는, 바람직하지 않은 형법의 확장으로 보았다.[94)]

슈어(E. Schur)같은 학자는 약물복용 같은 피해자 없는 일탈을 범죄화하는 것은 다양한 방법으로 범죄를 만드는 것이라고 주장했다. 그 이유는 첫째, 법의 단순한 존재만으로도 그에 해당하는 행위를 하는 사람들을 체포와 형사사법절차의 후보로 전환시키기 때문이라는 것이다. 두 번째로 약물에 중독 되면 그 중독자들이 금지약물을 구입하기 위해 강도나 절도를 행하는 것처럼, 법의 단순한 존재는 그들로 하여금 관련범죄를 저지르도록 몰아가는 경우가 많다는 것이다. 셋째, 원하는 물건이나 서비스의 합법적 취득을 금지함으로써 범죄화를 시키면 수지타산이 맞는 불법적 시장이 개설되게 되고, 그 시장은 조직범죄의 돈줄의 역할을 하게 된다는 것이다. 마지막으로, 그런 불법적 교환의 존재는 법집행 공무원의 부패에 강한 동인이 되며, 법집행공무원들은 뒤를 봐주는 대가로 뇌물의 유혹에 빠지게 된다는 것이다.[95)]

따라서 낙인이론가들은 형법의 영역에 속하는 많은 형태의 행위를 형법영역으로부터 몰아내는 것, 즉 현명한 비범죄화를 시도할 것을 주장했다. 완전한 합법화 정책이나 속도위반 같은 교통위반 행위의 경우 벌금을 내는데 그치는 것처럼 경범으로 취급하는 정책 등이 이러한 정책에 포함될 수 있을 것이다. 어떻든 그 목표는 법의 간섭에 한계를 둠으로써 사람들을 범죄자로 낙인 하는 범위를 축소시키는 것이다.

비범죄화 정책은 많은 논쟁을 불러 일으켰고, 몇몇 분야에서는 중요한 법적 변화를 가져왔다. 낙태는 미국 대법원 판결에 의해 합법화되었고[96)] 아주 적은 양의 마리화나

---

94) N. Morris & G. Hawkins, *The honest politician's guide to crime control*, Chicago: University of Chicago Press, 1970, p.2.

95) Edwin M. Schur, *Crimes without victims: Deviant behavior and public policy*, Englewood Cliffs, NJ: Prentice Hall, 1965.

96) 73년 합법적인 임심중절을 인정한 대법원의 '로이 대 웨이드' 판결에 따르면, 낙태를 처벌하는 대부분의 법률들은 수정헌법 14조의 적법절차조항에 의한 프라이버시권에 대한 침해가 된다. 이 판결로 낙태를 금지하거나 제한하는 미국의 모든 주와 연방의 법률들이 폐지되었다(Roe v. Wade, 410 U.S. 113, 1973년).

의 소지는 경범으로 약화되는 경우가 많게 되었고, 포르노물을 형법적 처벌의 대상으로 둘지 여부에 대해서는 지역사회의 결정에 넘겨졌으며, 주가 운영하는 복권이나 카지노 같은 도박형태는 합법화 되었으며, 비행문제는 사회복지기관의 업무가 되었다. 그러나 이 같은 변화는 미국의 모든 주에서 발생한 것은 아니었고 일부 행위들은 여전히 불법적인 것으로 남아 있다. 특히 주목할 점은 낙인이론가들이 정책적으로 제안했던 것 중 가장 논쟁을 유발했던 모든 약물복용을 비범죄화하자는 요청은 묵살되었다. 미국에서는 마약의 공급을 차단하고 불법적 마약시장에 관여한 사람들을 교도소로 보내려는 마약과의 전쟁이 진행되고 있다.[97)]

비범죄화에 대한 반대론자들은 현재 피해자가 없는 범죄에 대한 비범죄화의 주장에 대해서 그러한 피해자 없는 범죄가 정말로 피해자가 없는 것은 아니며, 그러한 범죄들도 결국 사회적 해악을 가져와 다른 범죄를 증가시키는데 기여할 것이라고 비판한다.[98)]

Ⅱ. 다이버전

❶ 다이버전의 의의

다이버전(diversion)이란 일반적으로 '전환처우'로 번역되는데, 체포된 청소년 범죄자를 공식적인 형사사법 절차로부터 분리하여 비형식적 처분이나 수단을 통하여 범죄자들을 처분하는 정책프로그램을 말한다.

여기에는 소년 범죄자를 공식절차로부터 이탈시키는 것에 그치지 않고 대안적 방법을 활용하는 '개입 다이버전'과 아무런 조건 없이 대상자를 공식절차로부터 완전히 이탈시키는 '단순 다이버전'이 있다. 일부의 극단적 낙인이론가들은 급진적 불개입주의의 이념을 추종하여 사법기관에 의한 어떠한 형태의 개입도 배제하는 단순 다이버전의 도입을 주장하지만, 다이버전이 형사정책적으로 중요한 의미를 가지는 것은 사법절차중지의 조건으로 다양한 비공식처우를 결합했다는 측면이기 때문에 전자가 보

97) E. Currie, *Reckoning: Drugs, cities, and the American future*, New York: Hill &Wang, 1993.
98) Steven F. Messner & Richard Rossenfeld, *Crime and the American Dream*(2nd ed.), Belmont, CA:Wadsworth, 1997, p.5.

편적 형태로 인정되고 있다. 실제 다이버전을 활용하는 국가들은 사법절차로부터 이탈하는 소년 범죄자에 대해 취업교육, 사회봉사명령, 수강명령, 치료 및 심리상담, 피해자와의 조정이나 화해 등을 결합하는 방법으로 이들의 재범방지를 도모하고 있다.

또한 다이버전은 행위 유형에 의한 다이버전, 행위자 유형에 의한 다이버전, 일반적 사건 처리과정에서의 다이버전 등 유형에 따라 구분되기도 한다. '행위 유형에 의한 다이버전'은 범죄 또는 비행의 형태에 의해 전환여부가 결정되는 것을 말하며, '행위자 유형에 의한 다이버전'은 형사미성년자, 정신장애자들과 같은 형벌대상으로부터 제외되는 책임무능력자들을 형사사법제도의 밖에서 처우하는 것을 말한다. '일반적 사건처리과정에서의 다이버전'은 비행사건을 처리하는 각 단계에서 행하여지는 전환을 의미한다. 소년사건의 처리는 경찰단계, 재판 전 심사(intake proceeding)단계, 검찰단계, 소년법원 단계, 교정단계를 거쳐서 진행되는데, 각 단계마다 재량권이 부여되어 다이버전이 이루어질 수 있다.46)

❷ 다이버전의 발전

다이버전이 형사정책에 도입되게 된 계기는 범죄인에 대한 유죄판결이나 형 집행이 낙인효과를 가져와 범죄인의 사회복귀에 불리하게 작용할 뿐만 아니라 범죄인의 자아의식에 영향을 미쳐 자기실현적 효과 때문에 재범을 부추긴다는 비판 때문이었다.

미국의 경우 1960년대 까지는 의료모형에 기초한 국가교정시설에 의한 교화활동이 소년범죄자의 선도에 가장 이상적인 방법으로 간주되고 있었다. 그러나 1960년대 후반부터 이러한 국가교정시설에 의한 교화활동이 소년범의 재범방지에 아무런 효과가 없다는 연구결과들이 나오기 시작하면서 비판을 받기 시작했다.[99]

그리하여 1967년 미국의 법집행과 사법행정에 관한 대통령 위원회는 소년법원의 관할권 제한과 다이버전, 비시설수용화, 적정절차의 보장 원리를 강조하는 소년사법개혁을 제언하였다. 1974년에는 연방법에 청소년 범죄자에 대한 전국적인 탈시설화를 규정하였다. 신분범죄(가출, 무단결석, 통행금지위반 등 학생으로서의 신분범죄)를 저지른 청소년을 더 이상 구금하지 못하도록 하였을 뿐만 아니라, 법적으로 그런 신분

99) D. Lipton, R. Martinson & J. Wilks, *The Effectiveness of Correctional Treatment: A Survey of Treatment Evaluation Studies*, Springfield, MA:Praeger, 1975.

범죄를 더 이상 비행으로 분류하지 못하도록 하였다. 따라서 신분범죄를 저지른 청소년들은 소년사법체계의 관할에서 완전히 벗어나게 되었다. 중범을 저지른 청소년들조차 대기실 등에 6시간미만 유치하는 것을 제외하고는 성인 구치소에 수용되지 못하게 하였다. 폐쇄된 구금 교정시설과 소년원에 수용되는 경우도 많이 줄어들었다.[100)]

그러나 무엇보다 형사사법기관의 개입에 대하여 보다 근본적인 비판을 제기한 사람들은 1960년대 후반 낙인이론가들이었다. 낙인이론가들은 형사사법의 개입이 오히려 낙인효과를 유발하여 소년의 반사회적 인격형성, 건전한 성장기회의 박탈, 재범기반을 조성하게 된다고 주장하였던 것이다.[101)] 시설내 처우로 인한 범죄학습과 낙인으로 인한 부정적 자아관념을 형성하게 되는 사법적 처우과정에서 발생할 수 있는 역기능을 방지함으로써 소년의 재범방지와 원활한 사회복귀를 가능하게 하기 위해서는 공식적인 처벌 이외에 다양한 다이버전이 추구되어야 함을 역설하였던 것이다.

이렇게 청소년 다이버전 정책은 미국에서 1970년대에 정점에 이르렀다. 그러나 물론 오늘날에도 많은 다이버전 프로그램이 지속되고 있기는 하지만, 1980년대 말을 지나면서 범죄자의 장기구금에 초점을 맞추는 억제와 응보정책이 우세해 짐에 따라 다이버전의 인기는 많이 약해진 편이다.

❸ 정책적 실행

다이버전의 가장 큰 목적은 범죄인에 대한 낙인효과를 피하고 범죄인의 사회복귀와 재범방지에 기여하는 것이라고 하겠다. 형사사법실무 차원에서 보면 다이버전의 또 다른 목적은 법원의 업무 부담을 덜고 사건처리를 빨리 할 수 있도록 함으로써 형사사법의 효율성을 높이는 것이라 할 수 있다.

미국에서는 상당수의 다이버전 프로그램들이 비교적 경미하고, 크게 위험성이 없는 범죄를 저지른 소년을 대상으로 이루어지며, 성범죄와 같이 특별히 문제성이 있는 범죄나 중범죄의 경우에는 다이버전이 허용되지 않고 있다.

범죄를 저지른 청소년, 특히 초범의 경우에 다이버전 프로그램으로는 초범대상프로그램(first offender program)이나 재판 전 중재(pre-trial intervention)등의 형태로 주(州)

---

100) Gwen Holden & Robert A. Kapler, "Deinstitutionalizing status offenders: A record of progress", *Juvenile Justice* 2, 1995, pp.3-10.

101) 도중진 외 4인, 『소년사범의 적정한 처리절차에 관한연구』, 형사정책연구원, 2005. 55면.

차원에서 혹은 카운티 차원에서 상황에 맞게 다양하게 시행되고 있으며, 때에 따라서는 범죄행위로 체포된 청소년 뿐 아니라 우범소년의 경우에도 이러한 프로그램의 대상이 되기도 한다.

뉴욕 주 암허스트에서 시행되고 있는 초범대상 프로그램을 예로 살펴보면 그 내용은 다음과 같다. 뉴욕 주는 1974년부터 청소년 가족상담소에서 암허스트 청소년위원회와 연계해 초범에 대한 다이버전 프로그램을 운영하고 있다. 이 프로그램은 치료, 중재, 상담 등을 통하여 초범 청소년의 재범을 방지하는데 그 목적이 있다. 이 프로그램에 위탁된 참여자들은 15주간 상담 프로그램에 참여하는데, 매주 2시간가량 청소년 가족상담소의 전문 상담자들과 상담을 하며, 참여자들이 자신의 행동에 책임을 지고 스스로의 감정을 인식하고 표현할 수 있도록 돕는 토론 등이 이루어진다. 이 때 참여자들은 물론이고, 가족구성원 모두와 상담자가 함께 만나 지속적으로 상담이 이루어진다. 이러한 프로그램이 성공적으로 끝나면 범죄기록이 말소될 수 있도록 하는 추천서가 법원에 전달되며, 이러한 훈련을 통해 자신을 스스로 통제할 수 있는 방법을 배우고, 가족과 함께 문제를 해결할 수 있는 방법을 배우게 된다.[102)]

낙인이론의 관점에서 보면, 구금으로부터의 다이버전은 절차의 단계에서 빠를수록 좋기 때문에 범죄자들이 가능한 한 형사절차 초기에 다이버전이 가능하도록 하여야 한다고 주장한다. 이러한 점에서 보면, 일반적으로 경찰단계에서의 다이버전이 가장 효과적일 수 있다. 일반적으로 경찰단계에서 이루어지는 다이버전은 두 가지 방법이 있다. 첫째는 인지한 소년비행에 대해 아무런 조치를 취하지 않고 돌려보내는 것으로, 말하자면 불간섭주의를 취하는 것이다. 그러나 이 경우에도 실무상 경고나 훈계 또는 상담 등의 최소한의 조치는 행해질 수 있을 것이다. 둘째는 문제해결을 위한 적극적인 대응으로 소년을 소년법원이 아닌 사회교육기관이나 사회봉사기관 등에 위탁하는 것이다.

미국경찰의 경우 비행소년의 처리에 광범한 재량권을 가지며, 이에 의하여 행사할 수 있는 처분권한 중에는 석방도 포함된다. 석방에는 다시 여러 가지 형태가 있다. 우선 석방에 있어서 경고(warning)를 하는 경우와 경고 없이 석방하는 경우가 있다. 또한 석방에 있어서 공식보고서(official report)를 작성하는 경우와 그렇지 않은 경우

102) 이윤호・김지연, "최근 소년사법의 경향에 따른 소년범에 대한 효과적인 대응방안의 모색", 「한국공안행정학회보」 제22호, 2006, 332면.

가 있다. 이밖에 석방을 하면서 부모나 보호자에 인계를 하는 경우와 그렇지 않은 경우가 있다.

❹ 평가

위와 같이 다이버전은 청소년에 대해 보다 큰 절차적 정의를 이루었으며, 구금되고 교정시설에 수용되는 청소년 인구의 감소를 가져왔을지는 모르지만, 다이버전 프로그램에 대한 대부분의 평가 결과는 통상적인 소년사법절차에 두는 것과 비교할 때 재범률에 있어서 큰 차이를 보이지 않는다는 것을 보여주었다.

또한 다이버전에 대해서는 오히려 낙인효과를 강화할 수 있다는 비판이 있다. 다이버전 프로그램이 작동함으로 해서 형사재판 관련자들은 다이버전 프로그램이 없었더라면 석방될 수 있었을지도 모르는 청소년들을 다이버전 프로그램에 보내는 경향이 있다는 것이 몇몇 연구결과에 의해 밝혀졌다.[103] 이것은 다이버전이 없었더라면 공식적 관심이 없이 집행유예 등으로 단순히 석방될 수 있는 경우에도 청소년 관계 당국의 감독책임 하에 두게 됨으로써 공식적 관심을 받게 된다는 것을 의미한다. 관련기관은 또한 기관의 존속을 위하여 전환처우를 받은 청소년을 넘겨받아 이를 유지하는데 더 관심을 기울일 것이다. 그렇게 되면 다이버전 프로그램의 존재는 처음 의도된 것과는 달리 개입하지 않는 전략보다 개입영역을 더 확대할 수도 있다.

Ⅲ. 회복적 사법

❶ 개설

전통적인 형사사법의 모델은 국가가 범죄에 상응하는 형벌을 부과함으로써 범죄로 인해 침해된 법질서를 회복하고, 일반시민을 위하하는 동시에 가해자를 교육 개선시키는 것을 이념으로 하고 있다. 국가 주도의 형사사법 시스템에서 피해자는 언제나

103) James Austin & Barry Krisberg, "Wider, Stronger, and Different Nets: The Dialectics of Criminal Justice Reform", *Journal of Research in Crime and Delinquency* 18, 1981, pp.165-196.

국외자에 불과하였고 가해자에게 유죄판결이 선고되더라도 피해자가 피해를 배상받기 위해서는 별도로 민사소송을 제기 해야만 한다. 즉 피해자가 피해를 전보하기 위해 또다시 2차적 피해라 할 수 있는 소송비용, 시간, 노력을 투여해야만 하는 것이다. 나아가 피해자가 민사소송을 통하여 승소판결을 받는다 하더라도 가해자는 손해를 배상할 의욕도 능력도 없는 경우가 많기 때문에 피해자는 채무명의인 판결문을 사용한 강제집행도 할 수 없어 또 한 번의 좌절감이라는 3차적 피해에 시달리게 되는 경우가 많다.

이러한 응보적 사법(retributive justice)은 피해자에게만 좌절을 안기는 것이 아니라 가해자에게는 전과자라는 낙인을 찍어 사회로부터 추방함으로써 재범의 위험성을 높이게 된다. 따라서 피해자를 형사절차 내에 끌어들여 진정한 피해회복이 가능하도록 하고, 가해자에 대해서는 자신의 범죄에 대해 진정한 책임을 지도록 하여 다시 사회에 복귀할 수 있도록 하는 새로운 형벌체계의 제시가 요구되었다.

새로운 사법모델인 회복적 사법(restorative justice)은 가해자와 피해자 또는 지역사회 구성원 등 범죄와 관련된 모든 당사자들이 함께 참여하여 범죄의 피해와 그로 인한 후유증을 건설적인 방식으로 해결하려는 새로운 범죄대응 방식이다. 이 용어는 바넷(R. Barnett)이 1977년 처음 사용한 이래[104] 많은 학자들에 의해 사용되고 있고 이러한 회복적 사법을 구현한 대표적 프로그램으로서 미국에서 '피해자-가해자 화해제도(Victim-Offender Reconciliation Program, VORP)'가 입법되어 실무상 발전하고 있다.

회복적 사법프로그램과 회복적 사법정책은 매우 빠른 속도로 전 세계에 파급되고 있다. 애초에 재산범죄나 소년범죄에 국한되어 사용되었던 프로그램들이 최근에는 중범죄에 대해서도 활용되고 있다. 회복적 사법의 토대를 이루고 있는 철학, 회복적 사법이 지향하는 목표, 회복적 사법이 범죄피해자, 가해자 그리고 사회일반인에게 미치게 될 영향력 등을 고려하면 회복적 사법이념은 오늘날 세계 각국의 형사사법개혁가들에게 이상적인 모델로 부각되고 있다.

❷ 회복적 사법의 과거와 현재

회복적 사법운동의 맹아는 1970년대와 1980년대 피해자를 형사절차 안으로 끌어들

104) R. E. Barnett, "Restitution : A New Paradigm of Criminal Justice", *Ethics : An International Journal of Social, Political and Legal Philosophy* Vol.87 No.1, pp279-301.

이는 프로그램의 개발을 통해 나타나기 시작하였다.[105] 최초의 피해자-가해자 화해(Victim-Offender Reconciliation)프로그램은 1974년 캐나다의 온타리오(Ontario) 주의 키치너(Kitchener)에서 시작되었다. 이후 피해자와 가해자를 접촉시키는 다양한 공동체 프로그램들이 미국에서 시도되었는데, 이러한 시도들은 형사절차에서 법원의 판결이 있은 후에 이루어졌고, 주로 피해자와 가해자의 개인적 차원의 화해와 보상에 초점이 맞추어져 있었다.

주로 청소년 범죄자에 대한 보호관찰의 대안으로 시작한 이러한 시도들은 점차 피해자와 가해자가 판사의 양형에 대해 건설적인 제안을 하는 것을 허용하는 형 선고 전 프로그램으로 확대되어 갔다. 이 프로그램에서 가해자는 피해자의 요구를 받아들임으로써 자신의 책임을 인식하고 이를 위해 최선을 다함으로써 재범을 하지 않게 되고, 피해자에게는 원상회복의 가능성을 높여줄 것으로 기대되었다. 특히 이러한 프로그램이 피해자의 측면에서 보면, 종래의 법원에서 시도된 절차에서 보다 훨씬 높은 만족수준에 도달한다는 점이 보고 되면서 범죄피해자에 대한 최선의 원상회복절차가 될 수 있다는 점이 인식되기 시작했다.[106] 이러한 회복적 원리들은 기존의 응보적 사고의 틀 속에서 일부 수용되기도 하였다. 예컨대, 형벌의 낙인적·위하적 성질은 그대로 유지하면서도 피해자를 위한 원상회복제도를 형사제재수단으로 도입하거나 양형참작사유로 삼으려는 것이 그 예에 해당한다.

1980년대에는 제한적이긴 하지만 피해자와 가해자가 법원의 관여 없이 중립적인 조정자의 감독아래 불만을 말하고 문제를 해결해나가는 여러 가지 변형 프로그램들로 발달되었다. 피해자-가해자 조정제도들은 형의 선고 전후 혹은 심지어 구금 후에도 피해자와 가해자가 법원의 관여 없이 분쟁을 해결하는 수단으로 활용되고 판결에 대한 직접적 대안으로 제안되고 이용되기도 하였다.

뿐만 아니라 보다 넓은 커뮤니티를 그러한 프로그램들 안으로 포함하려는 시도들도 등장하였다. 예컨대, 뉴질랜드, 호주, 미국, 영국 등지에서 실험되고 있는 가족집단협의(Family Group Conferencing), 회복적 협의(Restorative Conferencing), 회복적 주의

105) 오늘날 회복적 사법이라는 이름을 통해 발달되어 온 대부분의 프로그램들은 그 프로그램들의 명칭안에 '피해자' 라는 단어를 포함하고 있는 것도 이 때문이다(Wright, "The Court as last resort", *British Journal of Criminology,* 2002, p.654).

106) Zehr, *Changing Lenses: A New focus for Crime and Justice,* Herald Press, Scottdale: Pensylvania, 1990, pp.158-174.

(Restorative Caution), 커뮤니티 협의(Community Conferencing), 캐나다의 지역 고유 화해프로그램들에 해당하는 양형서클(Sentencing Circle) 등이 그 예에 해당한다. 이들 프로그램 역시 범죄로 인한 피해의 회복에 중점을 두었으며 결론에 대한 상호합의를 추구하였다. 이러한 지역 모델들이 영어권 국가의 사법 당국, 대학 교수들, 정책결정자의 주의를 끌기 시작한 것도 1980년대 무렵이다.

비록 이러한 모델들이 다양한 목표를 가지고 실행되어 왔지만, 이러한 모델들을 포괄하는 용어로 회복적 사법이라는 용어가 널리 유통되기 시작한 것은 하워드 제어(Howard Zehr)의 팜플렛 제목[107]에 그 용어가 포함되어 출간되었을 1985년경부터이다. 이때부터 회복적 사법이라는 우산 아래 포함될 수 있는 모델의 사법이 기존의 형사사법시스템 보다 훨씬 나은 범죄에 대한 대응방법이라는 주장을 하는 자들이 늘어가기 시작하였다.

1990년대부터는 존 브레이스웨이트(John Braithwaite), 마크 움브라이트(Mark Umbreit), 하워드 제어(Howard Zehr) 등의 학문적 연구에 힘입어 많은 회복적 사법 프로그램들이 활성화되어 기존의 확립된 형사사법시스템에 대한 대안으로 될 수 있는 가능성이 탐지되고 있다. 최근에는 회복적 사법의 이념을 구체화하는 방안을 입법에 반영하는 국가들이 늘어나고 있고, 2002년 7월에는 회복적 사법의 활용을 위한 기본원칙이 유엔의 경제사회이사회에 의해 승인되었다.

❸ 회복적 사법의 유형

(1) 피해자-가해자 중재(Victim-Offender Mediation)

피해자-가해자 화해(Victim-Offender Reconciliation) 프로그램으로도 불리는 것으로, 본래 피해자와 가해자만 참여하도록 되어 있었는데, 최근 당사자는 물론이고, 지역사회에서 채용된 잘 훈련된 중재자와 당사자의 가족 등 참여자가 확대되고 있는 추세이다. 주로 지역사회 내 비영리단체(예를 들어 교회)에 종사하는 사람과 법원의 보호관찰관 등이 중재하게 되며 참여자의 범위가 확산되면서 가족집단회합 모델과 크게 다르지 않은 형태로 운영되고 있다.[108] 움브라이트에 따르면, 미국 전역에 290개 이

107) Zehr, "Retributive Justice, Restorative Justice", Elkhart, in: Mennonite Central Committee Office of Criminal Justice. 1985.

108) P. McCold & J. Stahr, "Bethlehem police family group conferencing project", *American*

상의 프로그램이 시행중이고, 유럽에서 500개 이상의 프로그램이 운영되고 있는데, 최근 미국변호사협회(American Bar Association)는 미국 전역의 법원에서 이 프로그램의 개발을 위한 피해자-가해자 중재안을 승인하였으며, 최근 미네소타 주에서 피해자 서비스에 대한 연구를 보면 모든 사법관할지역에서 피해자-가해자 중재 프로그램이 중요한 역할을 하고 있다는 사실이 받아들여지고 있다고 한다.109)

프로그램의 진행 과정을 살펴보면 안전하고 구조화된 환경에서 가해자를 만나서 범죄에 대한 중재된 논의에 참여할 기회를 피해자에게 제공하게 되는데, 이 때 훈련된 중재자의 도움으로 피해자는 가해자에게 범죄로 인한 신체적, 감정적 그리고 재정적 손실이나 손상에 대하여 언급하게 되고, 범죄나 범죄에 대하여 질문을 하고 답변을 듣게 된다. 피해자는 가해자의 배상계획에 참여하며, 이러한 프로그램은 참여자들이 범죄에 있어 가해자와 피해자라는 각자의 역할에 대하여 합의된 상태에서 중재되는 것이다.110)

(2) 가족집단회합(Family Group Conferencing)

마오리족의 전통적인 분쟁해결과 제재방법에서 기원한 프로그램으로, 1989년 뉴질랜드에 최초로 도입되었는데, 미국과 호주, 캐나다 등지에서 많이 운영되고 있다. 가족의 의사결정에 대한 전문가의 개입을 최소화하고 가족 내에서 권한이 약한 자에게 권한을 부여하는 민주적인 가족의사결정을 지향하는 것으로, 특히 아동이나 여성이 가족의 의사결정과정에 적절하게 참여할 수 있도록 기회를 제공한다.111)

소년사법에서 가족집단회합에는 가해자와 피해자 및 가족, 지지자와 경찰관, 회합절차를 중재하는 중재자로 구성되는데, 범죄를 효율적으로 다룰 수 있는 방안과 계획을 형성하는데 중점을 둔다. 또한 가해자로 하여금 책임감을 가지도록 하고, 지역사회나 피해자에게 입힌 손해에 대해 배상하도록 하며, 재범 가능성을 최소화함으로써 지역사회의 안전을 회복시키는데 그 의의가 있다.

Society of Criminology Annual Meeting in Chicago, US Department of Justice, 1996.

109) M. S. Umbreit, "Victim Offender Mediation: Restorative Justice Through Dialogue", St. Paul, MN: Center for Restorative Justice & Peacemaking, 1997.

110) 이윤호, "12세 미만 범죄소년에 대한 정책대안의 모색", 21세기 청소년 비행의 처우에 관한 새로운 방향 모색 세미나, 범죄예방위원회 전국연합회, 2002, 19-20면.

111) 이윤호, 위의 논문, 214-225면.

(3) 써클양형(Circle Sentencing)

멜턴(A. Melton)의 『토착 사법체계와 부족사회(Indigenous justice systems and tribal society)』에서는 써클양형을 캐나다 원주민과 미국의 인디언들의 전통적인 제재와 치유 관행의 새로운 형태라 보고 있는데, 이는 오늘날 미국과 캐나다 전역에서 성인과 소년들의 다양한 범죄에 적용되고 있는 프로그램으로 범죄자의 범죄를 다룰 뿐 아니라 피해자 및 가족, 지역사회의 욕구를 충족시키기 위해 고안된 총체적인 재통합적 전략이다. 써클에는 범죄 피해자 및 가해자, 그들의 가족과 사법기관 및 사회봉사기관의 종사자, 지역의 인사들이 모여 사건을 이해하기 위해 함께 대화를 나누게 된다. 또한 이들은 범죄로 피해를 입은 당사자를 치료하고 향후 범죄를 예방하는데 필요한 사항을 파악한다.[112)]

이처럼 써클양형은 사건으로 피해를 입거나 영향을 받은 집단에 대한 치료방안을 증진시키고, 가해자가 갱생할 수 있도록 기회를 제공하며, 건설적인 해결책을 찾아낼 수 있도록 피해자와 지역의 구성원, 가족 그리고 가해자가 의견을 낼 수 있도록 권한과 책임감을 부여한다는데 그 의의가 있다고 보며, 더불어 범행의 근본적인 원인을 찾고, 갈등을 해결하기 위해 지역공동체가 이를 인지하고 해결 능력을 배양하며 지역의 자원을 배분하고 가치를 증진시키는데 도움이 된다고 여겨진다.[113)]

❹ 평가

회복적 사법프로그램에 대한 일반적인 평가는 구금형에 대한 대안적 제재를 활성화하는데 유용하고 재범을 줄이는 데도 효과적인 제도라는 것이다. 그러나 효율적인 회복적 사법프로그램의 성과는 효율성에 대한 평가는 프로그램 목표 및 회복적 과정에 피해자가 참여하고 합의된 내용의 이행이 보장될 경우에만 제대로 성취될 수 있다. 최근에 행해진 연구에서는 성폭력 및 살인과 같은 폭력범죄에도 회복적 사법실행이 효과적이라는 결과가 제시되었다.

캐나다의 소년사법정책과 관련하여 중요한 발전 중의 하나는 새로운 소년입법을 통해 회복적, 재활적 및 재통합적 프로그램이 도입되었다는 것이다. 그러나 새로운

---

112) 이윤호, 앞의 논문, 24-25면.

113) B. Stuart, "A comparison of four restorative conferencing models: Circle Sentencing", Ottawa: Department of Justice of Canada, 2001.

소년입법은 소년사법체계를 개선하고, 소년범죄를 다루는 캐나다 정부의 폭넓은 접근의 일부분에 불과하다. 실제로, 캐나다 정부는 입법적 개혁과 더불어, 소년범죄를 다루는 '범정부적 접근'을 강화하기 위한 비입법적 요인들에 의한 중요한 정책적 변화에도 관심을 기울이고 있다. 예를 들면 ① 회복적 사법프로그램에 대한 연방기금 확대, ② 효과적인 프로그램 개발 및 혁신적 접근, ③ 조사, ④ 대중적 및 전문적 교육, ⑤ 교육, 아동복지 및 정신보건 등의 영역과 파트너쉽 형성, ⑥ 각 주 및 지방에 의한 적절한 실행력의 뒷받침 등이다.

Ⅳ. 갱생을 통한 사회복귀

이 전략은 범죄자들이 대부분 교육수준이 낮고 일정한 기술이나 직업이 없기 때문에 이들이 사회에 복귀하더라도 계속 범죄를 저지른다고 보아, 이들에 대한 교육 및 직업훈련에 중점을 두는 프로그램을 수행함으로써 범죄자가 더 이상 문제없이 사회에서 정상적인 생활을 영위할 수 있도록 합법적 기회를 제공하고, 또한 범죄문제를 유발하였던 그 사회도 변화·개선되어 갱생된 범죄자를 수용할 수 있어서, 사회와 범죄자가 다시 통합되어야 만이 범죄자들의 재범 문제가 완전히 해결될 수 있다는 주장을 한다.114)

범죄학이론에서 사회구조이론에 입각한 재범억제모델의 한 내용으로 볼 수 있다. 이 전략에 따르면, 범죄자의 문제는 범죄문제가 시작된 바로 그 사회에서 해결되어야 한다는 것이다. 이러한 주장의 배경에는 우리 사회가 범죄문제에 대해서 일말의 책임을 가지고 있다는 것이다. 그러므로 사회는 범죄자에게 합법적 기회를 제공해 주어야 하고, 범죄자는 이런 기회를 이용하는 방법을 습득해야 한다는 것이다. 그리고 범죄자의 정상적인 사회복귀를 위해서는 지역사회와의 의미 있는 접촉과 유대관계가 중요한 전제라고 한다. 그러므로 범죄자는 일반시민으로서, 직장인으로서, 가족구성원으로서 자신의 정상적인 역할을 수행할 수 있는 기회를 가질 수 있어야 하며, 따라서 이들은 이러한 전제와 가정을 가장 효율적으로 달성할 수 있는 대안으로서 지역사회

114) Richard Hawkins & Geoffery P. Albert, *American Prison Systems*, Prentice-Hall, 1989, p.184.

에 기초한 교정을 강조한다. 즉 이들은 핵심적인 주요 강력범죄자를 제외하고는 지역사회교정이 바람직하며, 시설수용이 어쩔 수 없는 일부 강력범죄자에게도 가능한 한 다양한 사회복귀프로그램이 제공되어야 한다고 주장한다.[115)]

V. 범죄자의 사회복귀후의 관리

범죄자의 사회복귀후의 관리전략은 범죄자의 인권문제와 가장 심하게 충돌하는 전략이라 할 수 있다. 그러나 전 세계적으로 재범률이 높은 것이 일반적인 현상이고 보면, 범죄자에 대한 관리전략은 소홀할 수 없는 부분이다. 이에는 교정정책에서 사회내 처분을 받은 자와 만기복역 후 출소한 자에 대한 관리전략이 있다.

115) The President's Commission on Law Enforcement and Administration of Justice, *Task Force Report : Corrections*, U.S. Government Printing Office, 1967, p.7.

제3장 한국의 범죄정책

제1절 한국의 범죄정책 현황

우리나라의 경우 아직까지는 선진외국에 비하여 범죄정책에 대한 인식과 활동이 미약한 편이라고 볼 수 있다. 범죄가 발생하면 범죄자를 체포하여 처벌하는 형사사법기관의 작용 이외에는 범죄문제 해결에 관한 마땅한 다른 정책들이 제시되지 못하고 있는 실정이다. 그 원인으로는 여러 가지를 들 수 있겠으나, 범죄정책을 주도할 기관이 없고, 범죄문제를 진지하게 논의하고 실질적인 정책을 제시하여 현실에 반영할 수 있는 제도적·인적 인프라가 아직 형성되어 있지 않다는 것이 가장 큰 이유일 것이다. 범죄문제는 국가적 차원의 문제일 수도 있지만, 직접적으로 해당 지역사회의 문제라고 볼 수 있다. 해당 지역사회 차원에서 얼마나 관심을 많이 가지느냐에 따라 범죄문제는 해결의 정도에 많은 차이가 있을 것이다.

그런 점에서 보면, 아직 우리나라의 경우 지역사회의 안위를 책임질 지방자치단체에서 범죄문제에 관해 관심을 가질 제도적 여건이 미비 되어 있다. 범죄문제 해결의 가장 중요한 기관이라 할 수 있는 경찰이 여전히 완전한 국가경찰의 형태로 남아있기 때문이다.[1] 경찰기관이 국가경찰의 형태로 남아있는 한, 범죄정책은 범죄가 발생한 후 범인을 체포하여 처벌하는 단순한 기술적 수준에 머물 수밖에 없고, 진정한 범죄정책이라 할 수 있는 각종 범죄 예방에 관한 다양한 정책들이 후순위로 밀려날 수밖에 없을 것이다. 경찰제도가 국가경찰로 남아 있는 한 범죄문제에 관한 진지한 논의와 이에 관한 정책 제시는 항상 겉돌기 마련일 것이다. 현재 자치경찰제의 도입에 관한 논의가 활발히 일어나고 있고, 이미 입법예고[2]까지 된 상황이지만 하루빨리 자치경찰제가 시행되어 범죄문제에 대한 진지한 관심을 지역사회에서 가지도록 제도적인 뒷받침이 있어야 할 것이다.

이 장에서는 우리나라에서 시행되고 있는 범죄정책 중 범죄 예방적 관점을 위주로 우리나라의 범죄정책을 살펴보고, 각 제도에 대한 문제점들을 평가해 보기로 한다.

---

1) 그러나 제주도의 경우, 2006년 7월 1일 자로 '제주특별자치도'로 출범하게 됨에 따라, 자체의 자치경찰을 보유할 수 있게 되었으며, 이에 따라 현재 자치경찰제도를 시행하고 있다.

2) 2005. 8. 4일자(행정자치부 공고 제2005-133호)로 입법예고 되었으나, 2007년 11월 현재 국회 계류중이다.

Ⅰ. 처벌을 통한 억제

여기서는 범죄학이론에서의 억제이론에 근거한 정책으로 볼 수 있는 엄격한 입법정책, 경찰의 신속하고 확실한 범죄 진압전략, 법원의 엄격하고 확실한 판결에 대해 알아보기로 한다.

❶ 엄격한 입법

우리나라의 형사법 입법체계를 보면 기본법으로서「형법」, 그리고 형법의 특별법으로서의 형사특별법들이 많이 제정되어 있다.[3] 대표적인 형사특별법으로는「폭력행위등처벌에관한법률」을 비롯하여,「특정범죄가중처벌등에관한법률」,「특정경제범죄가중처벌등에관한법률」,「특정강력범죄의처벌에관한특례법」,「성폭력범죄의처벌및피해자보호등에관한법률」,「가정폭력범죄의처벌에관한특례법」,「가정폭력방지및피해자보호등에관한법률」,「성매매방지및피해자보호등에관한법률」,「성매매알선등행위의처벌에관한법률」등을 들 수 있다.[4]

이렇게 많은 형사특별법이 제정된 이유는, 범죄의 문제가 사회적으로 이슈화 될 때마다 이슈화된 범죄의 가중처벌을 규정하는 법률이 하나씩 제정되었기 때문인 것으로 생각된다. 위의 성폭력관련 법안이나 가정폭력관련 법안 등이 그 대표적인 예라 할 수 있다. 또한 이러한 가중된 처벌규정을 두고 있는 다수의 형사특별법은, 기본법인 형법에 우선 적용됨으로써 형법을 거의 사문화시키고 있다. 예를 들면, 폭력범죄와 관련해서는「폭력행위등처벌에관한법률」이 거의 기본법화 되어 가고 있고, 성범죄와 관련해서는「성폭력범죄의처벌및피해자보호에관한법률」이 대부분의 성범죄사건에 적용된다. 그러므로 우리나라의 경우도 미국의 삼진아웃법[5] 같은 아주 강경한 형사입법은 아직 제정되지 않은 상황이지만, 특정 범죄에 대한 사회적 이슈가 떠오를 때마다 그러한 범죄에 대한 새로운 입법과 처벌 수위를 계속 높여 나가는 엄격한 입

---

3) 2005년 3월 기준 국회에서 형법으로 분류한 법률의 숫자는 모두 226종이라고 한다(배종대,『형법총론』, 홍문사, 2005, 4면).

4) 배종대, 앞의 책, 4면.

5) 미국 캘리포니아에서는 1994년 3월부터 삼진아웃법(Three Strikes Law, 같은 죄를 세 번 저지른 자를 종신형에 처하도록 한 법률)을 시행하고 있다(John E. *Conklin, Criminology*(6th ed), Allyn and Bacon, 1998, p.495).

법정책으로 나아가고 있는 상황으로 볼 수 있다. 또한 엄격한 입법과 관련하여 살인죄 등 중범죄에 대한 공소시효를 연장 또는 폐지할 것인가에 대한 문제도 최근에 논의되고 있다.[6]

생각건대, 형벌 위하를 통한 범죄억제 전략은 그 형벌의 존재와 엄격성을 시민들이 인식하고 있을 것이 전제되어야만 그 효과를 발휘할 수 있는 것인데, 과다한 형사특별법의 입법은 이러한 전제를 흐리게 하여 형벌의 위하력을 떨어뜨리는 작용을 하게 된다. 범죄에 관한 어떤 문제가 사회적 이슈가 될 때마다 특별한 고민 없이 기계적으로 입법되는 상황이 범죄자에 대한 응보적 제재 외에 어떤 진정한 범죄예방의 목적을 달성하게 할 수 있을지는 의문이다. '일반대중들에게 형벌의 위하력을 각인시켜 범죄를 예방 한다'는 억제이론의 관점에서 보더라도, 무수한 형사특별법의 제정보다는 기본법인 형법을 보다 충실히 하는 것이 훨씬 더 효과적인 범죄예방대책이 될 것이다.

❷ 신속하고 확실한 처벌

(1) 지역경찰제(순찰지구대)

한국경찰의 조직구조 개편의 역사에 있어서, 적어도 기능적 측면에서의 가장 큰 변화는 2003년도에 시행된 '지역경찰제'일 것이다. 지역경찰제는, 우리나라에 근대적 경찰제도가 도입된 이래, 최일선에서 경찰방범기능의 중심 역할을 수행해 왔던 파출소제도가, 근무여건, 순찰자원 및 장비부족, 소모적 경력운용 등의 문제로 인하여 제 기능을 수행하지 못하게 되자, 파출소 중심제도를 폐지하고 기존의 파출소 등을 통합하여 순찰지구대로 운용함으로써 이러한 문제점을 해결하고자 하는 제도로 볼 수 있다.[7] 좀더 자세히 살펴보면, 지역경찰제는 경찰서의 관할 구역을 인구·면적, 범죄율 등 치안수요, 주민생활권, 교통망 등 지역실정을 종합적으로 고려하여 3~5개 권역으로 나눈 다음, 기존의 파출소 3~4 곳의 시설과 인력을 통합하여 이를 권역별 '순찰지구대'로 편성·운영하는 방식이다. 순찰지구대의 기본 편제를 보면, 경찰서 생활안전과장 아래에 순찰지구대를 두며, 한 지구대는 약 50~60명의 경찰관으로 구성되며, 1명

6) "강력·국가범죄 공소시효 연장", 『서울신문』, 2005.11.23, 3면 ; "15년 시효 논란", 『서울신문』, 2006.3.21, 1면 참조.
7) 김구, "치안센터 운영 활성화 방안 연구", 치안논총 제21집, 치안정책연구소, 2005, 51-52면.

의 지구대장 아래 3명의 순찰팀장과 그 밑에 순찰요원, 관리요원, 민원담당관을 두고 있다.8)

현행 지역경찰제에 관한 경찰교육기관 교재의 내용을 보면, 지역경찰제는 방범능력의 개선 및 순찰효과의 증진, 인력·재정·시설 및 장비 등 방범자원을 효율적으로 운영하게 하고, 주민생활의 안전과 평온을 확보하고, 주민에 대한 적극적인 봉사 그리고 기동성 있고 집단적인 범죄 등에 적극 대처하기 위한 목적으로 고안된 제도라고 하여 지역경찰제의 다양한 목적성을 설명하고 있다.9) 그러나 실제 순찰지구대를 중심으로 하는 현행의 지역경찰제는 광역화·초스피드화·집단화·흉포화되고 있는 범죄에 강력하게 대처하기 위해, 즉 현장 대응력의 취약성을 극복하자는데 초점을 맞추고 있는 제도라고 할 수 있다. 이는 순찰지구대의 가장 기본적인 근무가 112신고에 대해 대응하는 것임에서도 알 수 있다.10)

또한 지역경찰제를 논의하고 있는 기존의 연구들을 보면, 우리나라의 지역경찰제에 대한 논의에 앞서 이론적 전제로서 지역사회경찰활동(Community Policing)을 설명하고 있는데, 이는 마치 지역경찰제가 지역사회경찰활동에 이론적 기반을 둔 제도인 것처럼 오해를 불러 일으키기 쉽게 한다. 현행 지역경찰제와 지역사회 경찰활동은 거의 연관성을 찾을 수 없는 제도로 볼 수 있다.11) 지역경찰제를 실시하는 이유가 경찰관의 근무여건 개선, 부족한 인력과 장비의 집중을 통한 효율적인 운용 등 여러 가지 복합적인 목적들이 있겠지만,12) 위에서 살펴본 바와 같이 지역경찰제의 가장 강력한 근본취지는 범죄에 대응하는 현장대응력을 높이기 위한 것이다. 그러므로 현재 우리나라에서 실시되고 있는 지역경찰제는 지역사회 경찰활동에 이론적 근거를 가지고 있는 제도가 아니라, 오히려 미국에서 1920년대에서 1960년대까지의 경찰활동의 기본

---

8) 최응렬, 『지역경찰제의 정착화를 위한 과제』, 치안정책연구소, 2005. 6면 ; 김구, 앞의 논문, 59-60면 ; 그러나 현재 경찰인원부족 등을 이유로 민원담당관제도는 시행하고 있지 않다.

9) 중앙경찰학교, 『지역경찰』, 2006(상), 21-23면 참조.

10) 지역경찰조직및운영에관한규칙 제2조의 지역경찰관의 임무를 보더라도 '지역경찰은 관할지역의 실태를 파악하여 그에 알맞은 활동을 하고, 항상 즉응체제를 유지하여 경찰업무 전반에 걸쳐 초동조치를 함으로써 주민생활의 안전과 평온을 확보하여야 한다.' 고 규정하여 즉응체제 유지와 초동조치를 우선적 임무로 하고 있다.

11) 지역경찰제 시행 초기에, 순찰지구대로 통폐합된 후 남은 파출소를 지역치안센터로 운영하여 지역사회경찰활동의 중심거점이 될 수 있게 하였으나, 담당 경찰관들의 지역사회경찰활동에 관한 이해 부족으로 거의 형식적으로 운영되고 있다가, 현재는 순찰지구대의 인력부족을 이유로 그나마도 운용되고 있지 않은 점도 그렇다.

12) 최응렬, 같은 책, 7면 참조.

적 모델이었던 '전통적 경찰활동(Traditional Policing)'의 모습에 더욱 가깝다. 이는 지역사회경찰활동의 입장에서 볼 때, 이전의 파출소 제도보다 더 후퇴한 측면이 많음을 의미한다.[13] 지역경찰제로의 전환의 핵심이 기존 파출소를 순찰지구대로 통합하여 범죄에 대한 현장대응력을 높이려고 한 것임을 감안할 때, 한국 경찰의 지역경찰제는 지역사회경찰활동을 구체화하기 위한 제도가 아니라, 형벌을 통한 억제모델의 내용인 신속하고 확실한 처벌전략에 기반을 둔 제도라고 볼 수 있겠다.

(2) 사법부의 판결 경향

범죄에 대한 사법부의 판결 경향은 범죄에 대한 확실하고 엄격한 처벌과 관련이 있다. 그러나 우리나라 사법부의 판결을 보면, 범죄에 대한 확실하고 엄격한 처벌과는 다소 거리가 있어 보인다. 특히 성범죄의 경우, 국민들의 정서와 동떨어진 판결이 많은 것 같다. 예를 들어 보면, 2005년 10월부터 2006년 1월까지 서울중앙지법이 선고한 64건의 성폭행 사건에서 성범죄자가 집행유예 등으로 풀려난 경우가 53%이고, 2002년부터 2004년까지 전국 1심 법원의 성범죄 집행유예 비율이 56~58%대 정도로 나타난다. 이는 성폭력 범죄자에 대한 구금형 판결 비중이 70%대인 미국이나 90%를 넘는 영국과 비교해 낮은 처벌로 볼 수 있다. 실형선고의 경우도 그 수위가 다른 나라에 비하여 많이 낮은 편이다. 강간사건의 경우 프랑스는 5년 이상 징역형 선고 비율이 70.5%이나 우리는 18.6%에 불과하다. 미국은 징역 선고 형량의 평균이 8년 8월이고 우리나라는 징역 선고 형량의 평균이 5년에 불과하다.[14]

이를 반영하듯 국가청소년위원회에서 최근 실시한 여론조사에 따르면, 우리나라 사법부의 아동대상 성범죄의 판결에 대하여, 우리나라 국민 10명 중 9명이 사법부의 아동대상 성범죄의 판결의 처벌수위가 낮은 것으로 생각하고 있는 것으로 나타났다.[15] 이러한 여론에 따라 2006년 10월 27일자로 13세 미만 어린이에 대한 유사강간과 장애인 보호시설 관리자의 장애인에 대한 성폭력을 무겁게 처벌하는 내용으로 「성폭력범죄의처벌및피해자보호등에관한법률」을 개정하여 시행하고 있다.

---

13) 현재 실시되고 있는 지역경찰제는 사후대응적인 체재에 중점을 두고 있어 과거의 경찰활동과 달라진 모습을 찾아보기 힘들다는 견해로는, 최응렬, 앞의 책, 19면 참조 ; 그러나 이 견해도 지역경찰제의 본래 취지를 지역사회 경찰활동을 위한 제도로 보고 있다.

14) "(사설)성폭행범 처벌 너무 관대한 한국", 『서울신문』, 2006.4.18, 31면.

15) "아동청소년 성범죄처벌 강화해야", 『연합뉴스 인터넷 판』, 2006.7.18.

생각건대, 아무리 엄격한 입법을 하더라도 사법부의 판결과정에서 엄격하고 일관된 판결이 이루어지지 않는다면, 범죄억제의 효과는 반감될 것이다. 그러므로 우리나라의 현실에서는 엄격한 입법에 못지않게 사법부의 엄격하고 일관성 있는 판결이 더욱 필요하다 하겠다.

Ⅱ. 사전예방적 차원의 정신·심리적 질환자 치료

현재 우리나라의 경우 '범죄자'나 '비행청소년'들을 대상으로 한 교정적 차원에서의 심리치료프로그램에 관한 연구들은 많이 진행되고 있으나, 정신질환이나 심리적 요인이 범죄와 어느 정도 관련성이 있는지에 관한 연구는 활성화되어 있지 않다. 그러므로 이에 대한 정확한 통계적 의미를 확인할 수는 없으나, 대체로 정신질환과 범죄는 일반적인 관련이 없는 것으로 많은 전문가들은 주장하고 있다. 강력범죄 발생 이후의 정신과 전문의의 인터뷰나 정신질환과 범죄와의 관련성에 관한 관련논문[16)]을 보면, 정신질환자들이 일반인에 비하여, 일반범죄나 폭력범을 제외한 강력범죄를 저지르는 비율은 낮은 것으로 밝히고 있다.

그러나 최근 우울증에 걸린 주부들이 자녀들을 살해하고 자살하는 사례 및 기타 정신질환에 기한 범죄들이 언론 등을 통하여 많이 보도되고 있는 점에 비추어, 범죄에 대한 사전 예방적 차원에서 생물학적·심리학적 범죄소인을 가진 개인에 대한 치료전략 및 이들에 대한 관리전략을 인권이 침해되지 않는 한도에서 다각도로 세울 필요가 있을 것이다.

16) 황성동, "정신질환과 범죄와의 관련성에 관한 연구-정신질환자들과 일반인들과의 범죄율 비교분석", 「한국사회복지학」 통권21, 한국사회복지학회, 1993, 221-242면 참조.

Ⅲ. 사회화 과정에의 개입

❶ 가정개입정책

범죄 예방적 관점에서 가정개입정책이란, 가정 내에서 발생하는 다양한 범죄들과 이러한 범죄들의 대물림현상을 사전에 예방하기 위해 이러한 범죄발생 우려가 있는 가정을 직접 방문하여 그 가정의 문제점을 범죄 예방적 관점에서 파악하고 해결하기 위한 정책을 말한다. 범죄 예방적 관점에서의 가정개입정책은 현재 우리나라에서 실시하지 않고 있다. 그러나 사회복지 차원에서의 '가정방문'은 2004년도「건강가정기본법」이 제정되면서부터 제도화되었다. 현행 건강가정기본법 의하면, 가정문제의 예방·상담 및 치료, 건강가정의 유지를 위한 프로그램의 개발, 가정관련 정보 및 자료제공을 위하여, 중앙과 시·도 및 시·군·구에 '건강가정지원센터'를 두도록 하고, 대학 등에서 사회복지학·가정학·여성학을 전공한 사람들 중 자격을 갖춘 사람을 선발하여 '건강가정사'를 두도록 하고 있다.[17] 또한 동법 시행령에는 건강가정사의 임무로 가정문제의 예방·상담 및 개선과 가정에 대한 방문 및 실태파악 등을 규정하고 있다.[18]

주무부서인 여성가족부에서는 2006년 현재 건강가정지원센터가 전국 42개소에 설치되어 있으나, 2010년까지 전국 시·군·구 단위로 확대할 예정이라 한다.[19] 건강가정기본법은 가족정책기본법으로 명칭이 바뀌어 2006년 9월 현재 국회에서 입법계류 중이며, 이르면 2007년부터 건강가정지원센터는 '가족센터'로, 건강가정사는 '가족지원사'로 명칭이 바뀔 전망이다.[20] 이와 함께 현재 '사회복지사'들이 각 지방자치단체에 소속되어 사회복지 차원에서 지원이 필요한 가정을 방문하고 있다.

이러한 가정방문의 제도화는 충분한 인력이 확보되어 실질적으로 잘 운용만 된다면, 이를 범죄예방적 관점에서 관련 기관 간의 연계를 통하여, 가정폭력이나 아동학대 등 가정 내에서 발생하는 여러 범죄들을 유효하게 예방할 수 있는 가정개입정책으로 발전시킬 수 있을 것이다.

---

17) 건강가정기본법(2005.3.24.일부개정, 법률 제7413호) 제35조 참조.
18) 건강가정기본법 시행령(2006.3.28.일부개정, 대통령령 제19431호) 제15조 참조.
19) 중앙건강가정지원센터 http://www.familynet.or.kr/class/ ; "여가부 제1차 건강가정기본계획발표", 『인터넷 연합뉴스』, 2006.11.28. 참조.
20) "건강가정기본법 가족정책기본법으로", 『인터넷 여성신문』, 2006.9.22.

❷ 학교개입정책

학교개입정책은 범죄적 경향성 억제영역의 정책이면서, 동시에 범행기회억제 영역의 정책이기도 하다. 비행의 우려가 있는 학생들에 대한 끊임없는 관심과 교육으로 이들을 선도하는 활동들은 범죄적 경향성 억제영역에 속하는 범죄예방 전략으로 볼 수 있고, 일반학생들이 폭력 등의 피해자가 되지 않도록 교육과 다양한 감시를 통한 활동들은 범행기회 억제 영역의 한 전략이기 때문이다. 아래에서 설명하는 우범소년 결연사업은 범죄적 경향성 억제영역에 속한다고 볼 수 있으나, 학교담당검사제나 스쿨폴리스 제도는 범죄적 경향성 억제영역과 범행기회억제영역이 혼합되어 있는 형태의 제도로 볼 수 있다. 그러나 이 제도들은 다 같이 학교개입정책의 일환으로 볼 수 있어 같은 항목에 묶어서 여기서 설명하고자 한다. 다음 항목에서 후술하는 자녀안심하고 학교보내기 운동도 학교개입정책의 일환이나, 이 운동은 범행기회억제영역의 측면이 많은 관계로 범행기회억제영역에서 설명하고자 한다.

이러한 다양한 학교개입정책들이 범죄적 경향성 억제영역과 범행기회억제영역이 혼용된 형태로 나타나는 것은 결코 바람직하지는 않다. 다 같은 학교개입정책이라 하더라도 범죄적 경향성 억제영역에 의한 접근법과 범행기회억제영역에 의한 접근법은 이를 책임질 범죄예방의 주체부터가 분명히 다르기 때문이다. 범죄적 경향성 억제와 관련된 정책은 학교당국을 중심으로, 범행기회억제와 관련된 정책은 경찰을 중심으로 전개되어야 할 것이다. 학교개입정책에 있어서는 혼용된 정책보다는 이렇게 분리된 전략을 구사하는 것이 훨씬 효과적일 것이다. 아무튼 현행 학교개입정책은 범죄적 경향성 억제영역과 범행기회 억제영역이 혼용된 형태로 나타나고 있다는 것을 감안하면서 이 정책들을 살펴보기로 한다.

(1) 학교 담당검사제

이 제도는 1995년 11월 27일 대통령의 학교주변폭력 근절 지시에 따라, 같은 해 12월 6일 열린 국무총리 주관 관계부처장관회의에서 검찰의 3대 추진과제중 하나로 선정됨으로써 실시하게 된 제도이다. 처음 서울지방검찰청에서 시범 실시하였고, 학원폭력 근절에 효과가 있는 것으로 판단되어 학원폭력방지 및 처리에 관한 지침('96. 6. 28. 대검 강력 61330 - 609)을 만들어 1996년 7월 1일부터 전국적으로 확대 실시하게 되었다. 이 제도는 일정 지역 내 수 개의 중·고교에 대하여 전담검사를 지정, 유관기관 및 민간봉사단체와 학원폭력 예방 및 단속활동에 관한 유기적인 지원·협조체제를 구축하여 체계적이고 내실 있는 예방·선도활동을 전개하기 위해 제안된 것이었다. 학교담당검사제도는 범죄예방위원 및 교사선도위원 학부모위원 등 구성원들과 정기 및 수시 간담회를 개최하여 학원폭력 정보수집 및 예방선도 활동방안을 모색하고, 탈선 초기의 학생 상대 개별 면담과 학부모 접촉을 통한 비행의 사전방지, 청소년범죄 다발지역에 대한 합동순찰, 담당학교 학생들을 상대로 한 담당검사의 선도강연 등을 실시하도록 하고 있다.[21]

이 제도는 학교폭력을 근절하기 위하여 검찰과 유관기관, 민간단체들이 상호 협력하는 제도라는 점에서 형식적으로 보면 다주체간 협력을 통한 범죄예방활동의 예로 볼 수 있겠다. 그러나 범죄 예방적 차원에서 볼 때, 현실적으로 수사 및 공소기관인 검사들이 범죄예방 활동의 주재자로 되어 이런 업무에 매진할 수 있을 것인지에 대해 의문을 가지지 않을 수 없다. 전형적인 전시정책의 표본이라 아니할 수 없다. 현재 이 제도는 거의 유명무실화된 제도로 평가되고 있다. 학원폭력 등이 사회적으로 이슈화 될 때마다 그것을 선점하고 싶어 하는 기관이기주의 때문에 문제해결의 보다 본질적인 부분에 대한 고민 없이 전시적·대중적인 요법으로 기관의 권한의 한계를 넘는 활동들을 무턱대고 앞 다투어 설정함으로써 오히려 진정한 문제해결을 늦추는 결과를 가져오게 하였던 사례라 보아도 무리가 없을 것이다.

⑵ 우범소년결연사업

이 제도도 법무부와 검찰의 청소년범죄예방활동의 일환으로 추진되고 있다. 우범소년결연사업은 학교폭력 등 청소년범죄에 효과적으로 대처하기 위하여 1995년 11월 1일부터 서울, 부산, 광주, 제주지검 및 산하지청에서 시범적으로 실시하던 중, 1995년 12월 6일 국무총리 주관하의 「학교폭력근절대책 추진회의」에서 검찰의 추진과제의 하나로 선정되어 전국적으로 확대 시행되게 되었다. 이 사업은 범죄예방위원이 교육기관 등의 협조 하에 우범소년과 결연을 맺고 그들을 물심양면으로 지원·선도하여 정상적인 학업과 생업에 복귀시킴으로써 소년범죄나 비행을 사전에 방지함을 그 목적

21) 인터넷 대검찰청 http://spo.go.kr/

으로 한다.[22)]

결연대상자는 학교에서 퇴학·정학 등 징계처분을 받은 자와 폭력서클에 가입하거나 학교주변에서 폭력을 행사하는 학생 중심으로 선정하도록 하고 있으며, 결연대상자는 선도결연회의를 통하여 선정하며, 결연활동 중 소년이 소재불명 되거나 선도에 불응하여 결연을 계속할 수 없을 경우에는 법원 소년부에 통고하도록 하고 있다.[23)]

생각건대, 범죄예방위원들이 우범소년과 결연을 맺어 이들의 범죄나 비행을 사전에 방지한다는 취지는 좋으나, 범죄예방위원들이 검찰기관 협력단체인 범죄예방위원회의 위원들이고, 이들은 대체로 범죄예방과 무관한 직업에 종사하고 있으며, 순수한 봉사정신보다는 검찰과의 연계를 통한 개인적 이익을 도모하기 위한 방편으로 삼기 위해 가입하는 경우도 많을 것이므로, 이 사업의 효과에 대한 정확한 평가가 없어 확인할 수 없으나, 과연 어느 정도 효과를 거두고 있는지 의문이 아닐 수 없다. 이 제도는 위의 학교전담검사제와 동일한 시기에 동일한 취지로 실시된 제도로, 이 제도에 대한 평가도 위에서 기술한 학교담당검사제에 대한 비판적 평가가 그대로 타당할 것이다.

(3) 스쿨폴리스 제도

스쿨폴리스 제도란 퇴직경찰 · 퇴직교사 등 청소년 보호에 지식과 경험을 가진 자를 '배움터 지킴이' 요원으로 선발하여, 일정 시간의 교육을 거친 후 초 · 중 · 고등학교의 현장에 배치하여, 학교 내에서 발생하는 학교폭력을 예방키 위하여 교내 화장실이나 옥상 등 후미진 곳을 반복 순찰 하고, 학생상담 등을 통하여 학교 내에서 발생하는 학교폭력 예방에 주력함으로써, 피해학생 보호 및 가해학생을 선도하는 역할을 하도록 하는 제도를 말한다.[24)]

스쿨폴리스 제도는 2004년도에 터진 학교 일진회 등 폭력서클에 대한 대대적인 매스컴의 보도로 인해 학원폭력의 심각성이 학부모를 비롯한 일반인들에게 알려지자, 이를 근절하기 위한 대책의 일환으로 시행된 것이다. '자녀안심하고 학교보내기 운동', '학교담당검사제', '우범소년결연사업', '학교폭력근절대책협의회', '학교담당 경찰

22) 인터넷 대검찰청 http://spo.go.kr/
23) 인터넷 대검찰청 http://spo.go.kr/
24) 국회의원 조성래 주최, "스쿨폴리스 토론회 : 부산지역 시범실시, 현장의 소리를 듣는다.", 조성래의원실, 2005.

관제', '사랑의 경찰교사' 등 학원폭력을 해결하기 위한 정책적 노력들이 그 이전에도 없었던 것은 아니나, 이러한 제도들이 학교폭력예방에 별 효과를 발휘하지 못하게 되자, 스쿨폴리스라는 새로운 제도가 제안된 것이다. 스쿨폴리스 제도가 이전의 제도와 다른 점은 이전의 제도들은 학교 밖에서의 역할에 한정되어 있었던데 반해, 스쿨폴리스는 학교 안으로 들어간 제도라는 점이다.

우리나라에서 스쿨폴리스 제도를 처음 실시한 곳은 부산지방경찰청으로, 2005년 4월에 부산지방경찰청 주관 하에 부산지역 초등학교 1개소, 중학교 4개소, 고등학교 2개소 등 총 7개 학교를 상대로 시범운영을 실시하였다. 부산지방경찰청에 의하면, 2004년도에 학교폭력이 갈수록 집단화, 흉포화, 조직화하여 심각한 사회문제로 부각되자, 학교폭력 실태 설문 및 각종 여론조사를 실시하였는데, 전체학생의 23%가 학교폭력 피해경험이 있고, 이들 피해자 중 48%가 교내에서 피해를 당했음에도 불구하고, 기존의 범죄예방교실, 학교폭력대책반 등이 별다른 해결책이 되지 못하였다는 결과가 나타나자, 현직 경찰을 학교에 상주시키는 미국, 캐나다 등 선진국의 사례를 토대로 우리 실정에 맞는 「스쿨폴리스」 제도를 기획하게 되었다고 한다.[25] 아무튼 부산지역에서 처음 실시된 스쿨폴리스제도는, 스쿨폴리스 운영 대상 학교의 학생, 학부모, 교사 등에 대한 여론조사에서, 이 제도가 학생을 보호하고 학교 내 안전성을 증가시키고 학교 폭력을 감소시키고 있다는 호응을 얻게 되었고, 또한 일반국민의 88.2%가 스쿨폴리스 도입을 찬성하는 것으로 나타남으로 해서,[26] 전국적으로 확대되게 되었다. 2006년 현재 스쿨폴리스제도는 배움터지킴이 제도로 명칭이 변경되어 2006년 4월 현재 전국 100여개 학교에서 시범 실시되고 있고 있다.

우리나라의 스쿨폴리스제도는 총기를 휴대한 현직경찰관이 학내에 상주하는 미국의 스쿨폴리스와는 그 성격이 많이 다르다. 우리나라의 제도는 「학교폭력예방및대책에관한법률」에서 규정하고 있는 학교폭력대책 자취위원회에 준하는 것으로 볼 수 있다. 청소년 비행을 직접 관장하고 상담했던 퇴직경찰관과 퇴직교사 중에서 엄선하여 선정된 사람을 각 학교에 2명씩 배치하고, 해당학교 교내와 학교 주변에 대해 합동지도활동, 교내 위험지역순찰, 학생상담 등의 청소년비행 예방을 위한 업무를 수행하게 하는 것이다. 스쿨폴리스 요원들은 일정한 교육을 받도록 되어 있는데, 교육내

25) 인테넷 부산지방경찰청, http://www.bspolice.go.kr/ ,배움터 지킴이 사이트.
26) 경찰청, 경찰청 브리핑(2005년 9월 13일자).

용으로는 스쿨폴리스의 임무, 범위, 학교폭력 사건 발생시 대처방안, 기타 각종 비행, 안전사고 방지, 상담요령 및 주의사항, 강의기법, 학교폭력 등 청소년 비행에 관한 법규 숙지를 실무교육 내용으로 하고, 소양교육으로는 외래강사를 초빙하여 전문성과 도덕성함양을 위한 정신교육을 받도록 하고 있다.[27)]

생각건대, 스쿨폴리스제도는 아직 정식으로 제도화되지 않는 것이기 때문에 과연 학교폭력 예방에 효과적인 제도가 될 수 있을지는 아직 예단할 수 없지만, 비록 전직이라고는 하지만 경찰관이나 교사출신들이 직접 학교 내에 들어가서 학교폭력을 예방한다는 점에서 진일보한 제도로 평가된다. 그러나 전교조 등 교원단체의 학교의 자율성 침해에 대한 우려가 많이 있고, 스쿨폴리스 요원들이 과연 학교폭력을 해결할 전문가로서의 자질을 갖추고 있는지도 의문이다. 이 제도가 성공을 거두기 위해서는 무엇보다도 스쿨폴리스 요원들의 자신의 업무에 대한 정확한 이해도를 높일 수 있도록 하는 끊임없는 교육이 선행되어야 할 것이다.

Ⅳ. 사회 구조 및 환경 개선 정책

현재 우리나라에서 범죄학의 사회 환경 및 구조개선 이론에 기한 본격적인 프로젝트 수행의 실례는 아직 없는 것 같다. 사회 환경 및 구조 개선이론과 관련한 정책의 핵심을 지역사회를 다시 조직화하는 것이라고 할 때, 우리나라에서 이에 접근하는 제도로 경찰에서 실시하고 있는 '시민경찰학교'와 '검찰·법무부'에서 실시하고 있는 범죄 없는 마을운동 등을 들 수 있다. 이 제도들을 살펴보면 다음과 같다.

❶ 시민경찰학교

시민경찰학교는 지역사회경찰활동의 이념과 철학을 실현시키기 위한 하나의 프로그램으로 볼 수 있다.[28)] 원래 시민경찰학교라는 개념은 1977년 영국경찰에서 시작되었고, 처음 이름은 야간 경찰학교(police night school)라는 명칭으로 불렸다. 그 설립목

27) 부산경찰청, 스쿨폴리스 시범운영 종합결과보고서, 2005.
28) 최종술, "시민경찰학교의 민·경·학 공동운영체제에 관한 연구", 행정논총(제42권 제3호), 서울대학교 행정대학원 한국행정연구소, 2004, 169면.

적은 일반시민들로 하여금 경찰업무의 본질과 경찰체계의 조직에 관한 이해와 친근감을 갖게 하자는 것이었다.[29] 이 제도가 미국으로 건너가 1984년에 플로리다(Florida)주의 올랜드(Orland)시 경찰에서 미국 최초의 시민경찰학교를 개교하였다.[30] 시민경찰학교는 영국에서 시작되기는 하였으나, 현재 영국보다는 미국에서 활발하게 운영되고 있는 실정이다.[31]

이러한 시민경찰학교가 우리나라에 도입된 것은 2000년도부터이다. 2000년도에 전국 7대 도시에서 각 한 곳의 경찰서를 지정, 시범실시 된 후, 2001년 상반기에는 57개 경찰서, 하반기에는 62개 경찰서에서 시민경찰학교가 증설되었고,[32] 2004년에는 약 115개 경찰서에서 이 프로그램을 운영하였다.[33]

시민경찰학교의 운영에 관하여 경찰청은, 연 1회 실시하는 것이 원칙이나, 경찰서의 여건과 운영예산에 따라 연2회도 가능하다고 하고 있다. 그리고 2,3급지 경찰서에서의 시민경찰학교 개설 여부는 경찰서장의 자율판단에 맡기고 있다. 교육시간은 경찰청 지침에 따르면, 총 15시간 이상을 적정시간으로 하고 있는데, 경찰서에 따라서 교육시간이 최고 84시간에서 최하 10시간까지 다양하게 나타나고 있다.[34]

교육장소로는 경찰서 회의실이나 시·군·구의 공공회관 등 시민들의 편의에 따라 적절한 장소에서 시행되고 있다. 교육대상자도 경찰서에 따라 다르나, 일반적으로 당해 지역에 근무하는 만 20세 이상의 주민이면 누구나 대상자가 될 수 있는 것으로 하고 있다. 단, 경찰대상업소를 운영하거나 이에 종사 하는 자, 강력범죄 및 파렴치범 전과자 등은 대체로 교육대상에서 제외된다. 대상자모집방법은 인터넷홍보, 순찰지구대 추천방법, 지역유선방송, 플래카드, 수료생 추천, 지역봉사단체추천, 순찰지구대 게시판 등 다양하다.

선발방법은 자격기준에 결격사유가 없으면 지원자 모두를 선발하되 지원순서대로 교육하는 것이 일반적인 예이다. 예외적으로 선발위원회를 구성하여 자격기준에 따라 선발하는 경찰서도 있고, 연령·성별·직업별로 분배해서 비율적으로 선발하는 경찰들도 있다.

---

29) 김보환, "시민경찰학교의 활성화방안에 관한 연구", 한국공안행정학회보 제19호, 2005, 216면.
30) 허원구, "지역주민 복지향상을 위한 시민경찰학교의 운영현황에 관한 연구", 복지행정논총(제13집 제2권), 한국복지행정학회, 2003, 134면.
31) 최종술, 앞의 논문, 160면.
32) 최종술, 앞의 논문, 160면.
33) 경찰청, 『경찰백서』, 2005, 106면.
34) 김보환, 앞의 논문, 229면.

경찰청에서 예시한 시민경찰학교 교육과정을 도표로 보면 다음과 같다.[35]

[표 1] 시민경찰학교 교육과정(예시)

주차	주제	교시	교육내용	강사	주관부서
1	입학 및 등록 경찰업무소개	1	교육과정 안내 및 등록	생활안전계장	생활안전
		2	입학식, 경찰서장 인사말		
		3	관내치안여건 및 범죄발생 예방대책	생활안전과장	생활안전
2	경찰조직 경찰관련법 청문감사관제도	1	경찰조직 및 활동내용	경무과장	경무
		2	경찰장비소개, 경찰관련 법규교육	장비담당	경무
		3	청문감사관제도 소개	청문감사관	청문감사
3	현장견학	1	지방청 112신고센터	생활안전계장	생활안전
		2	지방청 교통관제실		
		3	상설방범기기 전시장		
4	방범활동 교육	1	즉결사범처리, 기초질서 지키기 교육	생활질서담당	생활안전
		2	소년경찰업무 소개(비디오방영) 청소년범죄, 학교폭력 예방대책	소년계장	생활안전
		3	자위방범 및 범죄신고요령	생활안전계장	생활안전
5	교통단속 현장절차	1	교통민원, 교통사고 처리절차 및 사례 질의 응답	경비교통과장	경비교통
		2	음주단속, 무인속도기 단속현장 견학	교통지도계장	경비교통
6	형사절차 보안업무	1	형사민원 처리절차(민·형사의 구별) 경찰, 검찰, 법원의 역할	조사계장	수사
		2	강·절도, 가정폭력 사건 처리절차 질의응답, 범죄감식반 견학	형사계장	수사
		3	보안업무 관련 교육	보안계장	보안
7	순찰지구대 현장실습	1	지구대 근무요령 및 대민접촉요령	생활안전계장	생활안전
		2	지구대 현장 실습(도보순찰, 소내근무, 112순찰 등 경찰관 합동근무)		
		3			

35) 경찰청, 『경찰백서』, 2005, 107면.

주차	주제	교시	교육내용	강사	주관부서
8	외래강사 특강	1	청소년 폭력문제	청소년문제연구소등	생활안전
		2	법학개론 및 생활법률	변호사	생활안전
		3	호신술	무도사범	경무
9	협력방범 현장체험	1	민간경비업법	생활안전계장	생활안전
		2	민간경비업체 견학	경비업체	생활안전
		3			
10	교육수료	1	교육평가 및 설문조사	생활안전과장	생활안전
		2	수료식(수료증, 기념품 증정)		
		3	다과회		

이러한 시민경찰학교의 운용에 대해서는 시민경찰학교의 설립 취지가 경찰관련 활동에 익숙하지 않은 일반시민들을 교육시켜 경찰에 대한 이해를 증진시키는 것인데, 교육대상자의 65%정도가 경찰관련 활동에 참여경험이 있는 자이므로 제도의 취지에 비추어 효과의 반감을 가져올 수 있다는 점, 경찰대상 업소 운영자를 선발 기준에서 제외하고 있는 경찰서도 50%에 지나지 않는다는 점, 교육수료자에 대한 사후관리가 미흡하다는 점, 대부분의 경찰서에서 경사·경위정도의 경찰관이 시민경찰학교 관련 업무를 담당하고 있는데, 보직변경에 의하여 전문성이 결여되는 경우가 많은 점 등이 문제점으로 지적되고 있다.36)

생각건대, 이러한 문제점들은 경찰이 교육대상자 선발과정에 대한 진지한 고민 없이 각 파출소, 지구대 별 할당형식으로 교육생 숫자를 채우려고 하고 있는데 기인하는 것으로 보인다. 특히 가장 큰 문제점은 교육수료자에 대한 사후 관리가 미흡하다는 점이다. 경찰대상 업소 운영업자나 경찰관련 활동 참여자가 아닌 자발적 교육대상자를 선정할 수 있는, 다양하고 체계적인 선발 시스템이 전제된 후에, 이들에 대한 내실 있는 교육을 하여 시민경찰학교를 수료케만 한다면, 이들은 범죄예방활동의 소중한 자원이 될 수 있음에도 이들에 대한 계속된 관리가 미흡하다는 것은 시민경찰학교가 운용되는 본래의 취지를 경찰서 단위에서 완전히 이해하지 못하고 있는 결과가 아닐까 생각한다. 관리 인력이 부족하다는 변명이 있을 수 있겠지만, 이 제도의

36) 김보환, 앞의 논문, 248-249면.

유효성에 비추어 본다면, 얼마든지 극복할 방안이 나올 수 있음에도 불구하고 이들에 대한 사후관리가 미흡하다는 점은 아쉬운 일이 아닐 수 없다.

❷ 범죄 없는 마을 운동

범죄 없는 마을 운동은 법무부와 검찰의 범죄예방활동으로서 지역사회 조직화의 범주에 넣을 수 있는 제도로 보인다. 1978년에 제주지방검찰청에서 범죄예방을 위하여 전년도 한해 동안 범죄가 발생하지 아니한 2개 마을을 선정하여 숙원사업을 지원해 주었던 것을 모태로 하여, 1981년 1월 20일 법무부 훈령 제88호 제7장(지역사회 정화활동)에 범죄 없는 마을운동 전개활동이 규정되었고, 같은 해 4월 광주지방검찰청에서 관내 20개 마을을 범죄 없는 마을로 선정하여 표창하고 숙원사업을 지원한 것을 계기로, 같은 달 29일 대검찰청은 범죄 없는 마을 운동지침(대검기획 111- 9198)을 제정·시달하여 1982년도부터 전국에 확대 실시하게 되었다.[37)]

범죄 없는 마을로 선정되기 위해서는, 매년 1월 1일부터 12월 31일까지 검사에 의하여 공소 제기되거나, 기소유예, 공소보류, 기소중지, 가정보호 송치, 소년보호 송치, 공소권 없음(단, 명백한 무혐의사건은 제외)으로 결정된 범죄가 1건도 없는 마을이어야 한다. 마을의 단위는 도시지역에서는 동 또는 통을 단위로 하고, 군 지역에서는 동 또는 리 단위로 하고 있으나, 추진본부의 결정에 의하여 자연부락 또는 직장을 단위로 할 수도 있게 하고 있다.[38)]

2006년도 중 검찰은 153개 마을을 범죄 없는 마을로 선정하였으며, 선정된 마을은 정부 등으로부터 총 2,497,800,000원 상당의 지원을 받는다. 선정된 마을은 매년 4월 25일 '법의 날' 행사 시 도지사(또는 특별시장, 광역시장) 및 검사장 연명으로 된 "○○년도 선정 범죄 없는 마을"이란 간판을 마을에 세워주고, 도시지역에서는 실정에 맞는 범죄 없는 마을 패를 수여하기도 하며, 3년 연속으로 범죄 없는 마을로 선정된 마을에 대하여는, "3년 연속 범죄 없는 마을"이라는 기를 수여한다.[39)]

생각건대, 범죄 없는 마을로 선정된 마을이 정말 그 마을의 자체 노력으로 범죄 없는 마을이 되었는지, 아니면 우연히 범죄가 발생하지 않아 범죄 없는 마을로 되었는

---

37) 인터넷 대검찰청, http://spo.go.kr/
38) 인터넷 대검찰청 http://spo.go.kr/
39) 인터넷 대검찰청 http://spo.go.kr/

지 등에 대한 분석 자료가 없어, 이 운동이 범죄발생률을 낮추는데 얼마만큼 기여하고 있는지는 알 수 없으나, 범죄 없는 마을로 선정된 마을들이 대부분 농촌지역의 마을들이고, 해마다 범죄 없는 마을로 선정되는 마을의 숫자도 일관적인 흐름을 보이지 않는 것으로 보아, 범죄 없는 마을로 선정되는 것이 그 마을이 범죄예방에 특별한 관심을 보여 활동한 결과라기보다는, 우연히 범죄자 발생하지 않아 범죄 없는 마을로 선정되었을 가능성이 높아 보인다. 만일 그렇다면 이는 전시행정의 표본이며 귀중한 국고의 낭비가 아닐 수 없다. 이에 대한 구체적인 현지 분석과 자료 분석을 통한 연구가 있어야 할 것이다.

V. 범행기회 억제 정책

❶ 경찰의 상황적 범죄예방활동

현재 우리나라에서 경찰의 상황적 범죄예방활동으로는 CCTV의 설치, 방범진단, CPTED 등을 들 수 있다.

(1) CCTV의 설치

우리나라에서 CCTV가 일반적 범죄예방의 목적으로 '공공장소'에 설치되기 시작한 것은 비교적 최근의 일이다. 그동안 우리나라에서 일반적 범죄예방목적으로 CCTV가 설치 운용되었던 곳은 주로 공공성이 약한 장소인 점포, 주차장, 엘리베이터, 금융기관 등 이었다. 그 외에 교통법규위반단속, 재난대비, 쓰레기투기감시 등 특정목적을 위하여 CCTV가 설치 운용되고 있기도 하다. 그러던 것이 2003년도에 서울 강남권에서 납치, 살인 등 강력사건이 잇따라 발생하자, 서울 강남구청에서 범죄다발장소에 시범적으로 CCTV를 5대 설치하였다. 우리나라에서 일반적 범죄예방의 목적으로 공공장소에 CCTV를 설치한 최초의 사례로 볼 수 있다. 서울 강남구청은 2004년 8월까지 총 272개를 설치하고, 서울 강남경찰서와 연계하여 서울 강남 역삼 지구대에 통합관제센터를 설치, 지역경찰관 4명, 의경 3명, 민간용역경비원 15명이 24시간 3교대 근무를 하면서 모니터링을 실시하게 되었다. 이것을 계기로 전국 기초자치단체에서 앞

다투어 범죄예방용 CCTV를 설치하여 2005년 현재 총 1900여대가 전국적으로 설치되어 있는 상황이다.[40)]

이러한 CCTV의 설치와 관련하여 찬반논쟁이 뜨거운데, 반대의견은 주로 법적 근거가 없는 개인의 초상권 및 프라이버시권 침해를 근거로 내세우고 있으며, 찬성의견은 근거법령의 제정과 엄격한 관리가 있으면 범죄예방을 위해 이를 적극 활용하는 것이 좋다고 주장한다. 현재 CCTV 설치운용과 관련한 문제점은 다음과 같다. CCTV에 관한 규제 법규가 정리되지 않았다는 점, CCTV의 이미지가 남용될 수 있다는 점, 감시도구로서 이른바 빅 브라더(Big Brother) 출현의 가능성이 있다는 점이다.[41)] 이러한 문제점을 해결하기 위하여, CCTV 설치에 관한 일반근거법령을 조속히 제정하고, 그 법령 속에 CCTV에 관한 엄격한 운용관리 규정만 둔다면, CCTV는 이전에 볼 수 없었던 훨씬 효율적인 범죄예방의 기술로서 자리매김할 수 있을 것이다.

(2) 경찰의 방범진단활동

경찰의 방범진단활동과 관련한 근거규정으로는 「지역경찰조직및운영에관한규칙(경찰청 훈령 제409호, 2003. 9. 17 제정)」과 「경찰방문및방범진단규칙」[42)]이 있다.

방범진단이란 범죄예방 및 안전사고방지를 위하여, 관내 주택, 고층빌딩, 금융기관 등 현금다액취급업소 및 상가·여성운영업소 등에 대하여, 방범시설 및 안전설비의 설치상황, 자위방범역량 등을 점검하여, 미비점을 보완하도록 지도하거나 경찰력 운용상의 문제점을 보완하는 활동을 말한다.[43)] 그러므로 방범진단은 잠재적인 범죄피해자에게 초점을 맞추고, 범죄발생의 기회를 제공하는 상황과 배경을 개선시킴으로써, 범죄(특히 주거침입 범죄)를 예방하는데 목적을 둔 상황적 범죄예방활동의 일환으로 볼

---

40) 박현호, 『범죄예방론』, 경찰대학, 2006, 75-77면.
41) 노호래, "범죄예방을 위한 CCTV의 효과적 활용방안", 한국공안행정학회보 제19호, 2005, 35-36면.
42) 「경찰방문및방범진단규칙」은 1991년 7월 31일 경찰청 훈령 제9호로 제정된 「방범심방규칙」을 2006년 4월 18일 경찰청 훈령 제484호로 전문 개정한 것이다. 이렇게 방범심방규칙을 실질적으로 폐지하고 이를 경찰방문및방범진단규칙을 대체한 이유는 기존의 방범심방제도가 세대주의 성명, 나이, 주소, 가족 동거인 인원수를 비롯하여 전화번호, 가옥의 자가 타가 여부 등을 파악하도록 하여 사생활 침해적 요소가 있어, 경찰의 방범심방에 대해 시민들이 거부감을 보이거나 비협조적인 태도가 보이는 경우가 많고, 경찰 역시 시민의 비협조로 조사의 어려움을 겪어 형식적으로 방범심방을 하는 경우가 많아, 사생활 침해적인 요소를 제외하는 방향으로 입법을 하였기 때문이다(인터넷 사이버경찰청 경찰 보도자료 사이트 참조, 검색어는 방범진단 또는 방범심방).
43) 경찰방문및방범진단규칙 제2조 제2호.

수 있다.

방범진단은 '경찰방문'에 의해 이루어진다. 경찰방문이란 경찰관이 관할 구역 내의 각 가정, 상가 및 기타 시설을 방문하여, 청소년선도, 소년소녀가장 및 독거노인·장애인 등 사회적 약자 보호활동 및 안전사고방지 등의 지도·상담·홍보 등을 행하며, 민원사항을 청취하는 등의 예방경찰활동[44]을 말하고, 이러한 경찰방문 때 방범진단의 필요가 있으면 주민의 협조를 받아 이를 행하게 된다. '경찰방문'이라는 용어는 기존의 '방범심방'제도가 주민의 사생활을 침해하는 요소가 있다는 비판에 따라 '방범심방'을 새롭게 대체한 용어이다. 경찰방문제도는 지역사회경찰활동의 일환으로 경찰의 지역활동을 폭넓게 규정한 제도이고, 방범진단은 이러한 경찰방문활동의 일부로서 경찰의 상황적 범죄예방 활동의 일환이라는 점에서 양자는 전략적 차이가 있다. 경찰의 상황적 범죄예방활동으로 방범진단 이외에 '방범홍보'활동이 있는데, 방범홍보란 범죄에 대한 정보와 방지대책을 일반 시민에게 알려서 범죄의 피해자가 되는 것을 방지하는 활동을 말한다.[45] 우리나라도 최근에는 경찰서 단위의 치안소식지나 홈페이지를 통해 경찰활동에 대해 홍보를 하고 있고 아울러 범죄 동향이라든가 일반적인 방범요령, 신고요령, 위기대처요령 등을 교육하고 있다.

생각건대, 경찰방문제도뿐만 아니라, 경찰의 방범진단활동 및 방범홍보활동은 범죄예방을 위하여 경찰이 각 가정을 방문할 수 있는 근거규정으로 대단히 효과적으로 활용될 수 있는 제도이다. 그럼에도 불구하고, 실제 현실의 경찰활동에 있어서는 현재까지 아주 형식적으로 운용되고 있고, 경찰 내부적인 평가도 그렇다. 이는 범죄 신고에 대한 신속한 대응을 기본으로 하는 현행의 지역경찰제와 같이 경찰활동이 범죄에 대한 사전 예방적 차원의 고려보다는 범죄 발생 이후의 진압에 중점을 두는 흐름과 무관하지 않은 것으로 생각된다. 또한 경찰의 직접적인 방문에 대하여 거부감을 느낄 수밖에 없는 주민에 대하여 이러한 거부함을 풀어줄 아무런 해결점 없이 경찰에 의한 직접 방문 규정을 그대로 둔 것도 이 제도가 형식적으로 흐를 수밖에 없게끔 만든 요인이라고 생각된다. 기존의 방범심방을 경찰방문으로 대체하였다 하더라도 여전히 이 문제는 그대로 남게 될 것이다. 그러므로 이 제도를 실효성 있게 운용하려면 경찰의 가정 등에 대한 방문을 자연스럽게 연결해 주어야 할 연결점이 필요하고,

44) 경찰방문및방범진단규칙 제2조 제1호.
45) 지역경찰조직및운영에관한규칙(2006.11.27개정, 경찰청 훈령 제496호) 제38조 참조.

이러한 연결점으로는 가정 등에 대한 방문이 주민들에게 거부감을 주지 않는 다른 기관과의 연계를 생각해 볼 수 있을 것이다.

(3) 환경설계를 통한 범죄예방

환경설계를 통한 범죄예방(Crime Prevention Through Environmental Design, 이하 셉티드)이 미국, 캐나다, 영국 등에서 범죄예방을 위한 경찰활동의 중심 전략으로 자리잡은 것이 수십 년 이상 되었지만, 우리나라에 범죄예방 전략의 일환으로 경찰에 공식적으로 도입된 것은 2005년부터이다.

경찰청은 2005년 7월부터 6개월간 경기도 부천시의 3개 지역(고강동, 심곡동, 소사본동)을 셉티드 시범지역으로 지정하여 이를 실시하였고, 그 결과를 분석하여 기존구 도시형 범죄예방 기준을 마련하여 제시할 예정이며,[46] 경기도 판교에 건설될 판교신도시 건설과 관련하여 건설교통부와 성남시, 한국토지공사, 대한주택공사 등과 협의해 판교신도시에 셉티드 프로그램 도입을 추진키로 하였다.[47] 이에 따라 2005년 9월에 판교신도시에 적용할 '범죄예방을 위한 설계지침'을 제공하기도 하였다. 또한 충남지역에 건설될 행정중심복합도시의 건설에 있어서도 셉티드가 도입될 예정으로 있다.[48] 이러한 추세에 따라 아마 앞으로 새롭게 설계되는 대부분의 대규모 주택건설 사업에도 셉티드가 적용되지 않을까 생각된다.

생각건대, 이러한 셉티드 전략이 우리나라에 도입된 것이 비록 늦은 감은 있으나, 이제부터라도 이것이 활성화될 기미가 보인다는 것은 매우 고무적인 일이 아닐 수 없다. 다만 아쉬운 점은 영국, 호주, 일본 등 선진 각국의 경우 이미 건축 관계 법령에 반영될 정도로 제도화 되어 있는데 반해, 국내에서는 셉티드에 관한 일반법이 아직 없는 상황이다. 아직 도입 초기인 점을 감안할 때 현실적으로 입법까지 시간이 걸릴 것이나, 되도록 빨리 관련법이 제정되어 셉티드가 도시계획수립 시 또는 주택 등 건축 시 의무적으로 고려되도록 하여야 할 것이다.

또한 2006년부터 경찰종합학교 직무전문화과정에 셉티드과정을 신설하여 일년에 두 번, 생활안전 담당자들을 대상으로 1주일 과정으로 총 80명을 교육하도록 하고 있

46) 경찰청, 2006년도 주요업무계획 참조.
47) "경찰청, 판교신도시에 CPTED도입 추진", 인터넷 경찰청/경찰은 지금/보도자료, 2005. 7. 28.
48) "이중환상형 도시기능 배치", 『대전일보』, 2006.7.26, 3면 참조.

는데,[49] 이는 셉티드 전략을 전체 범죄예방 분야 소속 경찰관들에게 스며들도록 하기에는 턱없이 부족한 교육생 숫자이다. 이러한 문제점을 해결하기 위하여, 셉티드 전문화교육을 받은 담당 경찰들이 다시 이를 경찰서 단위에서 재교육할 수 있도록 하는, 확산적 재교육을 독려하는 방안도 강구되어야 할 것이다.

❷ 민간경비업체의 범죄예방활동

민간경비란 공경비에 대비되는 개념으로, 여러 가지 위해로부터 단체 또는 개인의 신체, 생명, 재산 등을 보호하기 위하여, 특정한 의뢰자인 고객으로부터 보수를 받고 그에 상응한 경비서비스를 제공하는 개인, 단체, 영리기업 등의 활동을 말한다.[50] 민간경비는 민간차원의 범죄예방조직으로서, 현실적 경찰력의 한계로 야기되는 국민생활의 안전문제를 해결하고, 도시화와 산업화에 따른 사회 각 계층의 다양한 경비수요를 충족시켜 줄 수 있는 제도이다.[51]

한국의 민간경비제도는 미국 일본과는 달리 청원경찰과 경비업이라는 두 가지 형태로 발전되어 왔다. 청원경찰제도는 국립경찰과 민간경비와의 과도기적 시기에 형성된 것으로, 외국에서는 그 예를 찾아볼 수 없는 경비조직으로서, 경제개발의 급속한 발달로 인해 한정된 경찰인력으로는 늘어나는 산업시설의 경비활동을 담당할 수 없게 됨에 따라서 나타나게 된 제도이다. 그러나 민간경비업의 등장으로 역할과 기능이 중복되는 경향이 있어 규모가 점차 줄어들고 있는 실정이다.[52] 한편 경비업은 1976년 용역경비업법이 제정되면서 도입된 제도이며, 용역경비업법은 1999년 3월 그 명칭이 경비업법으로 변경되었고, 2001년 4월 전문 개정되었다.[53] 현행 경비업법은, 경비업의 종류로 국가중요시설에 대한 경비를 수행할 수 있는 특수경비업무를 도입함에 따라, 경비업은 청원경찰의 활동 영역까지를 포함하여 광범위한 영역에 걸쳐 경비서비스를

49) 인터넷 경찰종합학교, http://www.pca.go.kr/
50) 이준형, "치안서비스 공급주체의 다원화 방안에 관한 고찰", 「경찰학연구」 제5호, 2003, 90면 ; 민간경비의 개념이 일반적으로 사용되고 있지만, 그 역할 및 권한 그리고 주요업무는 각 국가가 직면한 시대적 사회적 상황에 따라 다르다는 점을 주의해야 한다(박재희, "행정서비스 제공방식의 다원화 방안", 한국행정연구원, 1998, 24면).
51) 이건종·전영실, 『각국의 범죄예방정책에 관한 연구』, 한국형사정책연구원, 1994, 162-163면.
52) 이건종·전영실, 앞의 책, 164면.
53) 현행 개정 경비업법의 주요내용으로는 특수경비업무를 허가업종으로 신설, 특수경비원에게 무기휴대사용권 부여, 경찰관서장·시설주 등 무기관리체계 규정, 특수경비원의 직무교육훈련, 기계경비업무 허가제 전환 및 관리강화, 경비업 갱신허가제도 신설 등을 들 수 있다.

제공할 수 있게 되었다.[54)]

현재 우리나라의 민간경비의 업무영역은 청원경찰법, 경비업법, 대통령훈령 제28호 등의 관련규정에 근거하고 있다. 이중 청원경찰법은 청원경찰에 의한 국가중요시설경비제도를 규정하고 있으며, 경비업법은 시설경비업무, 호송경비업무, 신변보호업무, 특수경비업무 등 보다 포괄적인 민간경비업무를 규정하고 있다.[55)]

❸ 자녀안심하고 학교보내기 운동

자녀 안심하고 학교보내기 운동은 법무부와 검찰의 청소년 범죄예방활동의 하나이다. 이 운동은 피해자 중심 이론에 그 이론적 근거를 가질 수 있는 운동이다.

자녀안심하고 학교보내기 운동은 자녀들을 아침에 등교하여 저녁에 하교할 때까지 범죄와 유해환경으로부터 보호함으로써 안심하고 학업에만 전념할 수 있도록 학교주변을 정화시키자는 운동으로, 1991년 당시 서울지방검찰청 동부지청(현재는 서울동부지방검찰청)에서 추진했던 운동이다.[56)] 이 운동은 그 후 1997년 대검찰청에서의 '자녀안심하고 학교보내기 운동 추진기획단' 발족을 거쳐, 1999년 5월 '자녀안심하고 학교보내기 운동 국민재단(이사장 김수환 추기경)'으로 결실을 맺기에 이르렀다.[57)]

하지만 위에서도 기술한 바와 같이 자녀안심하고 학교보내기 운동은 그 후 지금까지 별다른 성과를 보여주지 못하고 있다. 여전히 학교폭력은 줄어들지 않고 있으며, 범죄유해환경은 개선되지 않고 있다. 그래서 이 운동보다 더 진일보한 스쿨폴리스 제도가 2005년도부터 전국적으로 시범 실시되고 있는 것이다. 학교폭력 등 청소년 범죄문제에 대한 근본적인 원인파악과 치밀한 접근 없이, 사회적 이슈가 될 때마자 그때그때 캠페인적인 성격을 띤 대중적인 차원에서의 문제 접근이, 오히려 결과적으로 문제 해결을 지체하게 하고 더 심각하게 만들 수도 있다는 것을 보여주는 사례라 할 수 있다.

---

54) 이준형, 앞의 논문, 91면.
55) 이준형, 앞의 논문, 91면.
56) 이건종·전영실, 앞의 책, 152면.
57) http://www.1318love.net/util/info/info.php 참조.

❹ 시민참여에 의한 상황적 범죄예방활동(자율방범대)

자율방범대는 지역주민들에 의해 마을 단위로 자율적으로 조직되어 관할 지구대와 상호협력관계를 맺고 방범활동을 하는 시민 참여적 봉사조직이다. 자율방범대는 경찰과 합동 또는 자체적으로 3-5명이 1개조를 이루어 심야 취약시간에 순찰활동을 전개하면서, 범죄신고, 부녀자 안전귀가, 청소년 선도보호 등의 활동을 한다. 경찰백서에 따르면, 2005년 현재 자율방범대는 전국적으로 3,836개 조직에 9만 8천여 명으로 구성되어 있으며, 2005년 한 해 동안 8,067건의 범죄 신고와 3,318명의 형사범을 경찰관과 합동으로 검거하는 실적을 거둔 것으로 통계상 나타났다.

[표 2] 자율방범대 활동 현황('05년)[58]

형사범활동검거실적					범죄신고
총계	강력범	절도	폭력	기타	
3,318	7	99	1,046	2,166	8,067

경찰에서는 자율방범 활동의 활성화를 위하여 자율방범대원이 안정적인 근무활동을 할 수 있도록 관계기관과 협조, 민방위 해당자는 기본교육을 면제할 수 있도록 하고 있고, 모범대원 및 형사범 합동 검거 유공자에 대해서는 포상을 실시하며, '범죄신고자보호및보상에관한규칙'에 의거 보상금을 지급하고 있다. 또한 범인검거 등 치안봉사활동 중 발생할 수 있는 사고에 대비하여 전국 자원봉사센터와 협조하여 단체상해보험 가입 및 보험료를 지원하고 있다.[59]

생각건대, 자율방범대의 활동은 크게 보면 지역사회범죄예방활동의 일환으로 볼 수 있다. 자율방범대의 활동은 딱히 상황적 범죄예방활동으로만 볼 수는 없을 것이다. 자율방범대의 범죄예방활동은 순찰활동의 차원에서는 상황적 범죄예방활동으로 볼 수 있지만, 지역사회를 조직화하는 측면에서는 사회적 환경 개선을 통한 범죄예방 전

58) 인테넷 경찰청, 경찰백서, 2006.
59) 인터넷 경찰청, 경찰백서, 2006.

략으로 볼 수도 있고, 경찰의 입장에서는 지역사회경찰활동 전략으로 볼 수도 있는 복합적인 요소들을 띠고 있기 때문이다. 지역사회경찰활동에서는 이러한 자율방범대의 활동에 기대하는 바가 크겠지만, 적지 않은 경제적·시간적 비용을 참여자로 하여금 부담케 함으로써 통계상이 아닌 정말 실질적인 범죄예방활동의 한 축이 될 수 있을까에 대해서는 의문이다. 주민의 자발적 참여에 의한 방범활동은 복잡하고 바쁜 현대적 환경에서는 일정한 한계를 가질 수밖에 없을 것이다.

Ⅵ. 재범억제 정책

❶ 법무부와 검찰의 재범방지활동

(1) 소년선도보호

1978년 광주지방검찰청에서 소년에 대한 선도조건부 기소유예 제도를 처음 시행하기 시작하여 1981년 1월 20일 법무부훈령 제88호 소년선도보호지침이 제정되어 전국에 확대 실시되었다.

소년선도보호제도는 범죄예방위원[60]이 선도조건부기소유예처분을 받은 소년을 물심양면으로 지원, 선도 보호하여 그들의 재범을 예방하고, 나아가 국가사회에 기여하는 건전한 사회인으로 복귀시키고, 아울러 범죄예방활동을 통해 지역사회 발전에 기여함을 목적으로 하고 있다.

소년선도 보호방법은 접촉선도·원호선도로 구분할 수 있다. 접촉선도라 함은 귀주처가 있는 유예소년과 접촉을 갖고, 상담·지도 등을 통해 소년의 반사회성을 교정하고, 지식과 기술을 습득시키며 정서를 순화하여 건전한 사회인으로 복귀시키는 선도방법을 말한다. 원호선도라 함은 귀주처가 없거나 있더라도 귀주 시키는 것이 부적당한 유예소년에 대하여, 선도보호위원의 주거나 복지시설에서 기거하게 하고, 의·식·주를 제공하면서 접촉선도하는 것을 말한다.[61]

60) 원래는 소년선도위원이라 하였던 것을 1998년 9월 1일 개정 법무부훈령 제400호 "범죄예방자원봉사기본규정"에 의거 소년선도위원이 보호선도위원, 갱생보호위원과 함께 통합되어 범죄예방위원으로 명칭 변경되었다.

61) 인터넷 대검찰청, http://spo.go.kr/

(2) 재소자에 의한 비행소년 정신교육

1985년 3월 5일부터 서울지방검찰청 동부지청 등 일부 청에서 시험실시해 오던 이 제도를, 1986년 1월 13일 법무부의 지침에 따라 전국 지검과 재경지청까지 확대 실시하였고, 1994년 4월 15일부터 관내에 구치소(교도소)가 있는 지청에까지 확대 실시하고 있는바, 이는 개선·교화 가능한 비행소년을 시설에 수용하는 대신, 단시간 동안 교정시설을 견학하게 하고 장기수형자로부터 직접 범행동기와 격리생활의 고통에 관한 체험적 교육을 받게 함으로써, 재범을 방지하고 선도의 효과를 제고하고자 하는 제도이다.

이 제도의 절차는, 먼저 검사가 정신교육이 필요하다고 인정되는 소년을 선정하여 그의 동의를 받고, 교도소와 협조, 매월 1회 10명 내지 20명 단위로 그들을 교정시설로 인솔해 가서 교육을 하고, 교육을 마친 소년에 대하여 검사는 선도조건부 기소유예처분을 하고 사건을 종결하는 식으로 진행된다.62)

(3) 보호관찰소 선도위탁

보호관찰소 선도위탁제도는 1995년 1월 5일 '갱생보호법'이 폐지되고, '보호관찰등에관한법률'이 제정· 시행되면서, 동법 제15조 제3호(검사가 보호관찰소의 선도를 조건으로 공소제기를 유예하고 위탁한 선도의 실시)에 근거하여 1995년 4월 15일 법무부훈령 제 332호 보호관찰소선도위탁규정이 제정됨으로써 시행되었고, 현재는 1996년 7월 6일 개정된 법무부 훈령 제365호에 따라 시행되고 있다. 보호관찰소 선도위탁제도는 범죄예방위원에 의한 선도조건부기소유예제도와는 달리, 보호관찰소의 장이 선도업무를 관장하고, 보호관찰소장은 선도대상자를 담당할 보호관찰관을 지정하여 선도하도록 되어 있다.

보호관찰소 선도위탁 방법은 보호관찰관이 보호관찰소 선도조건부기소유예처분을 받은 사람을 선도교육, 집단치료 또는 상담 등 적절한 지도를 실시하며, 필요하다고 인정하는 때에는 선도대상자의 가족, 이웃사람, 친우등과 접촉할 수 있고, 선도의 목적달성을 위하여 필요한 때에는 학비보조, 취학·취업알선, 기타 경제적인 지원을 할 수 있다. 선도조건부기소유예 대상은 18세 미만의 범죄소년을 주 대상으로 하는데 반

62) 인터넷 대검찰청, http://spo.go.kr/

하여, 보호관찰소 선도유예 대상은 소년범에 제한을 두지 않고, 연령과 범죄의 동기, 수단 및 결과 등 제반 사정을 고려하여 전문적인 선도가 요구되는 범죄자를 대상으로 한다.[63)]

❷ 복역 후 출소한 자에 대한 관리 정책

(1) 법무부 보호관찰 대상자

보호관찰 대상자관리는 시설 내 처우보다는 사회내 처우가 재범방지에 더 필요하다고 인정되는 자에 대하여, 보호관찰, 사회봉사·수강 및 갱생보호 등의 조치를 내리고, 이를 지도, 원호하는 것을 내용으로 하는 사회내 처우제도이다.[64)] 이 제도는 교도소 시설 내에서가 아니라, 사회 내에서 대상자들이 활동한다는 점에서, 복역 후 출소한 일반 범죄자에 대한 관리정책의 일환으로 다룰 필요가 있다. 지난 2006년 5월에 발생한 한나라당 박근혜 대표 피습사건에서 보는 바와 같이, 사건 가해자가 보호관찰 대상자임에도 이에 대한 관리가 거의 되어 있지 못하고 있는 것이 현재의 실정이다. 그러므로 보호관찰 대상자를 효율적으로 관리하기 위한 제도적 대책이 하루 빨리 나와야 할 것이다.[65)]

(2) 재범자 관리

재범자 관리의 대표적인 규정은 경찰청 예규로 있는 '우범자 첩보수집 등에 관한 규칙'일 것이다. '우범자 첩보수집등에 관한 규칙'은 1991년 제정된 '우범자관찰보호규칙'의 명칭이 바뀐 것이다. '우범자첩보수집등에관한규칙'은 전과자 또는 조직폭력배들로서 그 성벽 또는 환경으로 보아 죄를 범할 우려가 있는 자를 우범자로 하고, 이들 우범자들에 대한 자료를 보관하고 범죄관련성 여부에 관한 첩보를 수집함으로써 재범의 위험을 방지하고, 수집된 첩보를 통해 수사자료로 활용함을 목적으로 하고 있다.

우범자란 범죄단체의 조직원 또는 불시 조직화가 우려되는 조직성 폭력배 중 범죄

---

63) 인터넷 대검찰청, http://spo.go.kr/
64) 보호관찰등에관한법률(2005.12.29일부개정, 법률 제7796호) 제1조 참조.
65) "[박근혜대표 피습]지씨 보호관찰대상자, 법무부 주소파악 못해", 인테넷 경향신문, 2006.5.22 참조.

사실 등으로 보아 죄를 범할 우려가 있는 자 및 살인, 강도, 절도, 강간, 강제추행, 마약류사범의 범죄경력이 있는 자 중 그 성벽, 상습성, 환경 등으로 보아 재범의 우려가 있는 자를 우범자라고 한다. 우범자는 첩보수집 대상자와 자료보관대상자로 나뉘는데, 첩보수집 대상자는 살인으로 실형선고 받고 나온 자, 살인 외에 위 죄 중 3회 이상 금고형 이상의 실형을 받고 출소한 자, 조직폭력배 등이고, 자료보관대상자는 위 자 들 중 기간 만료 심사위원회의 심사를 통해 첩보수집 필요가 없다고 판단되는 자 등이다. 우범자 편입은 경찰서장이 하며, 담당자를 지정한다. 지구대장도 담당자를 지정한다. 지구대 담당자는 첩보수집 대상자에 대해서 3개월에 1회 이상 범죄관련 여부에 대한 첩보를 수집하여 경찰서에 보고해야 한다.

우범자관리의 경우도 현재 형식적으로 흘러 잘 이행되지 않고 있는 실정인데, 실제 재범의 비율이 높은 현실에 비추어[66] 우범자관리정책만 잘 운용하여도 실제 범죄를 많이 줄일 수 있을 것이다.

제2절 한국의 범죄정책의 문제점

Ⅰ. 자치경찰제 불비

범죄예방과 관련하여 현재 우리나라의 가장 큰 문제점은 범죄예방의 중추적 역할을 하는 경찰제도가 자치경찰제를 시행하고 있지 않다는 점이다.

국가경찰은 자치경찰에 비하여 강력하고 광범위한 집행력, 국가적 관점에서의 경찰권의 통일적 운영, 범죄수사상의 유리점, 일관된 정책 수행 등의 장점이 있지만, 반면에 경찰의 관료화, 정치경찰로의 변질 가능성, 경찰간부의 빈번한 인사이동으로 인한

66) 경찰청 발간 경찰백서(2005년도)에 의하면, 2004년 검거된 범죄자의 56.3%가 재범자이고 특히 강력범죄의 경우 61.5%로서 전체 범죄자의 절반을 훨씬 넘고 있는 것으로 나타나고 있다(경찰청, 『경찰백서』, 2005, 144면).

지역치안의 소홀, 경찰의 공복관념의 부족 등의 단점이 있다.

범죄예방 활동의 관점에서 볼 때, 국가경찰제도 보다는 자치경찰제도가 훨씬 범죄예방에 적합한 제도임은 두말한 나위가 없다. 이는 자치경찰 위주의 제도를 취하고 있는 영미법계 국가에서 국가경찰 위주의 제도를 취하고 있는 대륙법계국가 보다 범죄예방에 대한 다양한 이론과 각종 정책들이 훨씬 많이 나오고 있는 것만 보아도 알 수 있다. '지역사회경찰활동'이나 '다 주체 간 연계를 통한 범죄예방이론' 및 최근 압도적 지지를 받고 있는 '환경설계를 통한 범죄예방(CPTED)'등이 모두 영미법계 국가에서 나온 것이고, 또 이들 나라에서 활성화되고 있는 것도 이를 증명하고 있다. 대륙법계 국가들도 범죄예방에 관한 각종 정책들을 제시하고는 있으나, 영미법계 국가처럼 활성화되고 있는 것 같지는 않다.

경찰의 임무 중에서 수사 및 대규모 경비상황에의 대처, 국가적 차원의 보안 등의 문제에 있어서는 국가경찰 위주의 제도를 취하는 것이 유리하겠지만, 적어도 범죄예방의 관점에서는 지역사회를 기반으로 하는 자치경찰제도가 훨씬 적합한 모델이라 할 수 있을 것이다. 현재 우리나라에서 경찰의 범죄예방에 관한 인식이나 정책들이 '전통적인 경찰활동(Traditional Policing)'의 수준에 머물러 있는 주된 이유도 아마 국가경찰제를 유지하고 있는데서 오는 것이 아닌가 생각한다. 특히 범죄예방의 주도적 임무를 수행할 경찰간부들의 잦은 인사이동은 지역사회의 범죄예방활동을 형해화하는데 가장 큰 원인으로 작용하고 있다.

이제 우리나라에서 자치경찰제를 일부 도입하려는 시점에서, 자치경찰제의 형태와 운용을 어떻게 할 것인가에 대하여 범죄예방의 관점에서 논의할 필요가 있다 할 것이다. 결국 영미법계에서 만들어진 범죄예방에 관한 많은 이론과 정책들이 자치경찰제의 토대위에서 제시되고 시행되고 발전되는 점을 볼 때, 자치경찰제의 시행 없이는 범죄예방에 관한 어떤 논의나 정책적 대안제시도 제도화되기 어려울 것이다.

Ⅱ. 경찰 범죄예방의 전문화

경찰의 방범분야가 수사분야에 비하여 주목을 덜 받는 것은 어쩌면 당연한 현상인지도 모른다. 범죄발생 후의 수사를 통한 해결은 경찰의 역량을 대외적으로 나타낼 수 있는 좋은 지표가 되지만, 범죄발생 이전의 사전예방 분야는 여러 가지 변수[67] 때문에 그 정확한 효과의 측정이 어려울 뿐만 아니라, 수사분야보다는 그 대상이 광범위하고 막연하여 경찰의 역량을 대외적으로 나타내는 지표로서 작용하기 어렵기 때문이다. 그래서 항상 경찰역량 향상의 우선순위에서 방범분야는 수사분야에 비하여 뒷전으로 밀리기 마련이다. 수사장비의 현대화, 수사요원의 전문화, 과학적인 수사기법의 개발 등 경찰이 수사분야에 들이는 정성에 비하여 방범분야에 대한 관심은 현재 거의 전무하다고 보아야 할 것이다. 경찰인사에 있어서도 수사분야의 경우 '수사경과제'를 통하여 수사인력은 항상 수사분야에 종사하도록 하고 있는 반면, 방범분야의 경우 특히 경찰서 과장급 이상의 간부급에 있어서는 생활안전과장이라는 직위가 잠시 머물러가는 직위로 인식되는 측면이 있다. 범죄예방과 관련한 이론적 논의와 이를 통한 제도적 제안들이 실제 경찰 방범기능에 잘 반영이 되고 있지 않는 것도 이러한 이유 때문 일 것이다.

그러나 범죄가 발생한 이후의 사후적 대응보다는 이를 미연에 방지하는 것이 훨씬 타당한 범죄대책임은 두말한 나위가 없다. 범죄가 발생하게 되면 범죄자를 밝혀 검거한다하더라도 이미 발생된 피해의 회복이 거의 어려울 뿐만 아니라, 범죄자를 검거하는데 들이는 고비용과 노력은 범죄예방과 비교하여 훨씬 비효율적인 측면이 있기 때문이다. 그러므로 경찰은 수사분야 만이 아니라 범죄예방 분야에 대한 인식을 새롭게 하여 범죄예방분야 종사자를 전문화함으로써 범죄예방기법과 장비의 개발, 범죄예방과 관련한 제도적 제안 등이 바로 현실에 채택될 수 있도록 하는 노력을 기울여야 할 것이다.

Ⅲ. 일과성·캠페인성 정책과 현실의 문제점

우리나라의 범죄예방정책들을 위에서 살펴보았지만, 형식적 차원에서 보면 범죄예방과 관련한 여러 정책들이 시도되었음을 알 수 있다. 그러나 이러한 정책들은 별 효

67) 만일 어느 지역의 범죄발생률이 줄어들었다면, 그것이 범죄예방의 효과인지 아니면 다른 변수(예를 들면, 경제적 여건이 좋아졌다든지, 암수범죄율이 증가하였다든지 등의 변수)에 의한 효과인지를 가려내기란 거의 불가능하다는 문제가 있다.

과를 보지 못하고 대부분 실패로 돌아갔다. 이렇게 된 가장 큰 이유는 정책과 현실의 유리 때문이 아닌가 생각한다. 정책과 현실이 유리되는 가장 큰 이유가 이러한 정책들을 주도적으로 이끌어 나갈 주체가 없다는 것이다.

사회적으로 범죄문제가 이슈화되면, 정부에서 이에 대한 진지한 고민 없이 일과적이고 캠페인적인 성격이 짙은 정책들을 양산해 내고, 이 제도들을 정말 관심을 가지고 주도적으로 이끌어 나갈 주체에 대한 엄밀한 검증작업도 없이 시행하고 있는 실정이다. 가장 좋은 예가 '자녀안심하고 학교보내기 운동', '학교전담검사제도', '우범소년결연사업' 등이라 할 수 있다. 범죄에 대한 수사지휘와 공소유지만으로도 모자라는 인력 때문에 업무가 벅찬 검찰청에서 단지 사회적 관심이 되는 문제라고 하여 이의 주도적 지위를 맡게 되었다는 것 자체가 문제인 것이다.

또한 경찰의 방범진단활동, 우범자관리대책, 법무부의 보호관찰제도 등은 범죄 및 재범 예방에 매우 중요한 제도임에도 불구하고, 실제 운용 자체가 형식적으로 흘러 그 효과를 발휘하지 못하고 있다. 그러므로 이러한 제도들만이라도 효율적으로 이끌기 위한 아주 세밀한 연구가 있어야 할 것이며, 인력이 부족하면 인력을 보충하는 방향으로, 제도의 적용에 현실적 장애가 있으면 그 장애를 뛰어 넘는 방법을 강구하여, 이러한 제도들이 현실과 유리된, 형해된 제도가 되지 않도록 노력하여야 할 것이다.

Ⅳ. 각 영역별 범죄예방 기관 간의 연계 불비의 문제

위에서 우리나라의 범죄정책들을 예방정책을 중심으로 살펴보았지만, 각 주체 간 연계를 통한 범죄예방 정책이란 거의 없고, 설혹 있다손 치더라도 호의에 기댄, 지속적이지 못한 연계의 차원에 머물러 있다. 각 주체의 구성원이 바뀐다든지 시간이 흐름에 따라 이러한 연계가 지속되지 못하는 것이 당연한 현상일 것이다. 그러므로 이러한 연계를 효율적이고 지속화시키기 위해서는 이를 제도화할 필요가 있고, 그러한 제도화를 통하여 범죄예방에 필요한 각 주체 간의 의무적 연계를 이끌어 낼 수 있도록 노력을 기울여야 할 것이다.

참고문헌

[국내 문헌]

기광도, “법위반에 대한 처벌의 억제효과분석”, 「형사정책」 16권 제2호, 2004.

김구, “치안센터 운영 활성화 방안 연구”, 「치안논총」 제21집, 치안정책연구소, 2005.

노호래, “범죄예방을 위한 CCTV의 효과적 활용방안”, 「한국공안행정학회보」 제19호, 2005.

김보환, “시민경찰학교의 활성화방안에 관한 연구”, 「한국공안행정학회보」 제19호, 2005.

도중진 외 4인, 『소년사범의 적정한 처리절차에 관한연구』, 한국형사정책연구원, 2005.

민수홍, “자기통제이론과 범죄예방정책”, 경기대학교 「사회과학논총」 제5집, 경기대학교, 2002.

박재희, 『행정서비스 제공방식의 다원화 방안』, 한국행정연구원, 1998.

박상기 · 손동권 · 이순래, 『형사정책』, 한국형사정책연구원, 1999.

박현호, 『범죄예방론』, 경찰대학, 2006.

배종대, 『형법총론』, 홍문사, 2005.

신진규, 『범죄학 겸 형사정책』, 법문사, 1988.

윤민석, “형사화해제도에 관한 연구”, 충남대학교 박사학위논문, 2006.

이건종 · 전영실, 『각국의 범죄예방정책에 관한 연구』,한국형사정책연구원, 1994.

이수성, “범죄와 형벌에 대한 법경제학적 접근: 비판적 검토”, 「서울대학교 법학」 제28권 2호, 1987.

이윤호, 『형사정책』, 박문각, 1999.

이윤호, “12세 미만 범죄소년에 대한 정책대안의 모색”, 21세기 청소년 비행의 처우에 관한 새로운 방향 모색 세미나, 범죄예방위원회 전국연합회, 2002.
이윤호·김지연, "최근 소년사법의 경향에 따른 소년범에 대한 효과적인 대응방안의 모색", 「한국공안행정학회보」 제22호, 2006.
이준형, "치안서비스 공급주체의 다원화 방안에 관한 고찰", 「경찰학연구」 제5호, 2003.
장규원, "우리나라 범죄피해자 지원제도의 발전방향", 「피해자학연구」 제13권 제1호, 2005.
중앙경찰학교, 『지역경찰 2006(상)』, 2006.
최응렬, 『지역경찰제의 정착화를 위한 과제』, 치안정책연구소, 2005.
최종술, "시민경찰학교의 민·경·학 공동운영체제에 관한 연구", 「행정논총」 제42권 제3호,
서울대학교 행정대학원 한국행정연구소, 2004.
허원구, "지역주민 복지향상을 위한 시민경찰학교의 운영현황에 관한 연구", 「복지행정논총」 제13 집 제2권, 한국복지행정학회, 2003.
홍성열· 임영식 역, 『범죄행동은 유전적인가?』, 도서출판 성원사, 1991.
황성동, "정신질환과 범죄와의 관련성에 관한 연구-정신질환자들과 일반인들과의 범죄율 비교분석", 「한국사회복지학」 통권21, 한국사회복지학회, 1993.

[외국 문헌]

Abbott, E., *The Tenements of Chicago, 1908-1938*, Chicago: University of Chicago Press, 1936.
Adams, S., "The PICO Project", in Norman Johnston, Leonard Savitz, & Marvin E. Wolfgang, eds., *The Sociology of Punishment and Correction*, 2nd ed., New York: Wiley, 1970.
Adler, F. G., O. W. Mueller & W. S. Laufer, *Criminal Justice*, Mcgraw-Hill Inc., 1994.
Aichhorn, A. *Wayward Youth*, New York: Meridian Books, 1925.

American Sociological Review, vol. 35 no. 3, June 1970.

Andenaes, J., *Punishment and Deterrence*, Ann Arbor: University of Michigan Press, 1974.

Andenaes, J., "General Prevention Effective of Punishment", University of Pennsylvania Law Review, 1966.

Andenaes, J., "General Prevention-Illusion or Reality?", *Journal of Criminal Law, Criminology and Police Science*, 1952.

Austin J. & B. Krisberg, "Wider, Stronger, and Different Nets: The Dialectics of Criminal Justice Reform", *Journal of Research in Crime and Delinquency* 18, 1981.

Barnes, H. E. & N. K. Teeters, *New Horizons in Criminology*, 2nd ed., New York, NY :Prentice-Hail, 1951.

Beccaria, C., *On Crimes and Punishments*, trans. H. Paolucci. Indianapolis, in : Bobbs-Merrill, 1764/1963.

Beck, A., "Growth, Change, and Stability in the U. S. Prison Population, 1980-1995", *Corrections Management Quarterly* 8, January 1997.

Beckwith, J., "Social and political uses of genetics in the United States: Past and Present", in F. H. Marsh & J. Katz (Eds.), *Biology, crime, and ethics: A Study of biological explanations for criminal behavior*, Cincinnati, OH: Anderson, 1985.

Beirne P. & J. Messerschmidt, *Criminology*, 3rd ed., Westview press, 2000.

Bentham, J., *Political Thought*, New York, NY: Barnes and Noble, 1789/1973.

Bien, D. D., *The Calais Affair*, Princeton, NJ : Princeton University Press, 1960.

Blumstein, A. J. Cohen, & D. Nagin, *Deterrence and Incapacitation: Estimating the Effects of Criminal Sanctions on Crime Rates*, Washington, D.C.: National Academy of Science, 1978.

Bonger, W., *Criminality and economic conditions*, Bloomington: Indoana University Press, Original work published 1916.

Bowlby J. & Salter-Ainworth, *Child Care and the Growth of Love*, Harmondsworth: Penguin, 1965.

Brown, D. W. "Arrest Rates and Crime Rates: When Does a tipping Effect Occur?", *Social Forces*, 1978.

Brown, D. W. "Deterrence and the Tipping Effect", *Southern Journal of Criminal Justice*, 1981.

Brown, S. E., Finn-Aage Esbensen & Gilbert Geis, *Criminology*, 4th ed., Anderson Publishing Co., 2001.

Buder, L., "Sharp Drop in Bank Robberies Cited by New York City Police", New York Times, January 30, 1983.

Bureau of Justice Statistics, Bulletin, August 2000.

Bureau of Justice Statistics, Bulletin, August 1999.

Burgess, E. W., "The Growth of The City: An Introduction to a Research Project", in Robert Park and R. D. Mckenzie(eds.), *The City*, Chicago: University of Chicago Press, 1967.

Butterfield, F., "Inmates Serving More Time, Justice Department Reports", New York Times, January 11, 1999.

Bynum J. E. & W. E. Thompson, *Juvenile Delinquency : A Sociological Approach*, Allyn and Bacon, 1992.

Cavan, R., *Criminology*, 3rd ed., 1962.

Center on Child Abuse Prevention Research. *Intensive Home Visiting: A Randomized Trial, Follow-up and Risk Assessment Study of Hawai'i Healthy Start Program*. Chicago, National Committee to Prevent Child Abuse, 1996.

Chamelin, M. B., "A Longitudinal Analysis of the Arrest-Crime Relationship: A Further Examination of the Tipping Effect", *Justice Quarterly*, 1991, 8.

Clarke, R. V., *Situational Crime Prevention*, Harrow & Heston Publishers, 1992.

Cloward R. A. & L. Ohlin, *Delinquency and opportunity: A Theory of Delinquent Gangs*, The Free Press, New York, 1960.

Cohen, A. K., *Delinquent Boys: The Culture of The Gang*, The Free Press, New York, 1955.

Cohen, A. K., *Deviance and Control*, Englewood Cliffs, N.J.,: Prentice-Hall, 1968.

Cohen L. E. & M. Felson, "Social Change and Crime Rate Trends : A Routine Activity Approach", *American Sociological Review* 44, 1979.

Cohen, L. E., "Modeling Crime Trends : A Criminal Opportunity Perspective", *Journal of Research in Crime and Delinquency* 18, 1981.

Cohen, R. A., A. Rosenbaum, & R. L. Kane, "Neuropsychological correlates of domestic violence", *Violence and Victims* 14, 1999.

Cole G. F. & C. E. Smith, *Criminal Justice in America*, 3rd ed., Wadsworth: Belmont, Calif., 2002.

Cole, S., "The Growth of scientific Knowledge: Theories of deviance as a case study", in L. A. Coser(Ed.), *The idea of social structure*: Papers in honor of R. K. Merton, New York: Harcourt Brace Jovanovich, 1975.

Conley D. & N. Bennett, "Is Biology Destiny? Birth Weight and Life Changes", *American Sociological Review* 654, 2000.

Conklin, J. E., *Criminology*, six ed., Allyn and Bacon, 1998.

Critchley, T. A., *A History of Police In England and Wales*, Montclair, NJ : Pattersom Smith, 1972.

Crowe, R. R., "The Adopted Offspring of Women Criminal Offenders: A Study of their Arrest Records", *Archives of General Psychiatry* 27, 1972.

Cullen, F. T., "Assessing the Penal Harm Movement", *Journal of Research in Crime and Deliquency* 32, 1995.

Currie, E., *Reckoning: Drugs, cities, and the American future*, New York: Hill & Wang, 1993.

Davey, J. D., *The Politics of Prison Expansion*, Westport, Conn: Praeger, 1998.

Davies, M., *Penological Esperanto and Sentencing Parochialism, A Comparative Study of the Search for Non-Prison Punishment*, Dartmouth, 1996.

Davis, M., "Determinate Sentencing Reform in California and its Impact on the Penal System", *British Journal of Criminology* Vol. 25, No. 1, January 1985.

Diagnostic and Statistical Manual of Mental Disorders, 2nd ed., American Psychiatric Association, Washington, D. C., 1968.

Durkheim, E., *Suicide*, translated by John A. Spaulding and George Simpson, New York: The Free Press, 1951.

Durkheim, E., *The Division of Labor in Society*, translated by George Simpson, London:The Free Press of Glencoe, 1933.

Earle. R. B., *Helping to Prevent Child Abuse and Future Consequences: Hawai'i Healthy Start*. Washington, D.C., National Institute of Justice, 1995.

Ellis, E., "A Discipline in Peril: Sociology's Future Hinges on Curing Biophobia", *American Society* 27, 1996.

Ellis, L., *Theories of Rape*, New York: Hemisphere Publications, 1989.

Empey L. T. & M. L. Erickson, *The Provo Experiment: Evaluating Community Control of Delinquency*, Lexington, MA: Lexington Books, 1972.

Ehrich I. & R. Mark, "Fear of Deterrence", *The Journal of Legal Studies* 6, 1977.

Ferri, E., "Three Lectures Given at the University of Naples, Italy-April 22, 23, and 24, 1901", in S. Grupp, *The Positive School of Criminology*. Pittsburgh, PA : University of Pittsburgh Press, 1901/1968.

Ferguson, H., B. C. Stoddart & J. Simeon, "Double-Blind Challenge Studies of Behavioral and Cognitive Effects of Sucrose Aspartame Ingestion in Normal Children", Nutrition Reviews Supplement 44, 1986.

Finckenauer, J. O. Scared Straight! and the Panacea Phenomenon, Englewood Cliffs, N.J.:Prentice-Hall, 1982.

Finestone, H., Victims of Change, Westport, CT: Greenwood Press, 1976.

Fishbein, D., "Nueropsychological Function, Drug Abuse, and Violence: A Conceptual Frame-work", Criminal Justice and Behavior 27, 2000.

Fogel, D., *"...We Are the Living Proof..." The Justice Model for Corrections*, Cincinnati, OH : Anderson Publishing Co., 1975.

Freud, S. "Criminals from a Sense of Guilt", In *The Standard Edition of the Complete Psychological Works of Sigmund Freud*, Hogarth Press, London, vol. 14.

Glueck & E. Glueck, *Predicting Delinquency and Crime*, Cambridge, MA : Harvard

University Press, 1959.

Gordon, R. A., "SES Versus IQ in the race-IQ delinquency model", *International Journal of Sociology and Social Policy* Vol.7, 1987.

Garfinkel, H., "Conditions of successful degradation ceremonies", *American Journal of Sociology* 61, 1956.

Gans, D., "Sucrose and Unusual Childhood Behavior", Nutrition Today 26, 1991.

Geis, G., "Jeremy Bentham." in H. Mannheim (ed.), *Pioneers in Criminology.* Montclair, NJ : Patterson Smith, 1972.

George B. Vold & Bernard, *Theoretical Criminology*(3rd ed), New York : Oxford University Press, 1986.

Gibbs, J. P., *Crime, Punishment, and Deterrence,* New York, NY : Elsevier, 1975.

Gibbs, J. P., "Crime, Punishment. and Deterrence", *Southwestern Social Science Quarterly* 48, 1968.

Gibbons, D. C. & Marvin D. Krohn, *Delinquent Behavior,* 4th ed., Englewood Cliffs, NJ: Prentice Hall, 1986.

Glaser, D., "The differential association and criminological prediction", *Social Problem* 8, 1960.

Goring, C., *The English Convict: A Statistical Study,* 1913, Patterson Smith Reprint, Montclair, NJ: Patterson Smith, 1972.

Gove, W. R., *The labeling of deviance: Evaluating a perspective,* 2nd ed., Beverly Hills, CA: Sage, 1980.

Greenwood, P., *Selective Incapacitation,* Rand Corporation, 1982.

Greve, K. W., Sherwin, E, Stanford, M. S., Mathias, C., Love, J., & Ramzinski, P. "Personality and neurocognitive correlates of impulsive aggression in long-term survivors of severe traumatic brain injury", *Brain Injury* 15, 2001.

Grey, G., "Diet, Crime and Deliquency A Critique", *Nutrition Reviews Supplement* 44, 1986.

Griffiths, J., "The Limits of Criminal Law Scholarship", *Yale Law Journal,* 1970.

Hackler, J. C., "Boy, blisters, and behavior: The impact of a work program in an urban central area", *Journal of Research in Crime and Delinquency* 3, 1966.

Hagan, F., *Research Methods in Criminal Justice and Criminology,* New York, NY : Macmillan, 1982.

Hardy, J. B. & R. Street, "Family Support of Clinic-based Preventive Health Care Services for Poor Children", *Journal of Pediatrics* Vol.115, 1989.

Hawkins, G., *The prison: Policy and practice,* Chicago: University of Chicago Press, 1976.

Hawkins J. D. et al., "Preventing adolescent health-risk behaviors by strengthening protection during childhood", *Archives of Pediatric and Adolescent Medicine* 153, 1999.

Hawkins, J. D., *Delinquency and Crime : Current Theories,* Cambridge University Press, 1996.

Hawkins J. D. & J. G. Weis, *The Social Development Model,* Plenum Press, 1987.

Hawley, A., *Human Ecology: A Theory of Community Structure,* New York: Ronald Press, 1950.

Healy W. & A. Bronner, *New Light on Delinguency and Its Treatment,* Yale University Press, New Haven, Ct., 1931.

Hill D. & W. Sargent, "A Case of Matricide", *Lancet* 244, 1943.

Hippchen, L. ed., *Ecologic-Biochemical Approaches to Treatment of Delonquents and Criminals,* New York: Van Nostrand Reinhold, 1978.

Hirshi, T., *Causes of Delinquency,* Berkeley: University of California Press, 1969.

Hirschi, T., "Labeling theory and juvenile delinquency: An assessment of the evidence", in W. R. Fove (Ed.), *The labeling of deviance: Evaluating a perspective,* Beverly Hills, CA: Sage, 1975.

Hoffer, A., "Children with Learning and Behavioral Disorders", *Journal of Orthomolecular Psychiatry* 5, 1976.

Hofstadter. R., *Social Darwinism in American Thought,* Boston: Beacon, 1955.

Holden, G. & R. A. Kapler, "Deinstitutionalizing status offenders: A record of progress", *Juvenile Justice* 2, 1995.

Hooton, Earnest A., *Criminal and the Man*, Cambridge: Harvard University Press, 1939.

H. Häfner· Böker, " Mentally Disordered Violent Offender", *Social Psychiaty* 8, 1973.

Hofstadter, R., *Social Darwinism in American thought,* Boston: Beacon, 1955.

Hutchings, B. & S. A. Mednick, "Criminality in Adoptees and Their Adoptive and Biological Parents: A Pilot Study", in S. A. Mednick & K. O. Christiansen(ed.), *Biosocial Bases of Criminal Behavior,* New York, NY: Gardner, 1977.

Inciardi, J. A., *Criminal Justice,* 6th ed., 1999.

Jacob, H. & M. J. Rich, "The Effects of The Police on Crime: A Rejointer", *Law & Society Review* 16, 1981.

Jacobs, P. A., M. Brunton & M. M. Melville, "Aggressive Behavior, Mental Subnormality and the X Y Y Male", *Nature,* 1965.

Jeffery, C. R., *Crime Prevention Through Environmental Design,* Sage Publications Inc., 1977.

Johnson, H. A., *History of Criminal Justice,* Cincinnati, OH : Anderson Publishing Co., 1988.

Katz, J. & C. F. Abel, "The medicalization of repression: Eugenics and crime", *Contemporary Crises* 8, 1984.

Kershner, J. & W. Hawke, "Megavitamins and Learning Disorders: A Controlled Double-Blind Experiment", *Journal of Nutrition* 109, 1979.

Kitsuse, J. I. & D. C. Dietrick, "Delinquent boys: a critique", *American Sociological Review* 24.

Krassner, M., "Diet and Brain Function", *Nutrition Reviews* 44, 1986.

Lally, J. R., P. L. Mangione & A. S. Honig, "The Syracuse University Family Development Research Program: Long Range Impact of an Early Intervention with Low-Income Children and Their Families", in Douglas R. Powell(Ed), *Annual Advances in Applied Developmental Psychology* Vol. 3,

Norwood, N.J., Ablex Publishing Corp., 1988.

Lab, S. P., *Crime Prevention: Approaches, Practices and Evaluation*, 3rd ed., Anderson Publishing Co., 1997,

Langer, S., *The Rahway State Prison Lifes' Group: A Critical Analysis*, Union, N.J.:Kean College Department of Sociology, October 1979.

Lemert, E. M., *Social Pathology*, New York: McGraw-Hill, 1951.

Lipton, D., R. Martinson & J.Wilks, *The Effectiveness of Correctional Treatment: A Survey of Treatment Evaluation Studies*, Springfield, MA:Praeger, 1975.

Lombroso-Ferrero, G., *Criminal man according to the classification of Cesare Lombroso*, Montclair, NJ: Patterson Smith, 1972.

Lundman Richard J., *Prevention and Control of Juvenile Deliquency*, 2nd eds., New York: Oxford University Press, 1993.

Lyman, J. L., "The Metropolitan Police Act of 1829", Journal of Criminal Law, *Criminology and Police Science*, 1964.

Maestro, M., *Cesare Beccaria and the Origins of Penal Reform*, Philadelphia, PA : Temple University Press, 1973.

Mankoff, M., "Societal reaction and career deviance: A Critical analysis", *Sociological Quarterly* 12, 1971.

Martinson, R., "What Works?-Questions and Answers About Prison Reform", *Public Interest*, 1974.

Mauer, M., C. Potler & R. Wolf, *Gender and Justice: Women, Drugs and Sentencing Policy*, Washington, D.C.: The Sentencing Project, 1999.

McCold, P. & Stahr J., "Bethlehem police family group conferencing project", *American Society of Criminology Annual Meeting in Chicago*, US Department of Justice, 1996.

McCord, W., & Joan McCord, *Origins of Crime: A New Evaluation of the Cambridge Sommerville Youth Study*, New York: Colombia University, 1959.

McCord, J., "A thirty year follow up of treatment effects", *American Psychologist* 33, 1978.

McCord J. & R. E. Tremblay, *Preventing Antisocial Behavior: Intervention From Birth Through Adolescence*(ed.), New York: Guilford Press.

Merton, R. K., *Social Theory and Social Structure*, Glencoe: Free Press, 1968.

Messner S. F. & R. Rossenfeld, *Crime and the American Dream*, 2nd ed., Belmont, CA: Wadsworth, 1997.

Messner S. F. & R. Rosenfeld, *Crime and the American Dream*, Wadsworth, 1994.

Miethe, T. D., "Citizen-Based Crime Control Activity and Victimization Risks: An Examination of Displacement and Free-Rider Effects", *Criminology* 29, 1991.

Miethe T. D. & R. F. Mierer, "Criminal Opportunity and Victimization Rates : A Structural Choice Theory of Criminal Victimization", *Journal of Research in Crime and Delinquency* 27, 1990.

Miller, W. B., "The Impact of a Total-Community Delinquency Control Project", *Social Problems* 10, 1962.

Miller, W. B., “lower class culture as a generating milieu of gang delinquency”, *Journal of Social Issues* 14, 1958.

Miller, W. B., "Inter institutional conflict as a major impediment to delinquency prevention", *Human Organization* 17, 1958.

Moffitt, T. E., "Life-Curse-Persistent and Adolescent-Limited Antisocial Behavior", *Psychological Review* 100, 1993.

Monachesi, E., "Cesare Beccaria", in H. Mannheim (ed.), *Pioneers in Criminology,* Montclair, NJ : Patterson Smith, 1972.

Morris N. & G. Hawkins, *The honest politician's guide to crime control*, Chicago: University of Chicago Press, 1970.

Moyer, K., "What is the potential for biological violence control?", in C.R. Jeffery(ed.), *Biology and Crime*, Sage, 1979.

Muscat, J. E., "Characteristics of childhood homecide in Ohio, 1974-84", *America Jounal of Public Health* 78, 1988.

Nachshon, I., "Neurological Bases of Crime, Psychopathy and Aggression", in *Crime on Biological, Social and Moral Contexts*, ed., Lee Ellis and Harry

Hoffman, New York: Praeger, 1990.

Nagin, D. S. & G. Pogarsky, "Integrating celerity, impulsivity, and extralegal sanction threats into a model of general deterrence: Theory and evidence", *Criminology*, 2001.

National Crime Prevention Institute, *Understanding Crime Prevention*, 2nd ed., Butterworth Heinemann, 2001.

Newman, G., *Just and Painful. A Case for the Corporal Punishment of Criminals*, New York, NY: Macmillan Publishing Company, 1983.

Nye, I. F., *Family Relationships and Delinquent Behavior*, Harper and Row, 1958.

Olds D. L. et al., "Long-term Effect of Home Visitation on Maternal Life Course and Child Abuse and Neglect: Fifteen-year Follow-up of a Randomized Trial", *Journal of the American Medical Association*, Vol. 278, No.8, 1997.

Pagani et al., "Does preschool help prevent delinquency in boys with a history of perinatal complications?", *Criminology* 36, 1998.

Parisi, N., "A Taste of the Bars?", *Journal of Criminal Law and Criminology* 72, 1981.

Park, R. E., *Human Communities*, Glencoe: The Free Press, 1952.

Paternoster, R., "The Deterrent Effect of the Perceived Certainty and Severity of Punishment: A Review of the Evidence and Issues", *Justice Quarterly*, 1987.

Petersilia J. & S. Turner, "Evaluating Intensive Supervision Probation/Parole: Results of a Nationwide Experiment", *National Institute of Justice Research in Brief*, May 1993.

Pfuhl, E. H., "Police Strikes and Conventional Crime: A Look at the Data", *Criminology* 21, 1983.

Phillipson, C., *Three Criminal Law Reformers*. Montelair, NJ : Patterson Smith, 1923/1970.

Pivar, D. J., *Purity crusade: Sexual morality and social control, 1868-1900*, Westport, CT: Greenwood, 1973.

Podolsky, E., "The Chemistry of Murder", *Paristan medical Journal* 15, 1964.

Provine, W. B., "Geneticists and the biology of race crossing", *Science,* 1973.
Rafter, N. H., "Criminal anthropology in the United States", *Criminology* 30, 1992.
Redle F. & D. Wineman, *Children Who Hate,* The Free Press, New York, 1951.
Reiss, A. J., "Delinquency as the failure of personal and social controls", *American Sociological Review* 16, 1951.
Robinson S. M., *Can Delinquency Be Measured?,* New York : Columbia University Press, 1936.
Rose, S. M., *The Betrayal of the Poor: The Transformation of Community Action,* Schenkmann, Cambridge, Mass., 1972.
Rowe, D. C., *Biology and Crime,* Los Angeles: Roxbury Publishing, 2002.
Rutter, M., *Maternal Deprivation Reassessed,* Harmondsworth: Penguin, 1981.
Rutter M. & H. Giller, *Juvenile Delinquency: Trends and Perspective,* Harmondsworth: Penguin, 1983.
Sampson R. J. & J. Cohen, "Deterrent Effects of The Police on Crime: A Replication and Theoretical Extension", *Law & Society Review* 22, 1988.
Sampson, R. J., "Effects of socioeconomic context on official reaction to juvenile delinquency", *American Sociological Review* 51, 1986.
Sarbin T. R. & J. E. Miller, "Demonism Revisited: The X Y Y Chromosomal Anomaly", *Issues in Criminology,* 1970.
Sarapata, M, D. Herrmann, T. Johnson, & R. Aycock, "The role of head injury in cognitive functioning, emotional adjustment and criminal behavior", *Brain Injury* 12, 1988.
Schauss, A. G., "Differential Outcomes Among Probationers Comparing Orthomolecular Approches to Conventional Casework Counseling", *paper presented at the annual meeting of American Society Criminology,* Dallas, November 1978.
Schauss, A. & C. Simonsen, "A Critical Analysis of the Diet of Chronic Juvenile Offenders: Part Ⅰ", *Journal of Orthomolecular Psychiatry* 8, 1979.
Scheff, T. J., *Being mentally ill,* Chicago: Aldine, 1966.

Schoenthaler, S. & W. Doraz, "Types of Offenses Which Can Be Reduced in an Institutional Setting Using Nutritional Intervention", *International Journal of Biosocial Research,* 1983.

Schoenthaler, S. & W. Doraz, "Diet and Crime", *International Journal of Biosocial Research* 4, 1983.

Schur, E. M., *Crimes without victims: Deviant behavior and public policy,* Englewood Cliffs, NJ: Prentice Hall, 1965.

Schweinhart, L., H. V. Barnes & W. David, *Significant Benefits: The High/Scope Perry Preschool Study Through Age 27,* Ypsilanti, Mich., High/Scope Press, 1993.

Sze, "A Tale of Three Strikes: Slogan Triumphs Over Substance as Our Bumper-Sticker Mentaly Comes Home to Roost", 28 Loyola L.A. L. Rev., 1995.

Shaw C. R. & H. D. Mckay, *Juvenile Delinquency and Urban Areas,* University of Chicago Press, Chicago, 1969.

Sherman, L. W., "Police Crackdowns: Initial and Residual Deterrence", in Michael Tony and Norval Morris, eds., *Crime and Justice: A Review of Research,* Vol. 12, Chicago: University of Chicago Press, 1990.

Sherman, L. W., *Policing domestic violence: Experiments and dilemmas,* New York: The Free Press, 1992.

Siegel, L. J., *Criminology:the Core,* Wadsworth:Tompson Learning, 2002.

Sorrentino, A., "The Chicago Area Project After 25 Years", *Federal Probation,* June 1959.

Steadman, H. J., "The Psychiatrist as a Conservative Agent of Social Control", *Social Problems* 20(2), 1972.

Straus, M. A., *The Violent Home: A Study of Physical Aggression Between Husbands and Wives,* Beverly Hills, CA: Sage Publications.

Stuart, B., *A comparison of four restorative conferencing models: Circle Sentencing,* Ottawa: Department of Justice of Canada, 2001.

Sutherland, E. H., *Principles of Criminology*, Philadelphia: Lippincott, 1939.

Sutherland, E. H., "White-Collar Criminality", *American Sociological Review* 5, 1940.

Tannenbaum, F., *Crime and the community*, New York: Colombia University Press, 1938.

Tarde, G., *Penal Philosophy*, trans. R. Howell, Boston: Little Brown, 1912.

Taylor, I., P. Walton & J. Young, *The new criminology: For a social theory of deviance*, London: Routledge & Kegan Paul, 1973.

Taylor, P., "Schizophrenia and Violence in Abnomal Offenders", *Delinquency and The Criminal Justice System*, 1982.

Taylor Lawrence, Born to Crime: *The Genetic Causes of Criminal Behavior*, Westport: Greenwood Press, 1984.

Thomas C. W. & D. M. Bishop, "The effect of formal and informal sanctions on deliquency: A Longitudinal comparison of labeling and deterrence theories", *Journal of Criminal Law and Criminology* 75, 1984.

Tittle, C. R., *Sanctions and Social Deviance: The Question of Deterrence*, New York, NY: Praeger, 1980.

Tittle, C. R., "Crime Rates and Legal Sanctions", *Social Problems*, 1969.

Tittle C. R. & A. R. Rowe, "Certainty of Arrest and Crime Rates : A Further Test of the Deterrence Hypothesis", *Social Forces*, 1974.

Trasler, G., *The Explanation of Criminality*, London: Routledge and Kegan Paul, 1967.

Turkstra, L., D. Jones & H. L. Toler, "Brain injury and violent crime", *Brain Injury* 17(1), 2003.

Umbreit, M. S., *Victim Offender Mediation: Restorative Justice Through Dialogue*, St. Paul, MN: Center for Restorative Justice & Peacemaking.

Virkkunen, M., "Reactive Hypoglycemic Tendency Among Habitually Violent Offenders", *Nutrition Reviews Supplement* 44, 1986.

Vitiello, "Three Strikes and the Romero Case: The Supreme Court Restores Democracy", 30 Loy. L.A. L. Rev., 1997.

Vollmer, A., *The Police and Modern Society,* College Park, MD : McGrath, 1936.

Walker, J. T., et al., *The Influence of Sex Offender Registration and Notification Laws in the United States,* Little Rock, AR: Arkansas Crime Information Center, 2005.

Walsh A. & L. Ellis,"shoring Up the Big Three: Improving Criminological Theories with Biosocial Concepts", *paper presented at the annual meeting of the society of Criminology,* San Diego, November 1997.

Warren, M A., "The Case for Differential Treatment of Delinquents", in Harwin L. Voss, ed., *Society, Delinquency and Delinquent Behavior,* Boston: Little, Brown, 1970.

Weeks, A. H., *Youthful Offenders at Highfield, Ann Arbor,* University of Michigan Presss, 1958.

Weis J. & J. D. Hawkins, *Reports of the National Juvenile Assessment Centers: Preventing Delinquency,* Washington. DC: U. S. Department of Justice, 1981.

Wikstrom, P. & R. Loeber, "Do Disadvantaged Neighborhoods Cause Well-Adjusted Children to Become Adolescent Delinquents?", Criminology in press.

Williams F. P. Ⅲ & Mcshand D. Marilyn, *Criminological Theory,* 3rd ed., Prentice Hall, 1999.

Wilson, E. O., *Sociobiology,* Cambridge, MA: Harvard University Press, 1975.

Wilson, J. Q., *Thinking About Crime,* Basic Books, 1975.

Wilson J. Q. & B. Boland, "The Effect of The Police on Crime", *Law & Society Review* 12, 1978.

Wilson J. Q. & R. J. Herrnstein, *Crime and Human Nature,* New York: Simon & Schuster, 1985.

Wilson, O. W. & R. C. McLaren, *Police Administration,* 3th Ed., New York, NY : McGraw-Hill, 1972.

Wolaich, M., S. Lindgren, P. Stumbo, L. Stegink, M. Appelbaum & M. Kiritsy, "Effects of Diets High in Sucrose or Asspartame on the Behavior and

Cognitive Performance of Children", *New England Journal of Medicine* 330, 1994.

Wright, "The Court as last resort", *British Journal of Criminology,* 2002.

Wulach, J. S., "Mania and Crime : a study of 100 manic defendants", *Bulletin of the AAPL* 11, 1983.

Yaryura-Tobias J. A. & F. Neziroglu, "Violent Behavior, Brain Dysrhythmia and Glucose Dysfunction: A New Syndrome", *Journal of Orthopsychiatry* 4, 1975.

Zehr, *Changing Lenses: A New focus for Crime and Justice,* Herald Press, Scottdale, Pensylvania, 1990.

Zehr, *Retributive Justice, Restorative Justice,* Elkhart, in: Mennonite Central Committee Office of Criminal Justice, 1985.

Zimring F. E. & G. J. Hawkins, *Deterrence: The Legal Threat in Crime Control,* Chicago, IL : University of Chicago Press, 1973.

색 인

ㅂ

ㅅ

I

L

M

N

O

P

R

S

T

V

W

Z

인명색인

· 창의적인 메카트로닉스 시스템 설계
김성수 외 / 4 · 6배판 / 2004 / 14,000원

· 괴테의 소설
박광자 / 신국판 / 2004 / 10,000원

· 비극적 세계에서 희망찾기
민경택 / 신국판 / 2004 / 10,000원

· 정당과 선거제도 개혁
신 진 / 신국판 / 2004 / 15,000원

· 인공지능시스템 I 신경회로망의 구조 및 사용법
정 슬 / 4 · 6배판 / 2004 / 12,000원

· 유비쿼터스 무선공학과 미세 RFID (무선 IC 테그의 기술)
우종명 / 4 · 6배판 / 2004 / 10,000원

· 전자회로 및 마이크로파 회로설계 실습
염경환 / 4 · 6배판 / 2004 / 15,000원

· 화이트헤드의 과정철학
정연홍 / 신국판 / 2004 / 10,000원

· 건강한 노후생활을 위한 웰빙 실버라이프
소희영 · 조영채 · 정현숙 · 김현리 / 2005 / 6,000원

· 램제트 추진기관의 기본 열역학
이태호 / 4 · 6배판 / 2005 / 13,000원

· 독일 여성작가 연구
박광자 / 신국판 / 2005 / 10,000원

· 전략이론이란 무엇인가
이종학 / 신국판 / 2005 / 15,000원

· 회계의 이해 【개정판】
김흥식 외 / 4 · 6배판 / 2005 / 27,000원

· 농업투자분석론
임재환 / 4 · 6배판 / 2005 / 16,000원

· 도서관자료론 【개정판】
박옥화 외 / 신국판 / 2005 / 11,000원

· 우리말 연구
이경자 / 신국판 / 2005 / 10,000원

· 현행 한글맞춤법의 이해와 실제
김정태 / 신국판 / 2005 / 10,000원

· 행정도시가 희망이다
육동일 / 신국판 / 2005 / 24,000원

· 한국 교육재정의 형상탐구 I
천세영 / 신국판 / 2005 / 12,000원

· 정역과 삼경
이현중 / 신국판 / 2005 / 19,000원

· 인공지능시스템 II 지능제어
정 슬 / 4 · 6배판 / 2005 / 15,000원

· 기술교육원론 【개정판】
류창렬 / 4 · 6배판 / 2005 / 19,000원

· 폴라노 광장
류주환 / 신국판 / 2005 / 16,000원

· 메카트로닉스 공학도를 위한 회로시스템 설계
이지홍 / 4 · 6배판 / 2006 / 14,000원

· DSP를 활용한 신호처리 -이론과 실습-
이지홍 / 4 · 6배판 / 2006 / 14,000원

· 댄스스포츠(라틴댄스) - 초급편
김동건 · 이문숙 / 신국판 / 2006 / 15,000원

· 베하스(BeHaS)운동 프로그램
김종임 / 신국판 / 2006 / 6,000원

· 사고와 표현
국어작문교재편찬위원회 / 4 · 6판 / 2006 / 13,000원

· 재미있는 패션의 세계 【개정증보】
박길순 / 4 · 6배판 / 2006 / 15,000원

· 한 군사학도의 연구 발자취
이종학 / 신국판 / 2006 / 20,000원

· 디지털 사운드
변태식 / 4 · 6배판 / 2006 / 20,000원

· 기술교과교수법
류창열 / 4 · 6배판 / 2006 / 19,000원

· 생활 속의 보석과학 【개정판】
김원사 / 신국판 / 2006 / 16,000원

· 인간과 아름다움
송영진 / 신국판 / 2006 / 12,000원

· 현대인의 건강증진을 위한 스포츠 마사지 (5판)
박인기 외 / 4 · 6배판 / 2006 / 14,000원

· 운동생리 · 해부학 【개정판】
현광석 · 김용진 / 신국판 / 2006 / 17,000원

· 생활과 표현
국어작문교재편찬위원회 / 4 · 6판 / 2006 / 13,000원

· 통사구조와 Zero「DE-효과」 분석
이은철 / 신국판 / 2006 / 12,000원

· 체육 교재 연구
한기온 외 / 4 · 6배판 / 2006 / 13,000원

· 절차법을 통해서 본 민법총칙
최영덕 / 4 · 6변형판 / 2006 / 13,000원

· 우리말 신체어 형성 2
이경자 / 신국판 / 2006 / 12,000원

· 일본의 신 외교 안보 정책
이승원 / 신국판 / 2006 / 12,000원

· 行政法 講義 Ⅰ
김병훈 / 신국판 / 2006 / 15,000원

· 일본 근현대문학 입문 【개정판】
장남호 / 신국판 / 2007 / 12,000원

· 성공적인 취업전략과 직장생활 【개정판】
김판욱 / 국배판 / 2007 / 16,000원

· 무용의 이해 【개정판】
정소영 / 신국판 / 2007 / 13,000원

· 발레 【개정판】
정소영 / 신국판 / 2007 / 10,000원

· 로봇공학 【개정판】
정 슬 / 4 · 6배판 / 2007 / 14,000원

· 생물자원과 컴퓨터
장동일 · 조한근 / 4 · 6배판 / 2007 / 12,000원

· 영화로 보는 물리 Ⅰ (한국영화)
이준희 / 신국판 / 2007 / 15,000원

· 易의 科學
장동순 / 4 · 6배판 / 2007 / 25,000원

· CAD 기반의 디지털 설계 및 응용
정 슬 · 소상균 / 4 · 6변형판 / 2007 / 13,000원

· 헌 법
심경수 / 4 · 6배판 / 2007 / 25,000원

· 國譯《黃綠此集》
이숙희 / 신국판 / 2007 / 25,000원

· 현대과학으로 본 기와 역 【개정보완판】
김봉주 / 신국판 / 2007 / 15,000원

· 스포츠 서비스 마케팅
임운학 외 / 신국판 / 2007 / 13,000원

· 家族法講義
한복룡 / 신국판 / 2007 / 15,000원

· 건강한 삶을 위한 스포츠 마사지
박인기 외 / 4 · 6배판 / 2007 / 17,000원

· 생활 프랑스어
김미연 외 / 국배판 / 2007 / 15,000원

· 건강생활체조
이용인 외 / 4 · 6변형판 / 2007 / 13,000원

· 미디어 문화비평
손병우 / 신국판 / 2007 / 14,000원

· 민법강의 Ⅰ
손종학 / 4 · 6배판 / 2007 / 18,000원

· 국제사법
한복룡 / 신국판 / 2007 / 16,000원

· 형사화해제도
박광섭 · 윤민석 / 4 · 6배판 / 2007 / 17,000원

· 범죄 이론과 정책
박광섭 · 박행렬 / 4 · 6배판 / 2007 / 14,000원

[근 간]

· 프랑스어 역사 형태론
박찬인 / 2007

· 영어교육을 위한 미국문화의 이해
정양수 / 2007